一眼看穿宝宝的“小九九”

睿智妈妈PK聪明宝宝的必备手册

李晓燕　编著

中国妇女出版社

图书在版编目（CIP）数据

一眼看穿宝宝的“小九九”：睿智妈妈PK聪明宝宝的必备手册/李晓燕编著.—北京：中国妇女出版社，2012.9

ISBN 978-7-5127-0364-3

Ⅰ.①一… Ⅱ.①李… Ⅲ.①儿童教育—家庭教育 Ⅳ.①G78

中国版本图书馆CIP数据核字（2012）第181762号

一眼看穿宝宝的“小九九”：睿智妈妈PK聪明宝宝的必备手册

作　　者：李晓燕　编著
策划编辑：刘　冬
责任编辑：刘　冬　陈经慧
封面设计：吴晓莉
责任印制：王卫东
出　　版：中国妇女出版社出版发行
地　　址：北京东城区史家胡同甲24号　　邮政编码：100010
电　　话：（010）65133160（发行部）　　65133161（邮购）
网　　址：www.womenbooks.com.cn
经　　销：各地新华书店
印　　刷：北京联兴华印刷厂
开　　本：160×230　1/16
印　　张：13.5
字　　数：200千字
版　　次：2012年10月第1版
印　　次：2012年10月第1次
书　　号：ISBN 978-7-5127-0364-3
定　　价：25.00元

前言

80后的一代已经步入成家立业的年龄了，他们也开始为人父、人母。00后的出生，给他们的80后父母带来了欢乐，也带来了忧愁。

80后的父母曾经是潮的一代，但面对00后的这代，他们也开始头疼：究竟如何教育好下一代？因为80后自己就属于标新立异的一代，他们在新时代肯定不会采用以前自己曾经逃避的教育方式来教导00后。80后把自己理想的教育模式融入了生活，但是很快80后的妈妈们发现，教育孩子不是一件容易的事。于是，一幕幕斗智斗勇的PK大战不断上演。

本书就是立足于80后和00后的PK大战，从80后妈妈的角度出发，告诉妈妈怎样在平时的点滴生活中把孩子的心理一眼看透，懂得孩子想表达的意思，了解孩子的意愿，掌控孩子的心理。进而在生活中实现尊重孩子的自由，引导孩子向正确的方向前行，从而让00后的孩子在80后妈妈浓浓的爱中健康成长。

一眼看穿调皮捣蛋的坏小子心中的小伎俩，睿智的80后妈妈给他一片自由广阔的成长天空，引导他慢慢成为小小的男子汉；

一眼看穿爱哭爱闹的疯丫头表情后的意思，聪慧的80后妈妈给她一个幸福成长的空间，指引她成为惹人疼爱的小精灵。

做个潇洒的80后妈妈，能够及时、准确地把握00后孩子的成长脉搏，让80后妈妈有个好心态、00后孩子有个好未来。做到80后妈妈和00后孩子共同成长、共同进步，这就是写作本书的初衷。

感谢何玉花、陈莉、李良、张媛、白晶、齐海英、叶文娟在本书的编写过程中给予的支持和帮助。

轩轩是个淘气的小男孩，2006年出生。轩轩的家庭成员组成是标准的中国“421”家庭：爷爷、奶奶、姥爷、姥姥、爸爸、妈妈和轩轩。

轩轩的妈妈谷雨是个1980年出生，曾经很“诗意”的女孩。在怀轩轩的时候，谷雨就发誓自己绝不重复那些类似于溺爱或者是强权的“古老教育方式”，一定要采用一套属于“80后”的教育方式。

谷雨在双方父母的轮流帮助下，自己在家带了轩轩3年，将轩轩送入幼儿园后，谷雨也重返职场，肩负起妈妈和职场女性的双重角色。

虽然在实施自己的教育方式的时候，谷雨遇到了很多困难，但她一直在小轩轩的成长过程中不断调整自己的教育方法，为轩轩提供最大限度的自由成长空间。

现在，我们来看看轩轩以及他周围小朋友成长过程中那些令妈妈伤脑筋的问题，聪明的谷雨是如何一一化解的。

第一篇　日常点滴百态，显现孩子的性格特征

孩子的内心是一个神秘而脆弱的世界，他们善于用行动来表达自己的感受。其实他们的日常行为语言都表现出孩子的性格特征，妈妈只要用心去观察，就一定会了解孩子、读懂孩子。

第二篇 化解孩子的不良情绪，让孩子成为开心宝贝

要想成为成功的妈妈，只有爱是不够的，还需要了解和分享孩子的感受，帮助他们处理负面的情绪，如愤怒、悲哀及恐惧。这样妈妈才能滋润孩子的内心，让孩子健康快乐地成长。

第三篇 指导孩子的行为，让孩子成为谦谦有礼的小君子

很多孩子有打人、咬人、哭、撒娇、害羞、撒谎等不良行为，妈妈们大可不必过于紧张，其实孩子每个行为背后都有和大人不太一样的原因，只要妈妈们耐心观察，用心倾听，就会破解所有的密码，真正读懂孩子，并帮助孩子远离这些行为。

第四篇 培养孩子的习惯，决胜于孩子的未来

孩子的习惯决定未来的成就，其实孩子习惯的养成主要在于教育。养成一种好习惯至少要21天的时间，但是要纠正孩子的坏习惯却需要花费比21天多得多的时间，这就要求妈妈在纠正孩子坏习惯的过程中要有毅力。

第五章 尊重孩子的天性，保护孩子的美好心境

孩子应该是纯洁无瑕、天真烂漫的，在玩耍中成长的。但是，现在的教育体制导致孩子会过早地用成人的眼光去看世界，这并不可取。家长应该尽量解放孩子，让孩子回归童真，让他们更加轻松愉快、幸福美好地生活，更加全面地发展。

第一篇

日常点滴百态，显现孩子的性格特征

孩子的内心是一个神秘而脆弱的世界，他们善于用行动来表达自己的感受。其实他们的日常行为语言都表现出孩子的性格特征，妈妈只要用心去观察，就一定会了解孩子、读懂孩子。

妈妈哪儿去了？

——孩子的依恋源自心中的不安

谷雨发现轩轩越来越爱黏着自己了。已经4岁的轩轩在每天早上或者是午睡醒来的时候，只要没看到妈妈，都会先问："妈妈哪儿去啦？"如果妈妈没有在第一时间出现在他眼前，他就会在床上大喊大叫，直到把妈妈"吸引"过来为止。谷雨非常纳闷：为什么轩轩要每时每刻都缠着自己，甚至都不让自己离开他的视线呢？对于轩轩这种用"视线"把妈妈拴牢的做法，让谷雨感觉非常受限制："这孩子怎么这么黏人啊？一看不到我就开始哭闹，我也要有属于自己的空间啊，总不能时时刻刻都陪在他身边吧！"

谷雨不忍心看轩轩哭闹，所以每次都选择趁轩轩不注意的时候，或者在他睡觉的时候偷偷溜走。经过几次成功"逃离"后，谷雨渐渐发现每次回来时，轩轩的脸上除了兴奋，还多了一丝落寞和委屈的神情。这让谷雨深感内疚，觉得自己的行为伤害了轩轩幼小的心灵。

为了寻找最佳的解决办法，谷雨认真研读幼儿心理，她终于找到了答案：孩子依赖妈妈是因为他们认为自己和妈妈是一体的。一旦离开妈妈，哪怕只是暂时的，也会让他们感到不安，妈妈是他们心中的依靠，孩子的世界很简单，他们只想维护自己的一片安全的小天地。

了解了轩轩的心理之后，谷雨就开始注意自己的言行是否触及到了轩轩心中的那条"安全警戒线"。同时，谷雨也开始想办法让轩轩走出那片"有妈妈才安全"的认识误区。谷雨用"实话实说"来应对轩轩的这种"心理安全模式"。她在出门前会如实告诉轩轩，让他心中有底，效果真的是看得见！

这天，轩轩一见谷雨穿戴整齐就忙跑过来，问："妈妈要出门吗？"谷雨蹲下身，认真地说："轩轩，妈妈现在要去林阿姨家，看看生病的小姐姐，你乖乖地在家和爷爷玩，妈妈最多两小时就回来了。"

轩轩撅起了小嘴："不，我要和妈妈一起去，我就不和爷爷在家，我要去和姐姐玩儿！”

谷雨耐心地和轩轩解释道：“轩轩，这次不行。因为姐姐生病了，不能和你玩儿，还有，你去会影响姐姐休息的。”

4岁的轩轩虽然已经能听得懂这些话，但是他为了留下妈妈依旧吵闹不停，谷雨在给轩轩讲明道理后，就出门了。尽管谷雨暗想：自己这样一走了之，是不是太残忍了？轩轩会不会一直哭闹？

后来的事实证明，谷雨的策略非常有效，担心是多余的。因为谷雨回到家后，看见轩轩玩得正高兴呢！在他天真的小脸上，谷雨没有发现那种让她心疼的神情。听爷爷说，轩轩在妈妈走后开始不太高兴，但却没有像以前一样大吵大闹，他还告诉爷爷，妈妈去看姐姐了，一会儿就回来了。后来他玩起来就忘记这事了。

就这样，谷雨每次出门前都明确地告诉轩轩，自己要去做什么，为什么不能带他去，轩轩从开始的吵闹，到后来的不悦，最后他已经平静地接受了这样的事实，并且认真地说：“妈妈，再见，早点儿回来和我玩儿。”

从轩轩的改变中谷雨明白了：有些时候，与其让孩子“蒙在鼓里”，还不如明确地告诉孩子事实，这样孩子慢慢就学会了接受现实，而心中的不安和恐惧也会逐渐降低，最后完全消除。

修炼妈妈的“火眼金睛”

谷雨通过对理论知识的充实和与轩轩的“过招”中，总结出了一些经验，介绍给各位妈妈们。在现实生活中，孩子经常会出现不安的心理，希望妈妈们能用自己的“火眼金睛”及时捕捉到这些信息，读懂孩子的心。

◆ 在孩子主动对妈妈说“亲我一下”的时候，就说明此刻孩子的依赖感增强，他需要适当地情感补偿与安慰，妈妈要注意了，别忽视了孩子的情感需求。

◆ 孩子生病了，可怜兮兮地说“妈妈，你别离开我”时，他只是希望有人能在身边陪伴自己，安慰自己的情感，赶走孤独的恐惧。因为孩子在生病的时候，感情非常脆弱，总认为自己无依无靠，妈妈要多留心观察，别让孩子这种无助的感觉一直持续。

◆ 在某些特定的时刻，如家里有客人到来，或到一个陌生的地方等，孩子会有明显的焦虑、紧张等情绪反应，并且他们相对还非常容易激动、敏感，睡觉时常会惊醒或者难以自然入睡。

很多妈妈认为，孩子必须学会坚强，从小就应该独立，较强的依赖感不利于孩子适应幼儿园、学校，将来也无法适应社会。其实，这样的想法是不对的。

对孩子来说，情感性依附是他们身心健康发展的重要条件。因为孩子在与妈妈沟通感情的时候，或者是在探索环境中的陌生事物时，他们在心理上非常需要妈妈提供安全的保障；当他们害怕时，同样需要妈妈的保护来增强自己的安全感。

妈妈们要知道，家是给孩子温暖和勇气的地方。所以，当孩子遭遇痛苦、疾病、挫折等困境时，需要家人提供力量。而孩子一旦表现出依赖性过强时，妈妈不能粗暴拒绝，要找寻一下原因，并理解孩子，允许他适度依恋。这样不仅可以让他获得心理上的满足感，同时也可以帮助孩子享受亲情上的愉悦感。

千万不要小看适度依恋在孩子成长中的作用。它可以帮助孩子建立最基础的对人的信赖度和自我信任感，未来才能够成功地与伴侣、后代和睦相处。如果在婴幼儿时期孩子的依恋感没有得到满足，那么将来上学之后可能会出现和别人沟通困难的局面，会影响他将来的社会生活和家庭生活。

当然，孩子的依赖感太强，过分黏人也不好，这样就会束缚孩子的自主性和创造性。所以在这方面，妈妈一定要帮孩子掌握好"度"，不妨学学谷雨的做法，给孩子情感上安慰的同时，也让孩子学会独立，学会面对现实。

读懂孩子之后这样做

妈妈们千万不要贪图享受自己的休闲时光，而忽略了孩子的感受，没事应多陪陪孩子，多抚摸孩子，和孩子一起看书、玩游戏、讲故事……通过这些亲子接触，让孩子感受到安全感，消除孩子心里的不安，这对孩子心理健康的发展大有益处。

亲子故事屋

喵喵的不安

有一只小猫，叫喵喵，它从来不出去和其他小动物们玩耍，每天都让妈妈陪着。

猫妈妈担心小猫咪的心理发育不健全，就带它来到了“猫头鹰心理诊所”。猫头鹰在听了猫妈妈的简单介绍后，轻声地问：“喵喵，听说你是一个非常安静的孩子，我猜你其实也想和小朋友们玩耍，只是你心里有些不安，是不是曾经发生过什么事情让你觉得害怕呀？”

喵喵听了，觉得猫头鹰真厉害，就小声说道：“是的，有一次我和妈妈路过树林外的那条铁路时，因为我追赶一只漂亮的蝴蝶，而落在了妈妈的后面。这时，一列火车从我和妈妈中间的铁路穿过。火车那么长，风声那么大，我在车这边很害怕，担心会永远看不到妈妈了……”

原来，喵喵的不安源于那次外出时的意外。后来，猫妈妈在给予喵喵更多鼓励的同时，还按照猫头鹰医生的嘱咐，先是在喵喵的视线范围内行动，等喵喵消除了心中的不安后，再暂时离开它，渐渐地喵喵就可以自己玩耍了。后来，猫妈妈又带着喵喵来到那个铁路旁边，让它重新认识一下火车，这回喵喵没有表现出不安，反而说：“妈妈，火车真长，汽笛真好听，什么时候妈妈带我坐一次火车吧。”

从此，喵喵走出家门，和其他小动物们玩得很开心，还交了许多好朋友呢。

不满足就大吵大闹
——小小的孩子已经学会向家长挑战

轩轩的爷爷对他的要求可谓是有求必应，其他人对轩轩也是如此。轩轩最喜欢去肯德基吃饭，他说里面的鸡腿最好吃，那天还下着大雨，轩轩突然想吃了，就拉着爷爷的手说：“爷爷，中午家里就咱们两个，要不就别做饭了，我们去肯德基吃饭，都很长时间没有去过了！”

爷爷这时候想到，谷雨特意叮嘱尽量不要到外面去吃，可是看着孩子可怜的眼神，他还是答应了。有了第一次就有第二次，只要轩轩想吃好吃的，肯定会找一个看似很充分的理由，央求爷爷奶奶带他去，好像都养成了习惯。

国庆长假到了，家里只剩下谷雨一家三口，双方父母都回老家了。谷雨很珍惜这个假期，因为她有很长时间没有和孩子单独相处了，她甚至不知道孩子每天的生活是怎样的。

谷雨问轩轩：“我的大宝贝儿，今天想吃什么好吃的，只要你说出来，妈妈肯定在一个小时内给你端上桌。”轩轩歪着脑袋想了想说：“妈妈，我得好好想想。要不咱们去肯德基吃吧，我都有好几个星期没有去过了，我想吃鸡腿！”

谷雨一听，才知道自己平时的苦口婆心全都白费了，她继续说：“不行，妈妈以前都跟你说过了，尽量不要到外面的餐厅去吃饭，妈妈做得比外面的要好吃多了。你不就是想吃鸡腿吗，今天妈妈就给你做，保证你吃完之后就再也不想到外面去吃饭了！”

“不行，妈妈，我就要去肯德基。每次我跟爷爷奶奶说，他们都会马上带我去的，你根本就不爱我！”谷雨没有想到孩子竟然反抗起来。

想想自己平时对孩子的照顾的确有些欠缺，可是不能因为这个原因就迁就孩子，她也明白，孩子平时习惯跟着爷爷奶奶，被宠惯了，养成了说一不二的坏习惯。谷雨下班之后也会批评孩子，老人刚开始也数落孩子“任性，谁都得听他的”，可是没过多久，就开始袒护孩子。

正在谷雨不知道该怎么办的时候，轩轩突然坐在地上大哭起来，谷雨以前也见过孩子用这招，不过没有这次严重，而且平时爷爷奶奶都在，事情能够马上平息下来，可是这次该怎么办呢？难道一定要带孩子出去吃饭才能解决吗？

正在谷雨想办法的时候，轩轩竟然趴在地上，而且边喊边用手砸地，时不时还瞅瞅妈妈，看着孩子这个样子，谷雨又是心疼又是生气，她不想妥协，她决定利用这次机会纠正孩子这种极端的、以自我为中心的意识。

“轩轩，你总是希望别人都听你一个人的，可是有时候你的要求根本就是不对的。你不能因为妈妈没有听你的，你就胡闹呀！外面的东西很不干净，而且你也不一定喜欢吃，还不如在家做呢。你们幼儿园的老师肯定教过你们，不能全听你一个人的。爸爸妈妈和爷爷奶奶不能总是迁就你一个人吧，如果总是要求别人听你的，别人也不会喜欢。现在妈妈给你10分钟的时间，你自己好好想想，然后告诉妈妈到底该怎么做！”谷雨说完就去厨房了。轩轩一个人面对着电视机发愣。

10分钟很快就过去了，谷雨等着孩子主动表达出自己的看法，于是就在厨房里面没有出来。没过多久，轩轩从外面进来说：“妈妈，今天多做点可乐鸡翅，一会儿我给楼上的朵朵送点儿，上次她还给我吃糯米酥了呢！”

谷雨夸轩轩是一个懂事的孩子，为了鼓励孩子，她特意做了很多孩子喜欢吃的饭菜。

修炼妈妈的“火眼金睛”

谷雨在孩子的哭闹面前没有妥协，她坚持自己的做法，并且给了孩子一定的思考时间，让孩子自己想明白，即使最后的要求没有得到满足，起码他能说服自己。孩子哭闹背后一定是有原因的，妈妈要认真分析一下。

◆ 当孩子提出要求的时候，语气和态度与以往是不同的，一定要认真关注孩子的每句话，听懂孩子每句话背后的意思。举个例子来说，孩子以讨好的态度来说话，那肯定说明孩子“有事相求”，不要被孩子的“糖衣炮弹”所迷惑，要认真分析一下。

◆ 孩子提出要求后不能得到满足，他哭闹是为了表示抗议。孩子的成长过程中，自我意识越来越强烈，家长如果迁就放任，让孩子主导一切，那孩子的自我中心意识就会更加膨胀，从而变得极端任性。

◆ 除了哭闹之外，有时候孩子为了挑战自己的父母，还会玩儿出很多千奇百怪的反对花样，这跟孩子先天性的心理特性有关，而且更有后天环境的制造，因此所有的父母都应该尽早掌握一种正确的教育方法。

面对孩子的哭闹，其实就是家长和孩子之间的任性之战。对妈妈来说，这更是一场输不得的战争，看上去类似进退攻守的关系，如果孩子得不到满足，他就会不断地任性胡闹，但这时候如果退让的话，家长就会不断丧失权威，孩子的欲望也就会越来越强。

一定要注意的是，如果孩子的要求是合理的，那就应该满足他，延迟满足也是可以的，让孩子体会到来之不易的喜悦。如果孩子的要求是不合理的，即使他哭闹，也要狠狠心，不要理他，等他平静下来以后，再告诉孩子，哭闹是解决不了任何问题的，只要妈妈坚持这样做下去，孩子就能逐渐明白事理，慢慢就不会有无理要求和寄希望于哭闹了。

读懂孩子之后这样做

对于孩子因不被满足引起的哭闹，弄明白原因之后，妈妈可以采取冷处理的办法，先不予理睬，专心做其他的事情，或者是直接告诉孩子，什么时候能够安静下来，再解决问题，孩子就会由大哭变成小哭，由闭眼哭变成睁眼看父母的反应，他也就逐渐忘记了撒泼，等孩子情绪稳定之后，再跟孩子讲道理。

亲子故事屋

任性的牛宝宝

牛爸爸、牛妈妈和牛宝宝生活在绿色的大草原上。牛妈妈精心照顾着牛宝宝，牛宝宝一哭牛妈妈赶紧就把它抱在怀里喂奶，生怕它受委屈。等牛宝宝睡着了牛妈妈还要给它洗衣服忙家务。牛爸爸每天辛苦地找回味道最鲜美的小草，让牛宝宝吃了长得壮壮的。

很快牛宝宝4岁了，它已经上了幼儿园。有一天，牛宝宝在幼儿园里欺负了其他小朋友，到了家里牛爸爸非常严厉地批评了它。牛宝宝伤心极了，一气之下就跑出了家门。牛宝宝不知道往哪里走，就向森林的方向走去。路过小羊羔的家的时候，牛宝宝看见了一件很新鲜的事儿，它看到小羊羔跪着在地上吃妈妈的奶。它好奇地在那儿看着，等小羊羔吃完奶，牛宝宝就问："小羊羔，你吃奶为什么还跪下呢？"小羊羔笑着说："我跪着吃奶就是来报答我妈妈的养育之恩，感谢妈妈辛苦把我养大，妈妈这么爱我，我做这点小事是应该的啊！"听了小羊羔的话，牛宝宝很难为情，它马上往家里走。

牛爸爸牛妈妈在家里正因为找不到牛宝宝而着急呢，牛妈妈都急哭了。这时，牛宝宝一下子扑到爸爸妈妈的怀里哭着说："爸爸妈妈，原谅我不懂事，以后我再也不任性了。"

面对责罚，请出"靠山"
——小小年纪就懂得寻找保护伞

谷雨发现，自从自己出差一段时间回来后，家中情况有了变化，只要自己责罚孩子，轩轩第一时间就会转向爷爷奶奶，要不就是姥姥姥爷，在老人的干涉下，谷雨只能停止对孩子的教育，她想这样下去肯定是不行的，不仅对孩子不好，更会引发家庭矛盾，这让谷雨心中十分焦虑。

轩轩最近总是牙疼，到医院看的时候，医生建议尽量减少甜食的摄入，而且注意牙齿卫生，为了保护孩子稚嫩的牙齿，谷雨把孩子所有的零食停掉了，包括轩轩最爱的巧克力，医生也说巧克力对牙齿的伤害是非常大的。

一次，谷雨的同事来家里玩，带了很多巧克力，轩轩趁妈妈不注意，悄悄拿了一块，不过还是被谷雨看到了。谷雨马上从孩子手中夺过巧克力说："你不要忘记，医生前几天说过的话，如果你不想要洁白和健康的牙齿了，那就继续吃甜食，你是不是希望自己满口蛀牙？"轩轩抵挡不了巧克力的诱惑，不理谷雨的说教，飞速拿起巧克力就往嘴里放，谷雨急了，一下子将巧克力打掉了，轩轩大哭起来。正在做饭的奶奶听到孩子的哭声，马上走过来说："小雨呀，你怎么一下班就把孩子打哭了，吃点就吃点呗，真是的！"轩轩看到奶奶帮自己，于是哭声就更大了，谷雨怕继续坚持下去，惹得婆婆不高兴，只好退让。

一天，谷雨下班后，轩轩主动走过去和妈妈亲热起来，玩着玩着，突然他的手重重打在了谷雨的脸上，除了疼之外，谷雨感觉很没面子，而且她没有想到孩子怎么会突然出现这样的行为，不由得很生气。轩轩看到妈妈生气了，也就不敢做声了。

谷雨不想跟孩子发火，于是跟孩子讲道理说："妈妈知道你是在开玩笑，不过即使这样，也不能动手打人，更不能用那么大的力气，如果总是这样的话，以后小朋友肯定就不会跟你玩儿了，没有人愿意挨打的，更不会有人像爸爸妈妈那样迁就你。如果你是不小心，那一定要向别人道歉，这是你应该懂的礼貌。今天你打了妈妈，妈妈决定罚你明天不许吃任何零食。"

没想到轩轩竟然哭了起来，孩子这是在招呼奶奶过来，谷雨还没来得及说什么，轩轩又开始大喊"奶奶，你快来！"奶奶走过来说："他只是一个小孩子，又不是故意的，你跟他较什么劲呢？"说完，还拉着轩轩的手往自己的脸上打，还说："打奶奶吧，奶奶不怕，不就打一下吗，小孩子又打不疼！"谷雨很无奈。

过了几天，谷雨特意将两对父母召集在一起，把自己的想法都说出来了，希望他们不要偏袒孩子，尤其是在教育孩子的时候。经过两个小时的开导，老人总算是接受了谷雨的建议。

晚上，谷雨跟轩轩说："轩轩，妈妈正式通知你，以后在妈妈批评你的时候，不要再求助别人，你既然犯错了，就应该承担错误，别人都帮不了你！"

修炼妈妈的"火眼金睛"

谷雨遇到的情况很多年轻父母都遇到过，只要批评孩子，孩子就会向周围的人求助，尤其是老人。这跟孩子的习惯以及长辈的错误做法都有关系。面对这种情况，年轻的父母一定要制订好对策，坚决不让老人成为孩子的"保护伞"。

◆ 老人在家时，孩子会以哭叫引起老人的注意。很多老人都是溺爱孩子的，只要老人给孩子撑腰，孩子底气就会十足，甚至有些得意，为了改变这种情况，如果家中有溺爱孩子的老人，在责罚孩子的时候，一定要避开他们，孩子没有求助的对象了，这种坏习惯也就能改掉了。

◆ 孩子将委屈向爷爷奶奶倾诉。如果在教育孩子时有爷爷奶奶在场，说不定他还会向爷爷奶奶倾诉，寻求帮助。因此要和老人讲清道理，让他们不要成为孩子另外一根拐杖。

◆ 当孩子说“我要告诉奶奶”的时候，可以借助这个机会跟孩子讲道理，让孩子明白有错误就必须自己承担。

在隔代教育中，老人对孩子的宠爱或者说是溺爱是避免不了的，聪明的孩子就会抓住这个特点，当遭到父母的责罚的时候，就会将爷爷奶奶作为自己的保护伞，以此来反抗父母。老人通常重视孩子的生理健康状况，而对心理方面的健康往往会忽视，因此如果不及时改变这种情况的话，家庭教育无疑会走向失败。

在改变孩子的时候，从老人下手也是不容忽视的内容。一定要主动和老人进行沟通，促进教育孩子的协调一致，即使遇到意见不一致的情况，自己也要先冷静下来，更不要当着孩子的面和老人争吵。

要避开老人给孩子讲道理，说明自己的理由，并且断了孩子寻求帮助的念想。可以考虑让老人和孩子分开一段时间，尽可能让孩子和自己生活在一起，避免孩子对爷爷奶奶形成依赖心理。

另外，为了避免更大的家庭矛盾，这时候应该由丈夫出面，一般来说，丈夫在家中是最有权威的，对孩子也有一定的震慑力，与老人之间也不会有太大的隔阂，更不会因为意见不一致而引发家庭矛盾。

读懂孩子之后这样做

如果孩子已经将老人请出“山”，自己先冷静下来，不要和老人发生正面冲突，可以带孩子出去，或者是和老人单独聊聊，将道理讲明白才是最重要的。其实解决这个问题的关键，就是不要在老人面前责罚孩子，不仅避免上述问题的出现，更能给足孩子面子。

亲子故事屋

狡猾的小乌鸦

小乌鸦刚刚上学，它很勤奋，每科成绩都很好，所有的老师都很喜欢它，于是，它变得骄傲起来。一天，小乌鸦把班上的小麻雀打伤了，小麻雀的妈妈找到了小乌鸦的妈妈，小乌鸦的妈妈诚恳地向小麻雀一家人道歉。

麻雀妈妈离开后，小乌鸦等来的是妈妈的一顿批评，正巧这时小乌鸦的班主任来了，小乌鸦依仗老师对自己的喜欢，竟然跟老师说："老师，妈妈要打我，你可要帮着我呀！不然明天我就没有办法参加比赛了。"聪明的老师马上就识破了小乌鸦的诡计，它说："虽然你很优秀，不过既然犯了错误就应该承担责任，这样才是一个乖孩子。跟妈妈认错，然后明天跟同学道歉，老师和大家依然会喜欢你的！"

小乌鸦非常听老师的话，乖乖地照做了，从那以后，它再也没有给自己找过靠山，它成了一个勇于承担责任的好孩子。

我不敢
——孩子如此胆怯

这几天，谷雨发现轩轩变得怪怪的，原本不怕黑的他，最近上床后总是拒绝妈妈关灯。这不，都已经10点半了，轩轩还是闹着不肯睡觉，一定要留在客厅里和妈妈玩儿。谷雨好言相劝："轩轩听话，明天还要上幼儿园呢。轩轩如果迟到了，会被小朋友笑你'懒虫'的。"轩轩听完这话，终于从沙发上走了下来，但却没有回自己的房间，而是走进了爸爸妈妈的卧室，边走边怯怯地说："我想和爸爸妈妈一起睡。"谷雨不禁奇怪地问："轩轩为什么不自己睡呢？你不是一直都自己睡吗？"轩轩回答说："太黑，我不敢。"眼看时间越来越晚，谷雨顾不上细问理由，只好先哄着轩轩在自己的卧室睡觉了。

这天是周末，谷雨带着轩轩到小区的健身场所玩儿。轩轩本来很喜欢在各种各样的器械上施展自己的力气，此时却躲在妈妈怀里，用双手环抱着妈妈的腰，怎么都不肯去玩儿。只见他眼睛怯怯地看着在上面攀爬的小朋友，双脚始终迈不开一步。谷雨催促他："轩轩快去啊，小朋友们都在跟你打招呼呢！"轩轩被问得没有办法，把脸向妈妈身上一埋，"哇"地哭了出来："我不敢！"

谷雨看着轩轩的这些表现，觉得事情有点严重了。一旦轩轩对外界产生了恐惧，对什么都害怕，那么对他的成长将是十分不利的。谷雨决定搞清楚这些事情的缘由。

这天下午，谷雨专门向领导请了假，决定提前回家看看孩子。谷雨到家时，轩轩刚从幼儿园回来，正跟奶奶在客厅里玩儿。谷雨看轩轩玩儿得高兴，决定不打扰他，先在旁边观察。一会儿，轩轩打算踩在小凳子上，去够书桌上的一个小本子。奶奶急忙将他从凳子上抱下来，说道："这么高怎么能爬，会把你摔下来的，头会流血的，以后再也不能这样爬了，知道吗？"轩轩又露出怯怯的眼神，对着奶奶点了点头。谷雨明白了，原来轩轩不敢去玩健身器械，是因为记住了奶奶的话，怕太高会摔下来。谷雨正要开口，又听见轩轩问奶奶："奶奶，你那天给我讲的故事里，那个从窗帘后面出来的怪物最后去哪儿了？"谷雨这下子全明白了：轩轩之所以不敢自己睡，原来不是怕黑，而是怕窗帘后面的"怪物"。谷雨思考了一会儿，决定吃完饭再分别找婆婆和轩轩谈一谈。

晚饭后，谷雨来到婆婆房间，向她讲了轩轩最近的表现，最后婉转地告诉她：尽量不要给孩子讲会引起他恐惧的故事，也不要因为想保护他而吓唬他。婆婆对谷雨的建议表示十分赞同，说自己"想得太少了，以后会注意。"

随后，谷雨来到轩轩的房间，看到他正坐在地上摆积木，就对他说："轩轩，不要玩儿积木了，妈妈来陪你玩儿捉迷藏怎么样？"轩轩一听十分高兴，马上就站了起来，拍着手叫好。这时谷雨又说："不过你这屋子太亮了，很容易就能找到，不如我们关了灯吧？"轩轩犹豫了一下，还是同意了。于是两人就在黑暗中儿玩起了捉迷藏。开始时，轩轩不敢接近窗帘，谷雨就故意藏在窗帘后面，让轩轩来找。慢慢地，轩轩发现窗帘后面并没有什么"怪物"，于是他更放得开了，自己也开始往窗帘后面藏。谷雨暗自得意自己的计划"得逞"了。果然，这天晚上谷雨帮轩轩关灯时，他没有吵闹，直接乖乖地睡觉了。

后来，谷雨又用同样的方式，克服了轩轩对所谓的"高处""危险处"的恐惧。轩轩又恢复了"小男子汉"的胆量。

从此谷雨更加注意大人的话语对轩轩的影响了，她明白，很多时候孩子的胆怯都是来源于大人言语中的信息。大人要想让孩子有胆量，就一定不能处处限制孩子的行为，更不能讲不恰当的故事给孩子听。

修炼妈妈的"火眼金睛"

孩子胆小、怕事，很多是被家长所说的话困扰。胆小的孩子适应能力较差，缺乏探索欲望，并且信心不足，内心不快乐。而孩子一旦形成畏首畏尾的性格，则很可能会对孩子的整个人生造成不良影响。因此，妈妈一定要在这方面多加留心，一旦发现孩子有以下表现，就要当心孩子变成"胆小鬼"了。

◆ 不敢"冒险"。这个世界的一切对于孩子来说都是新奇的，会使他们充满探索的欲望。但有些孩子不敢尝试新的事物，如不敢玩游乐场的大型玩具，不敢爬高，甚至在街上看见一只小猫都不敢接近，那么妈妈就要当心：孩子是不是太胆小了?

◆ 怯于交往。有些孩子在家里还算活泼，但一遇见陌生人就不敢说话，甚至不敢和同龄的小朋友一起玩儿，这也是患"胆小症"的征兆。

针对孩子的胆小问题，谷雨总结了一套行之有效的给孩子"壮胆"的方法。首先要做的就是弄清楚孩子胆小的原因。一般来说，在孩子没有受到外界因素影响的情况下，应该会对这个世界充满了新奇感和探索欲望。假如孩子束手束脚，什么都不敢做，那多半是在家长的言行中捕捉到了"危险信息"，因此不敢放开手脚接触。因此，当妈妈发现孩子总说"我不敢"时，就要擦亮眼睛，好好寻找原因了。

找到原因之后，最好的方式是像谷雨那样，设置一个有趣的情境，让孩子主动接触那些"害怕"的事物。当他发现那不但不可怕，反而很好玩儿之后，恐惧感自然也就消失了。

另外，在日常生活中，年轻妈妈还应做到以下几点：首先要以身作则，尽量不要在孩子面前说“我不敢”“害怕”等话语；其次，多带孩子接触外面的世界，不要让他成为温室中的花朵；再次，孩子在犯错时，不要一味训斥，否则很可能让孩子因为恐惧而不敢再次尝试；最后，尽量引导孩子，让他敢于放手做事。

读懂孩子之后这样做

爸爸妈妈一定要通过自己的言传身教，改变胆小孩子的问题。一定不要让孩子觉得这个世界是可怕的，进而怯于接触、探索。要让孩子觉得这个世界是美好的、是有趣的，从而使他产生接触世界的欲望，避免胆小、怕事。

亲子故事屋

妞妞“遇险”记

妞妞是一只可爱的小花猫，但也是一只嘴馋的小懒猫。每天白天，妞妞都在院子里四脚朝天地晒着太阳睡大觉，而到了黄昏的时候，妞妞就跑到树林里找各种好吃的。

这天，妞妞又来到树林里觅食。走着走着，她发现了一个黑黑的树洞。妞妞想，这里面会不会藏着美食呢？它伸出小爪子，掏了一下：“喵！”妞妞的爪子一下子被刺痛了，她大叫着“有怪物”，就跑回了家。从那之后，妞妞再也不敢进树林了。

妈妈问清楚了原因后决定带着妞妞去看个究竟。妈妈走到树洞旁，向里面张望了一会儿，才发现哪里有什么怪物，原来是一只仙人掌被丢在了树洞里。

妈妈告诉妞妞：“这是一种很好的植物，还能净化空气呢！”妞妞这才放心了，并且和妈妈一起将仙人掌带回了家，种在了自家的小院子里。

我喜欢自己玩儿
——孩子认生怎么办

最近，谷雨家里比较热闹，时不时就有朋友来玩儿。朋友来了之后，自然都会逗逗可爱的轩轩。有时是跟他说说话，有时是招呼他一起玩游戏。但轩轩的反应却并不"可爱"，不是闭着嘴不回答，就是远远躲开。被问急了，就说："我喜欢自己玩儿。"甚至有的时候，轩轩连"叔叔""阿姨"都不愿意开口叫了，看见有陌生人来家里，就跑回自己房间，任大人怎么叫都不出来。

看着轩轩的这种表现，谷雨担心极了。她想，自己是一个朝气蓬勃、活泼开朗的80后，怎么能允许自己的儿子这么害羞、怕生呢？接着谷雨又想，是不是自己最近太忙，没时间带他出去，他在家里憋坏了？于是，谷雨决定多抽时间带轩轩到外面走走。

这天是周末，谷雨特意将所有的事情都推了，专门陪轩轩。她带着轩轩来到附近的游乐场，轩轩一看到有很多大型玩具就高兴得跳了起来，一下子挣脱谷雨的手，爬到滑梯上玩儿了起来。

谷雨在旁边看着，发现轩轩虽然开心，但却和旁边的小朋友格格不入。有两个小朋友自来熟地招呼他一起玩儿，他却只看了他们一眼，就又自顾自地玩儿去了。谷雨这下觉得问题严重了——连在最容易亲近的同龄人面前，轩轩都认生了。

谷雨心情很沉重，她觉得孩子的性格发生变化是有原因的，于是回到家后就上网查起了资料。谷雨发现，很多孩子在成长的过程中都会经历认生的阶段，她这才稍稍放心。接着，谷雨又查了很久资料，渐渐心中有了"医治"轩轩的对策。

谷雨与一个同事约好周末带着轩轩去她家里玩儿。在去之前，谷雨提前告诉轩轩："轩轩，妈妈今天带你去的阿姨家里有个两岁的小妹妹，你去了之后要主动和妹妹玩儿，好不好？"轩轩听说是比自己还小的孩子，就稍稍放下了戒备心理，爽快地同意了。

到了同事家里，轩轩还是不肯叫“阿姨”，但他一进屋就主动寻觅起了同事女儿的踪影，和小妹妹高兴地玩儿了一个上午。临走的时候，轩轩突然出人意料地说了声：“阿姨再见！妹妹再见！”谷雨听了十分高兴，当即和同事约好，下个周末邀请她带着女儿到自己家里来玩儿。

第二个周末，轩轩知道上次一起玩儿的小妹妹要来家里做客，早早就守在了客厅，一听到门铃响马上跳起来去开门，还主动喊了“阿姨”。谷雨别提多开心了，这是两个月来，轩轩第一次主动跟客人说话。

后来，谷雨又想了个小办法，她给轩轩封了个“门官儿”的称号，凡是有人按门铃，都由轩轩问清是谁、然后开门。轩轩觉得新鲜，爽快地答应了。

不出一个月，轩轩又变得活泼起来。很多邻居、同学、朋友都受谷雨的邀请陆续来家里做客，轩轩的“门官儿”也越来越称职，不仅第一时间主动和客人打招呼，还帮助客人拿拖鞋。有时，他还能跟人家“笨言笨语”地聊几句。客人要走时，还会主动来到门口送客。谷雨看到轩轩的进步和改变，心里乐开了花。

修炼妈妈的“火眼金睛”

认生是很多孩子在成长过程中都会经历的，是幼儿、儿童对不熟悉的人表现出来的一种害怕的反应。这是很正常的，妈妈们不用过于担心。但是，妈妈也绝不能掉以轻心，任由孩子“认生”下去。要知道，长此以往，会对孩子的身心造成十分不利的影响。比如，孩子会因为长期缺乏与陌生人的交流，丧失锻炼人际交往的机会，从而影响人际交往的信心和能力。另外，据研究表明，过于认生的孩子，其智力发展往往也会因此受限。由此可见，即使认生是“孩”之常情，妈妈也万万不可忽视对孩子认生的“矫正”。

然而，由于性格和生长环境不同，不同孩子进入“认生期”的时间也是不同的。有些孩子可能在有意识之后就会进入认生期，有的则可能直到四五岁才开始认生。那么，妈妈如何判断孩子进入了“认生期”呢？以下特征可以作为参考。

◆ 孩子看到陌生人之后眼神中流露出恐惧、胆怯的神情，是最明显的“认生”标志。如果你的孩子一看到陌生人就慌着逃离，甚至大声哭叫，那么基本就可以判定为认生了。

◆ 除了家里人之外，孩子不让别人抱自己、碰自己，也是认生的一种表现。正常、活泼的孩子应该是对新鲜事物好奇的，对于陌生人也常常表现出孩子独有的热情。如果你的孩子总表现出对陌生人的抗拒，不允许他靠近自己半步，那妈妈也要引起注意了。

◆ 有些症状比较严重的孩子，不但躲避陌生的成年人，对于同龄人也难以交往。如果你的孩子在小朋友中显得格格不入，那妈妈就一定要对孩子及早采取矫正措施了。

那么，妈妈如何改变孩子的“认生”缺点，将孩子培养得和自己一样充满激情呢?

首先，妈妈要了解孩子为什么认生。孩子认生远远不是“因为他小”那么简单，造成孩子认生的原因多种多样。具体来说有以下几种：第一，天性使然。由于孩子的性格天生比较敏感、容易紧张，对不熟悉的环境和人会本能地害怕；第二，环境使然。孩子生长的环境过于封闭，接触外界的机会很少，难以得到锻炼，一接触陌生人自然会紧张；第三，教育方式不当造成的。很多家长觉得孩子小，不用顾及“礼仪”，从来不教他叫人，或者孩子曾经被家长强制叫人、表演，对类似的事情留下了不好的印象，产生了恐惧。

了解了孩子为什么会认生后，妈妈就要“对症下药”，用最有针对性的方式“治好”孩子的“认生病”。对于性格原因造成认生的孩子来说，妈妈不要操之过急，要在没有威吓的环境下，给孩子一个适应的过程，让他慢慢接受新的事物；由于环境不佳认生的孩子，妈妈要多带孩子进行户外活动，多接触陌生的人和事物，培养孩子主动与陌生人交流的欲望和能力；如果是因为教育方式不当造成了孩子的认生，就要妈妈改善对孩子的教导，引导他在客人面前多注意行为举止等问题，切记方式要适度，不可让孩子感觉到受逼迫。

读懂孩子之后这样做

80后妈妈要利用自己热情、活泼的优势来以身作则，给孩子树立一个好榜样，让孩子在耳濡目染中跟妈妈一样，成为一个活泼、主动的孩子，乐于与人积极交往，从而杜绝孩子“认生”的缺点发芽、生长。

亲子故事屋

小白交朋友

小白是一只可爱的小白兔，它每天都很快乐，还有吃不完的胡萝卜，日子过得别提多美了。但是，小白渐渐长大了，发现别人都有好朋友，只有自己每天孤身一人。它变得沉闷起来了。

妈妈对小白说："森林里有小猴子淘淘和大灰熊笨笨，你可以去找它们做朋友啊。"小白摇摇头说："我从来没有跟它们说过话，我害怕。"妈妈耐心地劝导小白："淘淘和笨笨对朋友都是非常友好的，而且它们每天在一起玩儿，别提有多开心了。你一个人在这里玩儿，多没意思啊。"

小白听了，抱着试试看的心态，到森林里和淘淘、笨笨打了个招呼，没想到它们非常热情地邀请小白和它们一起玩儿，还要和它做好朋友。从那之后，小白变得更快乐了，因为它有新朋友了。

哥哥，你别走
——孩子也害怕孤独

轩轩的小哥哥叫王硕，是姑姑家的孩子，已经上小学一年级了，每到放寒暑假的时候，两个孩子都会在一起玩儿。

王硕这次来给轩轩家带了很多玩具，每天小哥俩就是拿着这些玩具折腾个不停，不仅是玩玩具，还给所有的玩具"动手术"，他们一定要弄清玩具的具体构造是怎样的。谷雨看到两个孩子玩得那么开心，虽然玩具被毁了，但是她认为这样可以锻炼孩子的动手能力，为了让两个孩子玩得更高兴一些，她甚至还买回一些新玩具，和他们一起玩。

夏天的晚上依然还很热，于是谷雨就带着两个孩子到楼下去乘凉，大人们在一起聊天，孩子们在一起玩儿，非常热闹。王硕突然和另外一个小孩子一起玩一辆遥控小汽车，不知不觉就忽略了轩轩。轩轩以前也没有见过这个新玩具，就一直站在旁边看，可是看着看着就想玩，于是跟哥哥和那个孩子提出了请求，可是并没有人理他，轩轩毕竟年纪小，没有办法，只能干着急。

不知道为什么，王硕突然和那个朋友发生了冲突，轩轩站在一旁看热闹，并没有帮助哥哥。王硕有些生气了，直到晚上睡觉都没有再理轩轩。别看轩轩人小，火气可是不小的，也没有主动理哥哥。

王硕晚上有些睡不着，于是跑到姥姥也就是轩轩奶奶的房间去睡。第二天一大早就收拾东西，原来他有些儿玩腻了，打算回自己的家了，关键是昨天和弟弟闹了一些小矛盾。谷雨看到孩子正在收拾东西，就跑过去问是怎么回事："硕硕，怎么了，今天怎么突然要回家呀，是在舅舅家不开心吗，还是想自己家了？"王硕也不知道该怎么解释，只是说自己想家了。

轩轩这时候从房间跑出来了，哭着说："哥哥，你别走，昨天是我的不对，留下来和我接着玩儿可以吗，以后我保证全都听你的！"王硕也不知道该怎么办了，这时候轩轩奶奶说话了："硕硕呀，反正离开学还有很长时间呢，再说今天回去都没有人来接你，而且你的舅舅和舅妈也要上班，即使要走，也要等到周末呀！听姥姥的吧！"王硕听了这话，才停止收拾自己的东西，轩轩一看哥哥不走了，马上就高兴了，赶紧跑回自己的房间，把一件从来没有玩儿过的玩具拿出来了，然后说："哥哥，这本来是别人送我的礼物，现在我送给你了，谢谢你能陪我玩儿！"两个孩子又打闹在一起了。

谷雨看到两个孩子没事了，这才放心去上班，可是她边等车边想：孩子这么依赖哥哥，甚至面对哥哥的离开有些祈求和讨好的感觉，是不是孩子平时太孤独了呢？现在硕硕一直陪着他还没有问题，可是硕硕迟早都会走的呀！想到这里，谷雨就非常心疼孩子了，怪不得以前的人不孤独，因为大家都不是独生子女，到底该怎么办呢，是不是要提前给孩子打预防针呢？

那天，谷雨下班后跟轩轩说："轩轩，哥哥迟早都会回自己家的，以前也是你一个人玩儿呀，没有关系，等周末的时候妈妈再带你去哥哥家玩儿，找其他小朋友玩儿也是可以的！等你长大之后，很多事情都要你自己去面对，你现在就要学着慢慢长大！"

轩轩不知道妈妈为什么会突然说这些话，忽闪着大眼睛听着。谷雨也看出来孩子并没有太明白，不想再说什么了，她只希望等到硕硕真正离开的时候孩子能够承受。

修炼妈妈的“火眼金睛”

家中只有轩轩一个孩子，没有兄弟姐妹，好不容易有一个玩伴儿，就不能避免分别，于是孩子面对哥哥的离开就表现出不舍，甚至为了留下哥哥而讨好哥哥，这表现出了孩子的孤独感，这是很多孩子都可能会遇到的情况。

◆ 孩子挽留同伴就表明孩子是孤独寂寞的，即使家中有很多人陪他玩儿，但是孩子更希望陪伴自己的是同龄人，如果家中有兄弟姐妹，孩子的童年无疑会更快乐。

◆ 孩子总是喜欢外出找其他小朋友玩儿，不要拒绝孩子，这是孩子想主动接近别人的表现，即使他没有直接表达出来，但是也体现出孩子害怕孤独和寂寞，给孩子这样的机会，带孩子到公共场合去玩儿。

孩子会通过日常的言语以及行为表现出自己的孤独感，可是在现代社会的大背景下，这种情况改变起来的确有些困难，父母要做的就是让孩子多和同龄孩子接触，让孩子融入到孩子群中，让他们交到好朋友，这不仅可以驱走孩子的孤独感，也能让孩子各方面的能力得到锻炼和提高。

对于那些一直处于孤独中的孩子来说，他们经常独自与电视、电脑、玩偶或者是书籍为伴，但他们的内心却很希望与同龄人交往，只是不知道从哪里入手。因此，家长一定要多陪伴孩子，多带孩子出去玩儿，让孩子多和同龄小朋友玩耍，让他们从小就能体会到友谊带来的快乐。

读懂孩子之后这样做

妈妈在读懂孩子的孤独之后，要试着带孩子融入到外界环境中，可以邀请一些和孩子同龄的小朋友到家中玩儿，也可以带孩子去别的小朋友家做客，还可以鼓励孩子在小区里交几个好朋友，这样就可以经常在一起玩儿了。如果孩子要面临离别，需提前告诉孩子，这一次分离代表下一次不久就又可以见面了，让孩子做好充分的思想准备，然后引导孩子期待下一次的团聚，消除孩子面对突然离别的悲伤。

亲子故事屋

孤独的小牛

小牛出生3个月了，爸爸妈妈要出去耕地，它只能每天独自在家玩儿，其实以前它也经常被妈妈带到田里去玩儿，可是有一次被一头牛哥哥欺负了，妈妈为了保护它就不让它出门了。它每天都在院子里跑来跑去，透过大门，看着外面热闹的景象。

有一次，邻居小绵羊来找它玩儿了一天，晚上，小绵羊必须回家了，小牛非常舍不得，它用头抵着小绵羊的犄角说："绵羊哥哥，你能不能每天都来陪我玩儿呀，我真的很喜欢和你一起玩儿。"热情的小绵羊说："没问题，明天我带你去认识我的朋友，你一定会高兴的。"听到小绵羊这么说，小牛不禁有些胆怯了："我还是别去外面玩儿了，我怕大家都不会喜欢我。"

牛妈妈回来了解后说："孩子，以前是妈妈太保护你了，其实你是需要朋友的，勇敢点儿，出去玩儿吧，大家都会喜欢你的。"

在妈妈的鼓励以及小绵羊的邀请下，小牛很快就融入到小动物中，它每天都出去玩儿，再也不觉得孤单了。

这是我的，谁也不许碰
——以自我为中心导致的自私

别看轩轩年龄小，知道的事情可不少。这归功于奶奶常带他出去和别人聊天。在他上学之前，奶奶就经常带他到小区里和那些老人一起玩儿，整天听些家长里短的事情，但这也养成了孩子"好事"的坏习惯。只要是轩轩听到的，不管跟他有没有关系，一定要问出个究竟，可是没有一个人会把孩子的话当回事，如果他的提问没有得到回答，就会站在人群中大喊一声"回答我"，这时候就会有人把前因后果跟轩轩解释一遍，轩轩虽然人小，可是依然会发表自己的意见，这让周围的人以及谷雨一家人非常尴尬。

虽然谷雨有时候也会提醒孩子说话要注意分寸，尽量不要去听那些鸡毛蒜皮的事情，可是轩轩不可避免地要跟着奶奶，依然是想说什么就说什么，从来不会多考虑别人的感受。

一天从幼儿园回来后，轩轩一进家门就用爸爸的衣服擦了擦自己的小板凳，然后一屁股坐在上面，撅着小嘴说："今天豆豆借走了我的铅笔，到放学的时候都没有还回来。后来，我就找他要，他还说有事情，不理我。豆豆怎么这么讨厌呀！"

想到孩子生活中的种种以及今天的表现，谷雨发现孩子真的太以自我为中心了，遇事首先想到的总是自己，而且不顾及别人的感受。只从自己的角度想问题，长大以后该怎么办呢，会不会是一个自私自利的孩子呢？还没等谷雨想明白，又有新问题出现了。

轩轩和邻居敬敬哥哥在一起画画，可是敬敬只有一只水笔，没有蜡笔，于是他就想借用轩轩的蜡笔给自己的画增添一些元素。敬敬很有礼貌地说："轩轩，我需要一只蜡笔，可是我没有从家中带来，你能不能让我先用一下你的，或者是咱们换着用？我这只水笔还是爸爸出差的时候给我带回来的呢，真的特别好用！"

轩轩听到敬敬说这样的话，竟然一下子把蜡笔抱在自己怀中，边往后躲边说："这是我的，谁也不许碰！你自己想用就从自己家带来呀，反正我不能让你用我的东西！"说完就抱着自己的画纸和画笔去另外的房间了。

谷雨以为孩子会为了留住朋友而收敛一些，没想到轩轩为了保护自己的利益毫不退让，看来自己不站出来是不行了。谷雨把轩轩从房间中拉出来说："难道你忘记以前的事情了吗，因为你和敬敬闹矛盾，最后他就不和你玩儿了？他平时对你多好呀，只要有好东西，肯定就会先想到你，今天你竟然连一个蜡笔都舍不得让他用，你是不是太自私了？如果你遇事总是想自己，那以后谁会和你玩儿呢？你说你很喜欢敬敬哥哥，是因为他把自己的东西都给你用，你为什么就不能这样呢？"

"可是……可是……反正我就不想让别人用我的东西！"轩轩还是想不明白。

谷雨接着说："那你这样想一下，如果敬敬以后也不和你玩儿，再也不和你分享他的东西，或者是我们所有人都不跟你分享东西，你会高兴吗？不要总是想到自己，反过来好好想一下，妈妈一直都认为你是一个懂事的孩子！”谷雨想给孩子自己思考的时间，让他自己明白其中的道理。

轩轩一直盯着敬敬的水笔，大概过了两分钟，他走过去，把自己的蜡笔递给敬敬说：“你用我的蜡笔吧，我还有的用呢！”

谷雨看在眼中，不禁笑了。

修炼妈妈的“火眼金睛”

在现代教育制度以及家庭教育模式下，很多孩子都是以自我为中心。他们总是先想到自己，不仅不懂得分享，还期望占有属于别人的东西。父母应及时发现孩子的这种心理苗头，正确引导让孩子学会分享。

◆ 当别人要求使用孩子的某样物品时，孩子一旦拒绝，这表明孩子有以自我为中心的意识。一旦孩子的利益遭到侵犯，他一定会找出理由来拒绝，如果孩子养成了这样的习惯，那这就会造成孩子与他人交往的障碍，更会影响到孩子心理的健康发展，甚至会使孩子形成不良的心理品质，这对孩子将来的身心健康是非常不利的。

孩子从3岁左右的时候就会出现自我意识的萌芽，他会以自我为中心的眼光来观察和对待周围的人，这时候也是培养孩子的关键时期，如果缺乏对孩子最基本有效的引导，或者是给予孩子没有原则的“爱”和迁就，就相当于强化孩子以自我为中心的意识，孩子以后只懂得索取和享受，会变得越来越自我，不懂得去付出。

纠正孩子这种心理隐患越及时，操作起来难度也会越小，因此只要发现孩子有自私的苗头，就要及时纠正。

妈妈要利用生活中的实际问题引导孩子，比如教会孩子“心理置换”，让孩子从对方的角度去思考问题，告诉孩子应该怎么做。另外，多让孩子参加一些集体活动，体验挫折和磨难，这会让孩子变得更加成熟，也能逐渐改变孩子自我中心观念。

孩子有时可能会出现霸道的行为，妈妈一定要拒绝孩子种种不合理的要求，告诉他，他并不是家庭的中心，不要总是期望别人都围着他转，不妨制订一些规矩，如果违反规矩就要接受相应的惩罚。

读懂孩子之后这样做

如果孩子不懂得分享，那就让孩子体验一次被别人拒绝的感受，比如孩子想玩儿妈妈的手机，拒绝他，告诉他那不是属于他的东西，等到孩子体验到被拒绝的痛苦后，再告诉他要学会与别人分享，这样别人才会与他分享好东西。

亲子故事屋

自私的小狐狸

一天，一只小狐狸迷路了，它非常饿，可是能怎么办呢，从来没有自己外出的它根本没有捕食的能力，它饿得趴在路边走不动了。正在这个时候，一只山羊爸爸领着小山羊从路边经过，小狐狸感觉机会来了，于是装出一副可怜的样子，看着两只山羊说："山羊叔叔和小山羊妹妹，我找不到我的妈妈了，我现在特别饿，根本走不到家了，你们能给我点吃的吗？"

公山羊其实对狐狸的印象一直都不好，可是看到可怜的小狐狸就心软了，于是对小山羊说："你愿意把你的食物分给小狐狸一些吗？"善良的小山羊说："可以，我少吃点没有关系。"于是小狐狸得救了。

又过了一段时间，小山羊也遇到了同样的遭遇，正巧也被小狐狸和妈妈碰到。可是无论小山羊怎样祈求，小狐狸就是护着自己的食物，还说："这都是我的，不能给你吃！"

从那以后，再也没有小动物愿意和小狐狸一起玩了，遇到困难时，也没有人愿意伸出援手。

我想看着“喜羊羊”吃饭

——边看边吃的贪玩心理

别看谷雨已经是一个当妈妈的人了，可她还童心未泯呢，作为80后的她还是特别喜欢看动画片，没有一部动画片是她没有看过的。受妈妈的影响，轩轩也是动画迷。一部红遍全国的《喜羊羊与灰太狼》让小家伙更是离不开电视机了，只要电视上放，轩轩肯定就不会干别的事情。

最近，谷雨发现轩轩又多了一个毛病，那就是边吃饭边看电视，手里端着碗，然后两眼紧盯着电视机。本来轩轩吃饭就很慢，看着电视吃就更不用说了，每次吃饭都要用去半个多小时，生生地把热饭热菜吃凉了。原来是因为有一个电视台每天播《喜羊羊与灰太狼》的时间正是晚饭时间，轩轩舍不得放弃动画片，就一天天地养成了边吃饭边看电视的习惯。

奶奶催促轩轩说：“轩轩，赶快吃饭，吃完饭再安下心来看，像你这样，边吃边看电视，怎么能长大高个呢？你不是一直说你要超过硕硕哥哥吗？”轩轩好像没有听见一样，仍旧聚精会神地看动画片，一点反应都没有。

连续几天都这样，谷雨有些生气了，一天晚饭的时候，轩轩刚打开电视机，谷雨“啪”地一下就关了，轩轩瞪着大眼睛看着妈妈，他不知道妈妈为什么突然把电视机关掉。谷雨有些生气地说：“你先吃饭，吃完了再看电视，怎么每次吃饭都这么贪玩，以前边吃饭边玩儿玩具，现在改成看电视了，你什么时候才能安安稳稳吃顿饭呢！”轩轩仰着头祈求妈妈：“我想看着喜羊羊吃饭，妈妈，求求你了！”谷雨坚决不同意，轩轩也不动碗中的筷子，谷雨还是采用以前的老方法，先退让了一步，那就是先吃一碗饭，然后再看电视。

就这样，谷雨一直和孩子讨价还价，过了一段时间，轩轩终于将边吃饭边贪玩儿的毛病改掉了。但是谷雨又有了新的顾虑，那就是孩子一天天长大，他贪玩儿的毛病如果不能彻底改正，对孩子的成长会很不利，到底该怎么办呢？

在同事的建议下，谷雨特意给轩轩报了一个短期的培训班，希望孩子能够通过正规的礼仪教育，改掉贪玩儿，尤其是在餐桌上贪玩儿的坏习惯。

第一堂课是谷雨陪着孩子去的。当他们走进教室的时候，发现大家都围坐在一张餐桌旁边，上面摆放着一些食物，所有的孩子都是静静地看着。轩轩有些忍不住了，就问妈妈是怎么回事。谷雨安慰孩子："听老师讲课，不要紧张，只要按照老师说的做就可以了。

老师拉着轩轩坐到了一个位子上说："亲爱的同学们，现在可以开饭了，不过我首先要说明的一点就是，吃饭就是吃饭，一定不能做别的事情，尤其不能边吃边玩儿，即使我们是小孩子，这也是不允许的。然后要等全家人都到齐的时候，才能吃，不要让椅子发出与地面摩擦的声音，现在大家就按照老师说的做吧！"不知道是什么缘故，所有的孩子竟然都非常听话，当然也包括轩轩。

经过几次正规的课程教育，轩轩已经变成了一个文明懂礼的孩子了，谷雨很庆幸当初的做法。

修炼妈妈的"火眼金睛"

很多孩子都有边吃饭边看电视的习惯，即使故事情节很精彩，也一定不要让孩子"一心二用"。

◆ 孩子明知道吃饭的时候看电视是不对的，可是他依然控制不住自己，这时不要训斥孩子，否则会影响到孩子的用餐心情，更会伤害到他的身体健康。

◆ 当孩子说"我就玩儿一会儿"的时候，他的心已经没有在用餐上面了，要想办法将孩子的注意力引导到吃饭上面来。

孩子边吃饭边玩儿或看电视，从健康角度来说，一定要改正孩子贪玩儿的坏习惯。就以看电视为例，首先会影响孩子的食欲，孩子很大一部分注意力都在电视上面，进而忽视了食物的味道，如果食欲长期受到电视的抑制，就会降低或者是消失，时间一长，还会出现营养不良的情况。另外，看电视的时候，大脑需要大量的血液，而消化也需要血液，它们相互争夺血液的供应，最后双方都不能得到充足的血液，既玩儿不好，也吃不好，对孩子的身体就是一种伤害。

因此，在用餐的时候最好将电视机关掉，大人一定要起好榜样的作用，不要边用餐边做别的事情。给孩子制订一份合理的收看电视节目时间表，让电视给孩子带来快乐的同时，也能保证孩子的健康，这才是孩子需要的。

孩子最喜欢模仿自己的父母，将正确的用餐礼仪展示给孩子。妈妈要做到和孩子一起成长，如果孩子做出不太让人满意的行为，先要反思自己日常行为对孩子教育的影响，然后再去纠正孩子的不良行为。

很多妈妈会认为孩子吃饭时贪玩只是一个习惯问题，等到孩子长大以后自然就能改正，其实为了孩子的健康，最好及早改掉不良习惯。

读懂孩子之后这样做

如果孩子在用餐的时候贪玩儿，家长不要轻易斥责孩子，可以给孩子规定一个时间范围，如果超过这个时间就收拾桌子，如果孩子喊饿，狠一次心，不给孩子饭吃。这样做，孩子就会接受教训，亲自体验到自作自受的"因果定律"，进而改掉边吃边玩儿的坏习惯。用温和的态度坚持不变的实际行动，这远比反复催促孩子有效得多。

亲子故事屋

爱看电视的小花猫

小花猫家刚刚买了一台新的电视机，于是它每天就蹲在电视机前面看呀看，甚至吃东西的时候也看，看得不亦乐乎。

猫妈妈每天回家后，都看见它盯着电视，就知道它没有练习捕捉老鼠的本领，于是对它说："你这样整天盯着电视看，怎么能抓到老鼠呢？"小花猫不屑地说："妈妈，我是猫，天生就能捉老鼠，你不用操心。"

有一天，猫妈妈不在家，小花猫又是边吃饭边看电视，这时候一只老鼠钻出来，正想找点儿好吃的呢，看见小花猫正聚精会神地看电视，就偷偷地拿走了小花猫的炸鱼干，害怕小花猫发现，就顺手把一根小木棒放在小花猫的碗里，然后溜走了。

小花猫头也不低地伸手去拿碗里的炸鱼干，往嘴里一放："哎哟，疼死我啦！"原来那小木棒太硬了，小花猫以为还是自己的炸鱼干呢，毫无防备，一下子就把牙齿弄掉了。疼得它哇哇大哭。

猫妈妈回来后，对它说："这就是边吃饭边看电视的后果，你看，这回你连牙齿都没有了，老鼠都不怕你了。"

妈妈，我也想刷牙
——巧妙利用孩子的模仿心理

轩轩很喜欢跟在谷雨屁股后面跑来跑去的，谷雨到厨房包饺子，轩轩也挽起了袖子，跟妈妈说："妈妈，让我也来包吧，我也会。"谷雨想到上次轩轩弄得到处都是白面的惨状，马上用胳膊肘往外推孩子说："不用了，我的小祖宗，你赶紧去客厅看你的书去吧，妈妈一会儿就完事了，听话！"轩轩撅着小嘴，很不情愿地走了出去。

吃饭的时候，轩轩还是很不高兴，他夹饺子的样子有些可笑，再加上孩子一脸的不满意，几个大人不禁笑起来。爷爷知道是怎么回事，于是就跟轩轩说："没事，今天妈妈是着急，怕耽误大家吃饭，才没有带着你一起包饺子的，下次咱们爷俩一起包，我来教你。"听到爷爷这样说，轩轩才高兴起来了。谷雨也有些后悔刚才的举动了。

周末的早晨，谷雨毫不例外地睡了懒觉，她不知道轩轩已经在床边看了她很长时间了，她极不情愿地睁开眼，看着孩子说："轩轩，你这个大懒虫，怎么起床这么长时间了也不知道去洗漱呢？"轩轩哈哈笑起来："妈妈才是大懒虫呢，你看看现在都几点了，你连床都还没有起呢，还说我呢。妈妈，你赶紧起床，然后我们一起去公园玩儿，这可是咱们昨天晚上商量好的事情呀！""好嘞，妈妈马上起床洗漱。"谷雨说完就从床上蹿了起来。

谷雨来到卫生间准备刷牙，轩轩也跟进来了，谷雨边挤牙膏边说："你先等一下，妈妈洗漱完再帮你洗漱，行不行？"说完就开始刷牙。轩轩带着一种祈求的口气说："妈妈，我长大了，能不能自己刷牙呀，你现在就教我刷牙吧，等我学会了，以后就不用等着妈妈了！"

谷雨这时候才发现轩轩是如此喜欢模仿自己，她想是不是应该利用孩子这种心理教轩轩一些基本的生活技能呢？想到这里，谷雨就把轩轩的小牙刷找出来了说：“刚才你不是一直在看着妈妈挤牙膏吗，你试一试，看能不能挤出来，先少挤一些！”轩轩开始慢慢挤牙膏，虽然把牙膏挤到外面一些，不过还说得过去。完成了刷牙的第一步，谷雨开始教孩子正确的刷牙方法，孩子很兴奋，学得非常认真。

谷雨发现了一个很大的问题，那就是孩子总是玩儿，胡乱刷，而且经常横着刷，这对牙齿的健康是非常不利的。谷雨开始新一轮的纠正：“轩轩，我们在刷上面牙的时候，应该是从上往下刷，在刷下面牙的时候应该是从下往上刷，刷左右两边牙的时候要上上下下，里里外外都要刷干净，每次刷3分钟就可以了。轩轩，一定要记住这个方法。”为了更好地引导孩子，每天早晨谷雨都和孩子一起刷牙，经过连续几天的培养，轩轩总算是学会刷牙了，而且每次的方法都是正确的。

从那以后，只要轩轩想学什么，谷雨总是先给他做示范，然后教给他正确的方法，陪他一起做。

修炼妈妈的“火眼金睛”

很多家长都会有这样的经历，那就是孩子常常作出和自己一样的表情和动作，其实这就是孩子在施展自己的模仿力，这是孩子天生就具备的一种能力，这种能力也是孩子认知能力的基础，如果这时候能够加以引导，发挥孩子的模仿天分，我们的孩子很容易就能学到很多东西，而且他会变得更加聪明。

◆ 孩子总是跟在妈妈后面，虽然他没有提出什么要求，其实他已经开始模仿了，妈妈要将正确的一面展示给孩子，让孩子在潜移默化中就会受到好的影响。

◆ 孩子提出要学着做某件事的要求，如果合理且没有危险，妈妈就要尽量满足他，并且最好和孩子一起做，这比单纯的口头教育有效很多，而且这样还能做到寓教于乐。

孩子从出生的那一刻开始，甚至还在妈妈肚子里的时候，就已经准备好和父母进行互动了，其实这就是模仿，如果父母没有及时主动给予回应，那孩子只是玩儿一下，如果父母能够及时引导一下，那孩子就能学会正确的动作，真正、有效的模仿就开始了。人们经常说父母是孩子的第一任老师，就跟模仿有直接的关系。

要注意的是，模仿不是简单的学习事物的表面现象，而是要引导孩子发挥自己的领悟力和创造力，不能随意模仿。

妈妈要善于利用孩子的模仿力，并注意几个问题。首先要正视孩子情绪上的各种问题，排除孩子情绪上的障碍，比如畏惧等，然后再训练孩子的模仿能力，这样才能强化孩子的记忆力以及接受力。在孩子模仿的过程中，可以引导孩子把他心中的想法表达出来，如果孩子年龄还小，可以试着帮助孩子，孩子就不会感到无助了。最后就是了解孩子的想法，诱使孩子与你互动和模仿，并给予孩子回应，可以鼓励孩子多模仿几次，这样有助于加强孩子的记忆。

其实，训练孩子的模仿力有一个重要的方法，那就是放慢速度，听听孩子在说什么，他又是怎么做的。训练孩子，不是单纯地教孩子如何做，而是明白孩子的想法，真正的了解孩子，然后再去激发他的创意，从而增强孩子的模仿力。

如果孩子的模仿是没有目的的，不要盲目阻止孩子，先认同他，然后进入孩子的世界，并根据孩子的能力给予适当的引导。

读懂孩子之后这样做

在利用孩子模仿心理的时候，不是单纯地教孩子，还要看到孩子到底想要学什么，并引导孩子去学习。家长可以先陪孩子一起做，等到孩子熟练之后就放手让孩子自己去做，家长在旁边稍微指导一下即可。

亲子故事屋

爱模仿的小番茄

在一个小菜园中，有番茄、向日葵、黄瓜，还有很多豆角。一天，小番茄看着身边的向日葵说："你每天都转呀转，难道不累吗？"向日葵说："我当然不累了，转来转去可以让我吸收更多的太阳光，这样我就能长得更结实，然后结出很多的瓜子。"

正巧小番茄的妈妈听见了，它就跟小番茄说："孩子，你也应该学习一下向日葵，用力去生长，吸收更多的营养，然后每天坚持运动，这样你的身体就更加强壮了，其他小朋友都比不过你！"

听到妈妈这样说，小番茄开始用力生长起来，不仅每天都和太阳打招呼，而且还像小黄瓜一样，努力吸收土里面的水分，没过几天，它就长成了一个大番茄。

妈妈，我就是不想和别人玩儿
——孩子也有不合群的时候

轩轩好像越来越离不开谷雨了，可是谷雨每天都要忙自己的工作，只能利用晚上和周末的时候陪孩子玩儿。

周六谷雨加班，轩轩在家玩儿，当她回到家的时候，轩轩马上从爷爷的怀中跳出来，一下子扑到谷雨的身上，开始缠着谷雨做这个做那个，谷雨问："今天你都做什么了，不会是一天都在楼上和爷爷奶奶一起玩儿了吧，昨天晚上咱们小区的婷婷不是来找你玩儿吗，今天你们一起玩儿了吗，好像这是你们昨天约好的事情呀？"

轩轩摇摇头说："我也不知道为什么，就是不喜欢和他们一起玩，感觉没意思！"谷雨没有再说什么，只是和孩子谈起动画片里面的故事。

吃过晚饭之后，谷雨就带着轩轩到小区门口的超市玩儿，本来挺高兴的，可是轩轩的表现有些让谷雨难堪。超市门口有一个摇摇马，轩轩一直在上面坐着玩儿，后来婷婷过来了，摇摇马是可以坐两个人的，可是轩轩马上就从上面下来了，跑到一边一个人玩儿去了，弄得婷婷的妈妈曹璐很不好意思。

曹璐说："这是怎么回事呀，轩轩怎么成了一个害羞的小伙子了，你们昨天不是还玩儿得好好的吗？"其实她根本不知道昨天到底是怎么回事，虽然是在一块玩儿，不过是各自玩各自的，两个孩子根本就没有交流。

两个妈妈又带着两个孩子去小区里面溜达，这里有很多孩子的娱乐设施，轩轩的表现又是如此，只要有孩子在上面玩儿，他肯定不过去，直到所有的孩子都走了，他才会自己去玩儿。

谷雨发现孩子越大这种情况越严重，孩子就是太不合群了，是因为平时接触别的孩子太少吗？谷雨想到对孩子的影响不是很大，也就没有太重视。

没过几天，新问题又出现了。新学期开学没几天，轩轩就吵着不去幼儿园了，谷雨还以为孩子在幼儿园受别的孩子的欺负了，于是就请假去幼儿园了解情况。老师说轩轩在幼儿园也是这个样子，很少和其他小朋友一起玩儿。而且老师还告诉谷雨，一定要及时帮助孩子纠正不合群的问题。

回家后，谷雨查看了很多儿童教育方面的资料，发现如果孩子不合群得不到纠正的话，很容易形成孤僻的性格，这对孩子的将来是很不利的。谷雨赶紧开始寻找原因，原来是孩子从出生就很依赖父母，而且为了孩子的安全，他们总是教育孩子不要和不熟悉的人交谈，孩子在不知不觉中就失去了与人交往的机会。他变得胆怯起来，当然不会主动找其他小朋友玩耍。找到原因之后，谷雨开始改变教育方法，不仅经常带孩子到公共场所玩儿，还鼓励孩子与其他人交往，告诉孩子“不要害怕，妈妈一直在身边”，经过这样的锻炼，孩子逐渐变得合群起来。

修炼妈妈的“火眼金睛”

谷雨从开始的时候就没有关注过孩子的社交情况，甚至在问题严重后也没有太重视。孩子不合群是一个常见现象，不过任其发展的话，会影响到孩子正常的人际交往。对孩子的性格也有不利影响，因此一旦意识到，就要及时采取措施，帮助孩子纠正。

◆ 孩子总是不和小朋友在一起玩耍，他喜欢独处，或者喜欢一个人在家中玩儿，这就是孩子不合群的表现，妈妈出门的时候不妨常带着孩子，给孩子创造接触外界社会的机会。

◆ 孩子面对其他孩子的邀请，总是表现出退缩，家长应该鼓励孩子，告诉他没有什么可担心的，他一定是表现最好的，给孩子自信，让孩子体会到来自父母的爱。

孩子不合群是很多人都关注的问题，这的确是一件让人忧虑的事情。妈妈一定要了解到，孩子不合群跟孩子自身的羞怯、胆小是分不开的。另外，还跟家庭教育有密切关系。因此，一旦孩子出现这种情况就要及时引导。

妈妈将家庭教育活泼化，让孩子感受到作为独立个体的人格以及权利，凡事不能包办、代办，应培养孩子的自理能力，并且帮助孩子改正以自我为中心的心理习惯。鼓励孩子主动表达出自己的想法，让孩子自己去做一些事情，给孩子锻炼的机会，帮助孩子形成坚定的自信心。当孩子有足够自信的时候，他才会更有勇气主动与别人交流。

要想使自己的孩子与其他孩子打成一片，妈妈还要努力创造孩子与他人交往的机会，带孩子到公共场所去玩儿，让孩子享有接触陌生人以及陌生环境的自由。年轻的妈妈不要总是沉迷于自己的事情，而忽略孩子。在孩子与同伴交往的时候，妈妈们不要忘记从旁辅导，如果孩子出现问题，妈妈应该及时进行适当的启发和引导，但是不能过多插手孩子的事情，尽量让孩子自己去解决，让孩子有意识地通过自己的努力结交到一些好朋友，进而发展初步的友谊。

读懂孩子之后这样做

要想矫正孩子的不合群现象，最好的方法就是让孩子参与到其他小朋友当中，比如周末的时候带孩子到公园或者是游乐场玩，这些地方的小朋友很多，让孩子参与其中。要鼓励孩子邀请其他小朋友一起玩儿，这时候孩子的热情是最高的，他的能量也会被激发出来。

亲子故事屋

面临危险的小草

刚刚生长出来的小草特别不喜欢和别的小草在一起玩儿，于是它要求妈妈带自己离开这里。草妈妈知道小草这种意识并不好，但是为了更好地教育小草，就带着孩子远离了草地，到了一个有些荒芜的地方。

小草一安家就高兴起来了："妈妈，这里真舒服，我以后再也不用和它们在一起了，妈妈这里只有我们两个，太好了！"草妈妈没有说什么。

没几天，天气突然变了，刮起了大风，小草根本没有力量阻挡，它被风刮得东倒西歪，如果不是妈妈及时的帮助，它肯定会被刮断的。

风终于停了，草妈妈说："以前咱们在草地生活的时候，不管风多大，你也不会这样，现在只有咱们两个，差点儿就没命了。"

小草赶紧说："妈妈，那咱们马上回去吧，我想我的小伙伴了！"

妈妈，我画得好不好
——孩子渴望被表扬

轩轩和婷婷一起参加社区的绘画班，每到周末，两个孩子就会早早准备好，然后一起去学画画。其实谷雨最初并没有想让孩子学太多的东西，只要孩子高兴、喜欢就可以了。有一次，谷雨带着轩轩去婷婷家玩儿，正好看到婷婷在画画，孩子就凑上去了："婷婷，你这是在画画吗，画得真好，我也想学，你来教我吧！"婷婷听到有人夸奖自己，立马就高兴起来了："好呀，其实我只会画一些很简单的月亮、太阳，把我这支笔给你，咱们一块儿画吧！"

就这样，两个孩子在房间中画画，没过多久，本来收拾得很整齐的房间已经被孩子弄得面目全非，地上全都是他们的作品，有小鸡、小鸭子、星星、太阳，他们边画边热烈讨论，只听轩轩说："婷婷，你看这张怎么样，应该是比刚才好了吧，反正我觉得还可以。"婷婷也没有理会轩轩的话，好像是自言自语："我画的电视机真的是不错，如果我妈妈看见的话，肯定会夸奖我的！"

曹璐说："好孩子都是夸出来的，只要孩子能做一些事情，我就马上送给孩子一些赞美的话，孩子的自信心就会越来越足，你也可以试一试这样的方法，应该是一种正确的教育方法！"

听到了大人的说话声音，两个孩子才从他们的想象世界中反应过来。这是轩轩第一次画画，他马上把自己的作品递给谷雨看："妈妈，我画得好不好？婷婷教我怎么画，然后我自己又想了一下，就画成这样了，妈妈，你快点说呀！"

谷雨歪着脑袋研究了一会儿，故意不说，轩轩真的有些着急了，谷雨哈哈笑起来说："真的很不错，没想到我们轩轩第一次画画，竟然能这么好，看来轩轩有画画的天赋。轩轩，你一定要保存好，然后拿回家给爸爸展示一下，他没准儿会给你奖励的哟！"

曹璐跟谷雨说："我感觉轩轩挺有天赋的，要不你们发展一下，成为孩子的一种兴趣爱好也行呀！画画能够陶冶人的情操，孩子能通过画画收获很多东西。"

回到家后，谷雨征求了孩子的意见。没想到轩轩非常积极，谷雨办事更利索，在网上就替孩子报名了。没几天，轩轩就和婷婷一起去上课了。

自从轩轩上了辅导班，每次都会把自己的作品拿回家，等待他的一句话永远都是谷雨的："真不错，希望你继续努力。"爸爸邓辉感觉总是这样夸奖孩子会不会让孩子变得骄傲起来呢，于是他跟谷雨说："你整天这样夸奖孩子对吗，他明明没有那么好的成绩，你却把他架那么高，如果哪天他知道了自己并没有那么优秀，他不仅伤心，而且还会抱怨你的。"

"是呀，我好像没有想过这个问题，不过夸奖他总比打击他的自信好吧，以后我做到适当夸奖就可以了。"谷雨解释。

修炼妈妈的"火眼金睛"

"数子十过不如奖子一功"，这句俗话强调了夸奖孩子的重要性。夸奖和赏识孩子是家庭教育中一门非常重要的艺术，所有的妈妈都应该掌握一套适合自己孩子的夸奖方法。

◆ 孩子在做完一件事情后可能会说"妈妈在哪儿呢"，这表明孩子希望得到妈妈的表扬，适当满足孩子的虚荣心，给予孩子自信。

◆ 孩子做完一件事情喜欢得到别人的评价，当然要是好的评价，当他征求妈妈意见的时候，可以给予孩子所做事情过程的赞美，这比单纯的说孩子好、优秀更具有意义。

没有人愿意被别人指责和批评，孩子也是如此，他们对别人，尤其是妈妈的夸奖是很受用的。如果经常表扬孩子，而且夸奖到点子上，孩子的自信心就会越来越强，他接下来做事情会更有激情，而且也容易作出成绩。来自父母的表扬能让孩子收获一种愉悦和快乐的情感体验，孩子积极向上的情绪就会被激发出来，进而培养出孩子的求知欲以及探索精神，这更是孩子具备良好心理品质的重要动力。

我们可以观察到，经常被表扬的孩子通常更容易完成任务，而且比较轻松和快乐，他们都想再次得到表扬，没有一个人愿意承担失败的风险。

适度的表扬是最重要的，当然也是最难掌握的，比如时机的选择、语言运用等多个方面，妈妈一定要注重对过程的夸奖，代替一些空洞的话语，这样更容易引导孩子完成任务，并且在完成过程中开动脑筋，付出自己的努力。

当然，我们也不能因为一次表现好就认为孩子每次都能表现很好，孩子的行为总是具有不可预期性的，另外，孩子的成长也需要一定的空间和时间，不要给孩子太大的压力。举个例子来说，孩子某一篇日记的文笔很流畅，一定不要夸孩子是天生的作家，即使孩子很有写作的天赋，也要让孩子一点点去进步，孩子下次没有写好也没有关系，因为他需要不断学习和进步。

孩子可能会因为表扬而滋生骄傲心理，他以后努力的动机是表扬而不是进步，也不是增长本领，家长不要让孩子产生情绪，应该让孩子认识到自己把事情做好是理所应当的。从这个角度来说，给予孩子表扬，应该是精神上的，而不是物质上的。

读懂孩子之后这样做

家长应该表扬孩子做事的过程而不是结果，这才是正确的夸奖方法，比如孩子一次做对了很多道数学题，不要说孩子是天生的数学家，而是应表扬孩子解题的思路和方法很不错。表扬重在恰当，孩子收获的是光明、温暖以及成长的希望。

亲子故事屋

渴望被肯定的小马欢欢

小马欢欢终于长大了，妈妈也认为它到了应该学习本领的时候，可是怎样做才对欢欢最有利呢？妈妈为了能让欢欢尽快学会奔跑，特意去咨询族群中最有威望的马博士，马博士传授了妈妈一些方法。妈妈对欢欢的正式训练开始了。

妈妈把欢欢带到了广阔的郊外，跟欢欢讲了一些奔跑的要领，欢欢已经跃跃欲试了。

妈妈在孩子出发前说："孩子，奔跑是我们马的天性，但是你也需要认真掌握妈妈刚才教你的方法，希望你不会让妈妈失望呀，好了，你开始吧，妈妈给你加油！"欢欢迫不及待地奔跑起来。

妈妈在后面观察欢欢的动作，虽然欢欢跑得不错，但还是有不少错误。

欢欢终于跑回来了，它满怀希望地问妈妈："妈妈，你看我跑得怎么样？"妈妈点点头说："真的很不错，看来你天资不错，学得也很认真，如果你能多温习几次要领，然后努力一些，你将来肯定会成为一匹千里马！"听了妈妈鼓励的话，欢欢更有信心，他又开始训练，果然进步很多。

就这样，每次欢欢跑回来询问妈妈自己跑得怎么样时，妈妈都会坚定地看着它说："很好，下次你一定会跑得更快。"在妈妈的表扬下，欢欢没多久就掌握了奔跑的要领，渐渐显露出千里马的素质。

妈妈，我喊了你很多遍
——孩子淘气有时候是渴望被关注

轩轩从小就很淘气，只要大人稍不留意，肯定会有一些突然情况发生，不是弄坏东西，就是打碎某样东西。

谷雨本以为孩子上幼儿园后这种情况能够改变一下，谁知道丝毫没有变化，甚至还变本加厉了。有一次谷雨刚刚下班回家，还没来得及做晚饭，轩轩就开始缠着她，喊着要喝牛奶，谷雨只能给孩子热好牛奶，让他乖乖坐到小凳子上面去喝，然后她就去厨房做饭了。还没过多久，谷雨就感觉屋子里面没有动静了，有些不放心，于是探头张望了一下。原来轩轩根本没有自己乖乖喝牛奶，而是把吸管塞到小猫的嘴里，正在喂小猫喝牛奶，小猫怎么可能会听话呢，不仅牛奶洒了一地，轩轩的衣服也弄上了很多，谷雨也不知道该说什么，轩轩一看到妈妈出来，马上就乖乖坐到小凳子上了。

轩轩跟着妈妈去参加公司的年终聚会。聚会上很多同事都带着小朋友参加，谷雨认为轩轩肯定会和这些小孩子打成一片的，于是就将精力放在与同事的沟通上了。轩轩不合群的习惯已经改正不少了，不过他还是有些不能适应如此陌生的环境，只和小伙伴玩了一会儿，他就不老实了，大喊"妈妈"，还拽谷雨的衣角，谷雨说了几声"乖"，也没有在意孩子。

谷雨正在和上司谈论明年的工作计划，突然一声巨响，整个会场马上安静下来了，所有的人朝一个方向望去，原来轩轩把一把椅子摔倒在地上了。谷雨马上跑过去，先把椅子扶起来，然后把孩子拉出了房间，她不想在全公司面前批评孩子，不仅自己没面子，孩子也会觉得没面子。

“轩轩，你到底是怎么回事呢，为什么就不能和小朋友一起好好玩儿呢，你看那几个小朋友在一起玩儿多好呀，你太不让我省心了，竟然还把凳子摔倒，你以为是在咱们自己家吗？”谷雨生气地说。

轩轩根本就不服气，他使劲仰着头说：“谁让你不理我呢，我喊了你很多遍，可是你就是不理我，我声音大了，你就理我了！”

这时候谷雨在公司一位关系很好的同事赵倩出来了，她拉着轩轩的手说：“轩轩，你是不是感觉聚会很没有意思，然后想让妈妈陪你玩儿呀，没什么，直接告诉妈妈就可以了，以后不要淘气了，这样就不是乖孩子了！”说完她就把轩轩领到孩子堆去了，然后回过头来开始劝谷雨：“遇到问题能不能先不要发火，为什么不好好想想问题到底出在哪儿呢？反正事已经出了，你也别责怪孩子了。”

谷雨后来再也没有心情和别人聊天了，她一直在想孩子为什么会这么淘气，最后得出的结论就是孩子在吸引自己的注意，这也是孩子刚刚给出的解释。

修炼妈妈的“火眼金睛”

有些孩子会用一些古怪甚至特殊的行为来引起大人的注意，在一些人眼中，孩子就是淘气。他们没有深层次考虑，孩子到底为什么会出现这些行为呢？只是孩子淘气吗？那孩子为什么会如此淘气呢？

◆ 孩子在妈妈忙碌的时候总是大喊妈妈，这说明孩子希望妈妈能够陪着自己，这时候如果没有特殊事情的话，可以满足孩子，让孩子体会到父母真正的爱。

◆ 孩子出现一些特殊的行为，以此来吸引父母的注意。可能孩子已经多次提出让爸爸妈妈陪自己玩儿，却都没有实现，下面一步就带有“破釜沉舟”的意味了，不管结果如何，只要父母能够注意到自己的存在就够了，等到出现这种情况时，妈妈再过来陪孩子好像已经有些晚了。

淘气的孩子一般表现欲是非常强的，他的目的就是为了引起别人的注意，不过孩子的控制力是有限的，常常会做错事，出现这种情况时，先不要急于惩罚孩子，应查明原因，然后对症下药。

如果家长已经发现孩子做一些事情是在引起我们的注意，那就放下手中正在做的事情，去陪孩子，去关心和照顾他，倾听孩子的想法，然后对孩子进行有针对性的教育，让孩子知道父母是关心他和爱护他的。只要孩子心理上能够实现平衡，得到安慰，那孩子淘气和古怪的行为就能得到纠正。还要告诉孩子，要想得到爸爸妈妈的注意，一定要采用正确的方法，故意淘气是不对的。

对于通过“不正当”手段引起父母注意的孩子，家长一定要多花一些时间和孩子相处，即使工作很忙，每天也要有固定的“亲子时间”，观察孩子的行为，并倾听孩子的心声，尽量做到防患于未然，满足孩子在情感上的渴望和需要，避免引发各种淘气行为。

读懂孩子之后这样做

当孩子用一些比较淘气的方法引起我们的注意后，妈妈要暂时放下手中的事情，陪孩子玩儿一下，如果手头有很紧急的工作，可以跟孩子解释清楚，争取得到孩子的理解和同意，再离开孩子，孩子是能够理解妈妈的，这能避免问题的产生。

亲子故事屋

学过河的小乌龟

小乌龟出生还没有多长时间，有些稚嫩，每次过河都要妈妈驮过去，后来经过妈妈的鼓励，小乌龟总算是能够自己过河了，不过速度有些慢。

一天，小乌龟和妈妈一起过河，没走多久，龟妈妈就落下小乌龟很远，只不过龟妈妈没有注意到。小乌龟有些着急了，可是它怎么喊妈妈，妈妈都听不到，于是它想了一个办法，那就是缩到水中。龟妈妈感觉半天都没有动静，于是回过头来看，可是小乌龟怎么不见了，它开始大喊，这时候小乌龟才慢腾腾从水中钻出来。

龟妈妈说：“孩子，如果你有什么想法，直接告诉妈妈可以吗，不要突然消失，妈妈会担心的。”小乌龟看到妈妈着急的样子，也有些后悔了，点点头说：“妈妈，对不起，刚才是我不对，我以后再也不淘气了！”

第二篇

化解孩子的不良情绪，让孩子成为开心宝贝

要想成为成功的妈妈，只有爱是不够的，还需要了解和分享孩子的感受，帮助他们处理负面的情绪，如愤怒、悲哀及恐惧。这样妈妈才能滋润孩子的内心，让孩子健康快乐地成长。

我就不剪头发

——孩子如此"护头"原来是恐惧心理在作祟

谷雨周末带轩轩去美发店剪头发，这是轩轩第一次去理发店。刚进店，轩轩就躲到了后面，谷雨认为孩子很少来这种地方，害羞是正常的，也没有当回事。谁知轩轩根本不往椅子上坐，谷雨的手刚放开，轩轩就往下滑，如果不是谷雨按着，估计孩子肯定就跑到外面去了。轩轩还小声说了一句："我就不剪头发。"理发师笑着说："所有的孩子刚开始进理发店的时候都这样，他总是担心自己的头被剪到，或者是担心其他事情，没什么，多来几次就没事了！"然后他又摸着轩轩的头说："放心吧，小帅哥，叔叔肯定不会伤到你的，你就放心吧！你妈妈的头发都是我剪的，你看她现在不是好好的吗？"轩轩还回头看了妈妈一眼，好像有点儿放心了。理发师看到孩子放松了警惕，也开始下剪刀了。

中途的时候，轩轩再次从椅子上滑下来，谷雨和理发师哄了半天，轩轩才坐回到椅子上，最后总算是剪好了，在理发师给轩轩吹头发的时候，轩轩又把脖子缩起来了，他好像很害怕吹风机。当理发师扶着孩子站起来的时候，轩轩好像长出了一口气，总算是完成了，谷雨也踏实了。

路上的时候，轩轩小声跟妈妈说："妈妈，我刚才很怕那个黄头发的叔叔剪到我的头，万一流血了怎么办。妈妈，以后我还是让爷爷给我剪头发！"

谷雨说："叔叔的技术很好的，怎么会剪到你呢，你回家用镜子照照，看是不是剪得很帅气！爷爷岁数大了，眼花了，他才有可能会剪到你。要不咱们回家问问爷爷奶奶，看他们怎么说！"

到家了，轩轩马上跑到卫生间的镜子前面，左照右照，后来爷爷进来了，爷爷摸着小孙子的头发说："不知道是理发师的技术好，还是我孙子长得好，瞧，多帅呀！""爷爷，真的好看吗？如果是，那以后我就听妈妈的！"

修炼妈妈的“火眼金睛”

轩轩的表现是因为他恐惧，他担心会受到伤害，这是所有孩子都会出现的一种情绪，其实这是孩子保护自己的一种心理反应。虽然恐惧心理是一种正常的情绪，但是如果孩子经常或者是长期处于恐惧之中，那孩子的身心就会受到伤害，因此一定要想办法帮助孩子消除恐惧心理，让孩子变得胆大和自信起来。

◆ 孩子面对问题的时候一再退缩，这说明孩子在调动自己的能动性，躲避他认为可能会伤害到自己的事情，告诉孩子事情是否会产生伤害，消除孩子心中的恐惧。

◆ 孩子用表情和语言表现出自己的恐惧心理，一定要认真捕捉孩子的某一瞬间的表情和言语，这代表着孩子此刻的内心情绪，然后安抚他。

不要抱怨孩子胆小，比如不敢一个人在家，也不敢独自睡觉，家长应该先去了解孩子的心理特点，再采用科学的教育方法，孩子的恐惧问题就会迎刃而解。

即使孩子还没有做什么就开始退缩了，家长也不要责备和恐吓孩子，在大人眼中只是一句普通的责骂话语，可是对此刻的孩子来说，却会让他更加恐惧。如果这种思想在孩子心中落地生根，那恐惧、胆小就会成为孩子的一种性格，将来改正起来会比较困难。

当孩子表现出恐惧的时候，他可能会用哭闹的方法表示自己的拒绝，这时候要采用正确教育的方法，不能吓唬孩子，也不能用过高的标准来要求孩子做他力所不能及的事情。帮助孩子排除恐惧心理，并告诉他如何勇敢面对。

孩子出现恐惧情绪跟家长的教育方式有一定的关系，性格内向的父母通常不愿意带孩子外出，孩子接收到的信息量就会很有限，一旦碰到以前没有接触过的事物或者遇到陌生人，就会不知道该如何应对。因此，家长一定要尽量给孩子尽可能多的信息量，比如经常带孩子接触一些陌生的事物，增加孩子与他人交往的机会，孩子的眼界越开阔，恐惧情绪就会越少。

读懂孩子之后这样做

当孩子出现恐惧情绪的时候，首先要做的事情就是告诉孩子，眼前的人或者事不会伤害到他，等到孩子的情绪得到缓解之后，再具体跟孩子分析，告诉孩子更多关于这件事情的信息，一定不要训斥孩子，否则孩子心中的恐惧程度会更深。孩子的恐惧心理有必要及时的纠正。

亲子故事屋

不愿上学的小松鼠

"妈妈，能不能别让我去上学了，我真的不喜欢上学，以后就让我在家玩儿吧，我一定听你的话。"小松鼠第一天上学就哭着回来了。松鼠妈妈有些纳闷，心想，孩子以前一直都想上学，今天刚去上学怎么就不想再去了呢？松鼠妈妈给孩子拿出准备好的零食说："为什么呢，有什么不开心的吗？上学可以学知识，其他小动物不都在学吗？"小松鼠躲进了自己的房间，它在里面喊："我就是不去了！"松鼠妈妈不好再追问孩子，也没再说什么。

第二天，小松鼠果然没去上学，晚上的时候河马老师来了，小松鼠一看到河马老师，马上就跑回了自己的房间，松鼠妈妈有些明白是怎么回事了。河马老师说："小松鼠怎么不去上学呢，是不是生病了？"松鼠妈妈说："我正要跟老师说呢，小松鼠今天是稍微有些不舒服，明天肯定去。"然后又对着房间喊："河马老师，你真是一个慈祥的好老师，相信很多小动物都非常喜欢你。"

送走河马老师之后，松鼠妈妈跟孩子说："原来你是害怕老师呀，它没有什么可害怕的，就是比我们个头高一些，你难道没有发现它特别爱笑吗？明天再试一天，你肯定会喜欢你的老师的。"

小松鼠在妈妈的鼓励下重新走进了学校，这次它真的发现其实河马老师很好，根本没有自己想象的那么可怕。

我就不
——倔犟得像头小毛驴

轩轩的爸爸邓辉这几天不知道因为什么事总是很烦恼，而且稍有不顺心就会发脾气。谷雨知道丈夫这几天有烦心事，所以尽量不去招惹他，可是孩子并不知道呀！轩轩从小就是倔头倔脑的，凡事都要按照自己的想法来。他这点跟爸爸很像，结果硬碰硬，战争就爆发了。

晚上邓辉下班，不小心把皮鞋脱在了轩轩的小画片上，轩轩竟然把爸爸的鞋和鞋架全部推倒在地上，邓辉本来是要向孩子道歉的，一看孩子的样子，火气马上就上来了："这孩子怎么回事呀，不就碰了一下你的画片书吗，至于这样吗？以前你也犯过错误，我也没有不依不饶呀！"轩轩瞪着大眼睛，毫不畏惧地看着爸爸。听到两个人的声音，谷雨赶紧从厨房走出来了，她一看就明白怎么回事了。"轩轩，爸爸把皮鞋脱在你的画片书上是他的不对，他会跟你道歉的，不过你这样做好像也有点儿过分，这样吧，你们互相道一个歉，咱们就马上开饭！"谷雨出来做和事老。

邓辉先低头认错："对不起，儿子，刚才的确是爸爸做得不对，希望你能原谅我！"爸爸都认错了，轩轩还是那副样子，一点儿道歉的意思都没有，后来夫妻二人轮番讲道理，甚至吓唬他，轩轩就是一点儿反应都没有，也不哭，也不喊，就像一头小"犟驴"一样站着不动。后来还是爷爷出面解围，这件事情才算是结束了。

还有一次幼儿园上手工课，老师在上面做示范，然后让小朋友们跟着做，轩轩非常不认真，而且还打扰其他小朋友，老师就批评了他："轩轩，要认真一些哦，不要扰乱其他的小朋友，如果再不听话的话，老师可要罚你喽！"轩轩当然不服气了，又把小嘴撅得老高，气鼓鼓地说："我就不！"老师没有办法了，等下午谷雨来接孩子的时候就告诉了她，谷雨很不好意思，她没有想到孩子在学校也会如此倔犟。

谷雨非常苦恼，她心想：打也不是，骂也不是，可是任孩子“倔犟”下去，肯定对孩子的成长不利！到底该怎么办呢？后来谷雨翻看了很多教子方面的书籍，总算是有些头绪了，下一步要做的就是杀杀孩子的坏脾气！

后来，每当遇到这样的情况，谷雨就跟孩子说：“轩轩，妈妈已经很迁就你了，如果你再这样的话，妈妈就不再和你说话，你自己冷静思考思考自己做得对不对。”刚开始的时候轩轩还是会跟以前一样抗议，不过连着几次下来，发现自己的反抗没有效果之后，他的脾气好像改正了不少。

修炼妈妈的“火眼金睛”

轩轩的确是一只小“犟驴”，而且越是逆着他，孩子就越倔犟，出现这种情况的孩子不在少数，绝大多数的孩子，在4岁左右都有经历一个“反抗期”，处于这个时期的孩子本来是温顺听话的，他却突然变得“倔犟”起来，不管父母怎么做，他就是反抗。

◆ 孩子面对父母的教导，总是抱着反抗的态度，而且随着父母的强硬，孩子也会更加强硬，家长不要过分烦恼，孩子敢于说不，说明孩子的独立意识在迅速成长，孩子不听话也是发展孩子独立性以及自信心的绝佳时机。

◆ 孩子不断执拗、违抗，其实只是一种表面现象，背后可能是孩子的担心、害羞，还有自卑以及害怕挫折等深层原因，在孩子不听话的时候，一定要找出原因，注意沟通，不要因为表面现象而过分地责罚孩子。

孩子倔犟是正常的，但是不能因此而纵容孩子这种不良性格。随着孩子活动能力的增强以及知识的不断丰富，他的心理变化的速度也越来越快，妈妈们不能总是以老眼光看待孩子和要求孩子，这样更容易引起孩子种种的反抗行为，因此不能一味地要求孩子听话，那孩子的个性就可能得不到发展，这样反而会影响孩子日后的成长。

不要大声恐吓、训斥和打骂孩子，这样对解决问题是没有好处的，反而会强化孩子的逆反心理，孩子可能会进一步采用任性的方法来与妈妈抗争，不妨采用“负强化”的方法，也就是不予理睬的态度来对待孩子的倔犟行为，让孩子意识到妈妈可能并不在意他的这些行为，当孩子反抗一段时间之后，情绪会慢慢平静下来，这时候我们可以再跟孩子解释一下，让孩子明白道理，分析他刚才的错误行为。这样一来，孩子就能认识到自己的错误，从而逐渐学会在未来的成长过程中规避类似的行为。

当然，不能一味对孩子的倔犟行为妥协，更不能迁就孩子，比如孩子因为没有吃到自己喜欢的菜而发脾气，一定不要给孩子去做，如果孩子继续闹，那就告诉他，不会满足他，任他哭闹一番，等到孩子饿的时候他自然会去吃饭。

读懂孩子之后这样做

如果孩子出现倔犟的表现，可以暂时带孩子离开使之任性发作的环境，比如带他到外面转一圈儿，或是带孩子到朋友家，甚至可以让孩子到寄宿幼儿园生活，这对矫正孩子任性以及倔犟的性格缺点都是有帮助的，一味顺从对孩子的成长是没有任何好处的。

亲子故事屋

倔犟的小青蛙

小青蛙看到外面天气很好，坚持要出去玩儿，可是有经验的青蛙妈妈感觉很快就要有一场大雨，于是就阻止小青蛙出去，可是小青蛙仍然坚持要出去："妈妈，外面多好玩儿呀，我一定要出去玩儿，整天待在家里实在是太没有意思了。"说完，就一下子蹦出去了。

青蛙妈妈担心极了，她知道没有办法阻止孩子，她能做的就是保护他，于是就一直悄悄地跟在孩子后面。没过多久，天上乌云密布，紧接着就下起了瓢泼大雨。小青蛙被大雨浇得无法行动了，只能躲在一片叶子下面，冻得瑟瑟发抖。青蛙妈妈赶紧过去，把小青蛙搂在怀里，让他暖和一些。

小青蛙跟妈妈说："妈妈，原来你一直在保护我呀，如果没有你的话，我今天就惨了。妈妈，我以后一定不这样了。"

我还没玩儿够呢，我不想回家

——孩子的时间概念与大人不同

周末的时候，谷雨带着孩子去科技馆了，虽然轩轩的年龄有些小，不过让孩子提前接受科技教育还是很有必要的。

一进科技馆，孩子马上就兴奋了，谷雨看出孩子有很大的兴趣，尤其是展示的人体器官，轩轩目不转睛地盯着看。其实有一个是介绍如何刷牙的，那是一个大嘴巴，里面露出人体两排整齐的牙齿，孩子可以拿着电子牙刷对着大嘴巴刷牙，如果方法不正确的话，模型就会发出"您的刷牙方式不对"的提示声音，轩轩第一次就成功了。"妈妈，你看，我是对的，哈哈！"轩轩想得到妈妈的夸奖。谷雨也为孩子高兴："对呀，我的轩轩很聪明，这都是妈妈以前教给你的，以后你还要认真学习，让周围的小朋友都羡慕你！"

后来，谷雨又带着孩子看了一些机器人表演和简单的小发明，孩子在解说员阿姨面前久久不愿离去。轩轩说："阿姨，现在就要离开吗，我真的不想走呀，要不再让我玩儿一会儿吧！"解说员说："小朋友，展示的时间已经结束了，先跟妈妈回家吧，下次再来吧！"轩轩说："妈妈，我还没玩儿够呢，我不想回家！"谷雨最后还是拉着孩子出去了，轩轩好一顿哭。

谷雨发现轩轩一旦玩儿上瘾就会乐不思蜀，怎么都不想离开。自从轩轩认识了小区里的小朋友之后，每天晚上都要和妈妈一起到楼下和小朋友们一起玩儿，通常玩儿到10点都不想回去，谷雨怎么劝说都不行，轩轩总是在抱怨声中回家。看到孩子意犹未尽的样子，谷雨也有些不忍。有一次，轩轩的兴致非常高，和婷婷一起玩滑板，可是天已经有些凉了，谷雨趁轩轩停下来休息的时候，走过去说："轩轩，赶紧收拾你自己的东西，咱们得回家洗澡睡觉了，明天妈妈还要去上班呢！"轩轩站起来说："妈妈，我还没有玩儿够呢，再让我玩儿一会儿吧，我还不困呢！"谷雨本打算采用老方法，突然她想到了一件事情，换种口气跟孩子说："轩轩，妈妈现在不带你回去，咱们再玩儿5分钟可以吗？”轩轩有些好奇地瞧着妈妈，点点头说：“好，再玩儿5分钟就回家！”

谷雨给了孩子一些缓冲的时间。以前和孩子拉扯的时候也有5分钟，孩子不高兴，大人也会不痛快，不如多给孩子5分钟的时间反而能避免所有的问题，这成了谷雨带孩子回家的诀窍，她还把这种方法告诉了周围很多年轻妈妈。

修炼妈妈的“火眼金睛”

不得不说谷雨是一个聪明的妈妈，她给孩子一个适应和缓冲的时间，看上去是晚回去5分钟，其实在时间上根本没有太大的差别，不管是孩子还是大人都会满意，的确是一个不错的方法。孩子总是贪玩儿的，而且喜欢到人多的地方，一旦和周围的孩子玩儿到一起，带孩子回家就成了很多妈妈的难题，可以参考一下谷雨的做法。

◆ 当我们要求孩子回家的时候，孩子为了躲避，常常会采用不予理睬的对策，不要强行带孩子回家，和孩子商量一下到底应该如何做。

◆ 孩子为了达到多玩儿一会儿的目的，甚至会祈求，给孩子一个接受的时间，孩子是能乖乖回去的。

外面有很多新奇的东西，再加上孩子的好奇心很强，向往外面的世界是很正常的。让孩子多接触外面的世界也是有好处的，不仅可以增长孩子的见识，也能使孩子接触到更多的人，这对孩子最初的社交能力的培养也是很有好处的。

另外，孩子在家中必然会受到很多限制，比如父母的严厉管教或是必须学一些自己并不是很喜欢的东西，为了躲避这些，孩子当然会倾向于外面精彩和放松的世界。

可是孩子总是要回家的，如果强行拉孩子回家是没有任何益处的，更会让孩子产生抵触情绪。就像故事中年轻的妈妈谷雨一样，多开动一下脑筋，采用一种孩子能接受的方法，轻轻松松就能把“乐不思蜀”的孩子带回家。

读懂孩子之后这样做

当孩子不想回家的时候，可以再给孩子5分钟的时间，让孩子处理一下后面的事情。其实，带孩子出门之前最好规定好时间，告诉孩子一定要遵守，并且制订奖惩措施，征得孩子的同意，然后再去实施，孩子在约定面前无话可说，这还能培养孩子的责任意识。

亲子故事屋

贪玩的小黑猪

小黑猪和小驴在野外玩儿，一直到天黑都舍不得回家，它们知道妈妈肯定会担心的，不过这里实在是很好玩儿，不由得就忘记了回家。

猪妈妈找遍了小黑猪的朋友家，都说没有看到它，猪妈妈着急地哭了，它后悔自己在孩子出门之前怎么没有问问孩子会去哪儿。

猪妈妈提着一盏小黑猪最喜欢的灯去野外了，它终于看到还在玩耍的孩子，它没有像往常一样责备，只是轻轻地说："妈妈在这儿等你，你不玩儿了咱们就回家，不过妈妈希望你不要耽误明天的学习。"小黑猪看出妈妈的疲惫样子，猜想到它肯定找了自己很长时间，于是低着头说："对不起妈妈，我应该早回家的。"

妈妈，还是你说吧
——害羞的孩子害怕与人交流

幼儿园老师打来电话，说轩轩最近变得不爱说话，而且上课回答问题的时候也比较胆小害羞，每次都是非常不情愿地、慢吞吞地站起来，还会满脸通红，声音小得像只小蚊子，如果再让孩子回答一遍，马上就会哭鼻子。如果是以前听到这种情况，谷雨肯定不会相信，因为孩子性格还算是外向的，可是最近谷雨也发现轩轩变得害羞起来，甚至不敢表达自己的想法。

星期天，谷雨在家里招待自己的同事赵倩一家，轩轩表现得很害羞，谷雨提醒轩轩要跟客人打招呼，可是轩轩竟然一直躲在后面，低着头玩儿着自己的手指甲，一直都不说话，谷雨又提醒了一遍孩子，轩轩竟然说："妈妈，还是你说吧！"谷雨很尴尬，赵倩也看出来了，她反而说："没什么，轩轩是不是没有见过我这么漂亮的阿姨呀，竟然有些害羞了。没什么，阿姨以后会常常来你家玩儿的，哪天阿姨带你去我家玩儿，我家有很多好玩儿的东西！"

打完招呼，轩轩就赶紧跑进了自己的房间，他好像不愿意与陌生人有太多的交流。赵倩说："我记得轩轩以前不是这样的呀，现在怎么这么害怕与别人说话呀，这样下去可不太好呀，跟别人交流是不可避免的，虽然孩子现在还小，可是他每天都要接触很多人和事呀，孩子是不是有什么心事啊？"谷雨犯愁地说："我也不知道，的确不太正常，最近我太忙了对他的状态也不是很上心，这些天我得好好想想办法了，可不能让轩轩成为内向的小孩。"

谷雨经过多方的调查，总算是知道孩子为什么变得对交流有恐慌了。原来这段时间，幼儿园正在大力倡导孩子发展自己的交际，轩轩也很重视，可是越重视他越胆小，心理压力很大。他害怕与人交流，竟然发展到对人际关系的恐慌。

幼儿园老师说："可能是我们的方法不太正确吧。咱们得赶紧想办法帮助孩子，不然他的性格会变得内向，这也会影响到孩子将来的发展。"

谷雨和邓辉要在周末的时候参加朋友的婚礼，以前他们绝对不会带着孩子去的，因为孩子可能会制造出一些尴尬，这次他们特意带孩子，就是为了让轩轩接触到更多的陌生人，让他有机会与更多的人打交道。

在参加婚礼的路上，谷雨特意提醒孩子要主动和周围的人打招呼，只要是爸爸妈妈介绍的，就要把最懂事的一面展现出来，而且她还说了很多鼓励孩子的话，轩轩的确是一个上进的孩子，他也给自己鼓了鼓劲儿。

到了婚礼上，轩轩看到有很多自己并不认识的人，他开始有些退缩了，可是谷雨一直拉着孩子的手，向人们介绍自己的孩子。

后来，不管是谷雨还是邓辉，有机会就带孩子出去玩儿，孩子在陌生人面前的话好像多了起来。

一次，赵倩又来谷雨家做客，轩轩没有像上次一样缩在后面，不仅跟赵倩打了招呼，而且还主动和她交流了几句，然后礼貌地回到了自己的房间。赵倩拍着谷雨的肩膀说："不错呀，真有你的，没想到这么短的时间，轩轩竟然发生这么大的变化，看来你对教育孩子还是有一套的！"谷雨开玩笑地说："那是当然了，不看看我是谁！哪天把你家孩子带过来，我给你调教调教，保准将来是个人才！"

修炼妈妈的"火眼金睛"

害羞是孩子常见的心理状态，而交流出现障碍是害羞的重要表现之一。不要小视孩子的害羞，因为当孩子过于害羞的时候，他就不能通过交流融入到周围的人群中，更有甚者，会变得比较孤僻。

◆ 不管是陌生人还是比较熟悉的人，孩子打招呼的时候总是羞羞答答，而且脸红、声音小、目光四处游移，这就是孩子害羞的表现，多鼓励一下孩子，让孩子变得自信起来。

◆ 当客人向孩子问问题的时候，孩子不肯回答，反而将问题抛给自己的父母，这更是孩子畏惧交流的表现，尽量不要替孩子回答，引导孩子将答案说出来。

◆ 孩子喜欢躲在妈妈的后面，这是很多孩子常见的情况，把孩子拉到前面来，引导孩子表现自己出色的一面。

看似羞于交流的孩子其实内心世界是丰富多彩的，他们常常热衷于思考和分析眼前的事物，如果孩子能克服童年时代的羞怯，那他们长大之后一定会有很大的成就。害羞的孩子都是敏感和忧虑的，他们即使对新事物充满了兴趣，也会把自己深深掩藏起来，家长应该帮助孩子走出他们的小天地。

妈妈要以鼓励和包容的心态来对待害羞的孩子，千万不要大惊小怪，先接受孩子，然后选择一些简单易行的活动让孩子去做。即使孩子取得很小的成绩，也要及时给予表扬，帮助孩子树立自信，当孩子具备充足的自信心之后，他就能信心十足地走出害羞的阴影，大胆与周围的人进行交流。

孩子不愿意，也不敢在众人面前表现自己，喜欢躲在别人后面，在这种情况下，孩子就失去与人交流以及表现的机会，孩子会更加害羞，因此多带孩子参与到集体活动中，鼓励孩子表现自己。

很多妈妈可能会觉得孩子的语言表达能力还不完善，表达有些慢，于是就代替孩子回答，这也会造成孩子日后交流的障碍，因为孩子已经形成依赖大人的习惯，不要替孩子回答，不要过于保护孩子，让孩子完成自己应该完成的任务。

读懂孩子之后这样做

当带孩子外出，或家里来客人，如果孩子喜欢躲到大人身后，轻轻地把孩子拉出来，给孩子做一个示范，哪怕让孩子重复一遍也是好的，多一些这样的机会，孩子就能与人打招呼了。让孩子多参加一些社交活动，让孩子在同伴交往中受到影响，逐渐开发孩子的语言天分，引导孩子认识新事物。

亲子故事屋

小猴子打招呼

猴妈妈要带着小猴子去参加一个朋友的婚礼，因为所有的嘉宾都要表演一个节目，所以它打算带着孩子一起去，这样可以锻炼一下孩子的胆量。猴妈妈之所以会这样做，是因为小猴子总是不敢跟陌生人说话，很不喜欢跟别人打招呼。“妈妈，我害怕和别人说话。”小猴子带着哭腔说。猴妈妈说：“你其实是很棒的，你每天唱的歌都很好听，妈妈相信你是一个优秀的孩子。""对呀，妈妈，上次山羊老师还夸我了呢，我可以把说话当成唱歌，哈哈！"

到了婚礼那天，小猴子上台之前还是有些害怕，猴妈妈就小声说："你是最棒的，肯定没有问题的。"经过那次表演之后，小猴子再也不怕和陌生人打招呼了。

我就要玩儿水
——都是逆反心理在"搞鬼"

轩轩上了一段时间的幼儿园，谷雨发现孩子好像变得更加不听话了，而且变得越来越逆反，总是喜欢和大人"唱反调"，好像都是故意的，因为孩子即使最初和父母想的一样，但是听到父母说出自己的想法后，他会故意改变自己的主意。如果家中的大人生气，轩轩马上就会在旁边露出一副狡黠的笑容，好像自己的目的达到了；如果谷雨跟轩轩讲一些道理，轩轩始终不变的表情就是仰着头，叉着腰，他总是坚持自己那没有道理的"道理"。

轩轩在幼儿园新交了一个好朋友叫刘毅，这个孩子有着和轩轩一样的坏脾气，两个人真是应了"物以类聚，人以群分"的说法。一天，谷雨去幼儿园接轩轩放学，她看到两个孩子一起走出来，就把事先准备好的水果递给了他们，没想到轩轩说："妈妈，我不想吃苹果，我就想吃香蕉，现在咱们去买香蕉好不好？"还没等谷雨开口，刘毅就说："香蕉有什么好吃的，芒果才好吃！"两个孩子简单告别了一下，然后各自回家了。谷雨这时候突然想到，孩子的逆反是不是受到了好朋友刘毅的影响了呢？

晚上，谷雨要给轩轩洗澡，可是无论谷雨怎样哄孩子，他就是不洗澡，而且一直在那儿玩儿水。以前，谷雨为了能给孩子洗一个安分澡，总是在盆中放一些玩具，让孩子边玩儿边洗。谁知道孩子竟然不玩儿玩具改玩儿水了，而且动作幅度非常大，根本不能洗澡。谷雨有些生气了："现在不能玩儿水了，等妈妈给你洗完澡你再好好玩儿，行吗？如果再玩儿水，妈妈可就生气了！"看到妈妈瞪大的眼睛，轩轩"嘿嘿"笑两声说："我就要玩儿水，我就要玩儿水！”谷雨不禁加大了手中的力度，把孩子死死地按在水中，越是这样，孩子越是折腾，最后盆中的水全被弄出来了，看来澡也洗不成了。

还有一次，谷雨早晨起床后发现天有些凉，于是就给轩轩找出来一条比较厚的裤子，她担心孩子感冒，可是轩轩死活就是不穿，坚持要穿自己昨天穿的裤子，而且还光着小屁股在床上扭来扭去。邓辉这时候进来了，他想制止孩子，可是轩轩竟然朝着爸爸做鬼脸。谷雨真的不知道该怎么办了，孩子怎么会如此逆反，而且都是故意的。

谷雨和刘毅的妈妈韩林聊天，这才知道刘毅原来也是一个很逆反的孩子，她一直在纠正孩子的这种行为，虽然没有完全成功，不过已经有些效果了。谷雨从韩林那里取得了“对付”孩子的真经，那就是理解孩子，倾听孩子的感受。

从那以后，谷雨每天回到家的第一件事就是听孩子说说幼儿园发生的事情，只要孩子主动和自己聊天，不管多忙，谷雨都会放下手中的事情，和孩子坐到一起，耐心听孩子述说，在理解孩子的同时，还在不知不觉中将一些做人做事的道理讲给孩子听，孩子也受到了教育。经过一段时间的教育，孩子改变了很多。

修炼妈妈的“火眼金睛”

逆反是随着孩子心理以及生理变化而出现的一种心理状态。孩子不愿意让别人干涉自己的事情，即使他觉得别人的做法正确，却不愿意听取，也不愿意去做，一些极端逆反的孩子还容易出现一些让人难以想象的行为。这会影响到孩子的身心健康以及与周围人的关系，让很多父母都束手无策。

◆ 孩子总是违背父母的意志而做一些不应该做的事情，可能是父母过于唠叨，孩子感到厌烦，这个不要做那个不要做，也可能是父母对孩子的限制过多，他的好奇心得不到满足，也就出现了逆反心理。

◆ 逆反的孩子最常说的话就是“我不”“我就是不”，年轻的妈妈往往控制不住自己的脾气，而且通常家长越强硬，孩子就会越逆反，这种情况是很难处理的。不过家长一定要先接受孩子这种“唱反调”的行为，然后再寻找一些解决问题的比较缓和的方法。

孩子的逆反心理是心理发展过程中的一种正常的现象，不是变态心理。

这是孩子处于探索未知事物的阶段表现，也是孩子基于自我保护的一种本能。家长不能放任不管，但也不能粗暴制止、强行压制，否则会加剧逆反心理的发展，甚至将孩子推向极端。

不要摆出父母高高在上的架势，更不要将自己放在孩子的对立面，站在孩子的立场去体会孩子的感受，理解孩子的要求和想法，懂得尊重孩子的真实想法以及心理感受。其实孩子出现逆反心理是他自我独立意识的觉醒，更是为孩子性格独立做好心理准备条件，引导孩子把想法表达出来，甚至将主动权让给孩子，让孩子做自己的主人。

读懂孩子之后这样做

当孩子一再抗议之后，先安抚一下孩子的情绪，让他冷静下来，然后听听孩子的想法，如果认为可以接受的话，那就听孩子的，如果孩子的想法是错误的，那就心平气和地跟孩子讲道理，给孩子一些时间，鼓励和赞扬孩子的优点，孩子的逆反心理也会得到遏制。

亲子故事屋

不听话的小狐狸

长颈鹿到小狐狸家玩，并告诉小狐狸外面有很好吃的果子。其实狐狸妈妈知道果子有毒，因为狐狸爸爸上次吃过之后拉了很长时间的肚子，所以它一直反对孩子去，没想到小狐狸还是心动了。

"妈妈，你每次都不让我去，可是长颈鹿说很好吃，我一定要去。"小狐狸禁不住诱惑，提出了反对意见。不管狐狸妈妈怎么说，小狐狸就是坚持要去，狐狸妈妈知道自己阻拦也没有用了，心想随孩子去吧，得到一次教训也有好处。小狐狸趁妈妈不注意的时候就溜出去了，半天才回来。

到了晚上的时候，小狐狸就开始拉肚子了。它后悔没有听妈妈的话，捂着肚子说："妈妈，我应该听你的，这果子是好吃，可是我现在好难受呀！"狐狸妈妈说："坚持自己的想法没有错，可是也不能太顽固！"

你不准赢我
——不能坦然面对输赢

轩轩是一个聪明的孩子，他很喜欢和小朋友在一块儿玩游戏，想到这里，谷雨感觉很欣慰，在这样的氛围下，孩子的性格以及能力各方面的发展都应该是不错的。可事实根本就不是这样的，谷雨从来没有具体参与过孩子的游戏，她根本不知道孩子到底是怎样的状态。有一次，谷雨看几个孩子玩得很兴奋，也就凑过去了，她发现轩轩一直都在赢，基本不输。可是孩子不可能是常胜将军，最后还是失败了一局，轩轩马上就退出了游戏。原来获胜的时候，总是希望继续玩儿下去，而他一旦输了，兴趣马上就消失，他就不想玩儿了，孩子就是输不起。

几个小伙伴在一起玩跳跳棋，轩轩以前也没有接触过，刚开始玩儿的时候肯定不顺手，不过他为了融入到小伙伴当中，还能勉强坚持，但是已经从孩子脸上看不到笑容了，轩轩始终没有赢，最后拿着一颗棋子跟对手说："你不准赢我，再赢我的话，我就再也不和你玩儿了！"孩子的自信彻底被击垮了。

一些不太友好的小朋友竟然也开始嘲笑起轩轩来，轩轩实在忍受不了了，于是就退出了比赛，而且在其他人不太注意的情况下搞破坏，最后几个孩子竟然打起来了，如果不是大人及时制止，还不知道会有什么情况发生。

谷雨知道孩子理亏，但是看着孩子伤心难过的样子，她也不忍心责备孩子了，孩子怎么就不能坦然面对输赢呢?

谷雨和孩子一起比赛谁穿衣服快，为了让孩子高兴一些，关键是让孩子学会穿衣服，谷雨每次都是故意输给孩子，每次都让着轩轩，赢了的轩轩当然是满脸花一样的笑容，想到孩子输不起的态度，谷雨决定让孩子输一次。

谷雨稍微一认真，轩轩就着急了，他慌忙地穿着衣服，嘴里还喊着："妈妈，你慢点儿，我不能输，输了就太丢人了！"最后，轩轩还是没有超过妈妈。

谷雨说："为什么你一定要赢呢，输一次其实也没什么，等你长大后，肯定会有很多输赢，如果你输了一次，就退出来，那谁还会跟你玩儿呢?这样肯定不会被周围的人喜欢的。其实输了也没有什么，我们还可以趁机看看自己到底是因为什么输了。就以你玩游戏来说，你肯定是有不如别人的地方，好好想一下，然后改正了，那你肯定就进步了，下次就不会输了，你能明白妈妈的意思吗？”

轩轩摇摇头：“我不明白，反正我知道我输了就很不开心，我就是不想输。”谷雨说：“那你这样想一下，如果你是对方，你该怎么想呢，如果人家也因为输就不玩儿游戏了，那你还和谁一起玩儿呢？”“妈妈，你这样说我就明白了，不过我就是想赢！”听到孩子这么说，谷雨也踏实一些了，毕竟孩子还小，不要心急。

修炼妈妈的“火眼金睛”

很多孩子跟轩轩一样，不能坦然面对输赢，“输不起”好像成了很多孩子的天性。当孩子出现这种情况的时候不要着急，只要控制及时，是不会有太大问题的。输不起的孩子从小就被家人宠着，他总是认为自己比别人优秀，他希望获得周围人的肯定，而看不到自己的缺点以及弱项。家长要引导孩子正视挫折和失败，否则孩子一旦遇到困难就会被打倒，他会逃避或者是耍赖。

◆ 当孩子不幸失败的时候，他会退出比赛，这就是孩子不能坦然面对输赢的表现。孩子的好胜心过强，虽然好胜心有时候能激发孩子的进取心，但是有时候会把孩子打击得一蹶不振，严重阻碍孩子的成长。

◆ 孩子会说“你不准赢我”，这是孩子畏惧失败的直接表现，他不能坦然面对比赛的结果，他不懂得如何渡过难关，也不懂得如何变不利为有利，教自己的孩子输得起，才不会出现半途而废以及草草了事的情况。

现在很多孩子都是以自我为中心，事事都以自己优先为原则，一旦遭遇失败，他们会不承认，也不能接受。造成孩子输不起有两种情况，一种是孩子在父母的夸奖、赞美、宠爱中成长，他们的心灵是幼小、脆弱的，而且处事能力差，稍微出现一点不顺，就会出现输不起的状况；还有一种就是父母在教育孩子的时候可能告诉孩子一定要赢，为了达到父母的要求，孩子也会逐渐养成输不起的习惯。

在孩子失败的时候，给予他安慰和鼓励，让孩子从失败中站起来。然后给孩子分析整件事情，帮助孩子找出他的问题所在，并且鼓励孩子重来一次，重拾信心和勇气。给予孩子面对失败和挫折的勇气，让他跌倒了能够再爬起来，以后在赢得成功的时候，也会对自己更有信心。

教孩子学会换位思考，让孩子学着体会别人的心情。如果孩子输不起的心态调整不过来，那就让他试着去体会对方的心情。在游戏或者是比赛中总有输赢，如果自己赢了，对方输不起，那游戏肯定就不能进行下去。这种换位思考的方法对孩子更有利，而且还能培养孩子与人相处的能力。

可以让孩子体验成功和失败，只有孩子多经历一些，他才能坦然面对。孩子能从成功的体验中收获自信，不过失败的体验也是不可缺少的，虽然孩子会出现低落、伤心的情绪，但是如果利用好这次机会，那孩子就多了一份以后能够坦然面对的勇气。

读懂孩子之后这样做

当孩子遭遇失败而要赖的时候，妈妈一定要对孩子进行适当的安慰，等到孩子的情绪稍微平复下来的时候，再鼓励孩子重新参与到同样的游戏中。告诉孩子，一定要遵守游戏规则，输赢并不是游戏的唯一目的。

亲子故事屋

吹喇叭的小鹦鹉

小鹦鹉每天都会吹着喇叭喊人们起床，人们因此也非常喜欢它，它就越吹越起劲。可是最近村里搬来了几只公鸡，它们每天都打鸣，而且时间还特别准。小鹦鹉不服气了，它找到那几只公鸡说："你们怎么可以侵占我的地盘呢？"公鸡的头领说："那我们就来比赛吧，谁做得最好谁就来喊人们起床。"小鹦鹉马上就答应了。

最初的几天，小鹦鹉非常卖力，它一直遥遥领先。后来，小鹦鹉有些松懈了，公鸡马上就超过了小鹦鹉，小鹦鹉更不服气了："你们不准赢我，赶快走！"鹦鹉妈妈知道了这件事，严肃地说："别人为什么不能赢你呢，既然他们能赢你，就说明你有不足的地方，接受它们，然后努力改正自己，你肯定会更加优秀的，人们一样会喜欢你！"经过反复的开导，小鹦鹉终于想明白了，再也不和那些公鸡计较了，而且还和它们成了好朋友，也从它们那儿学到了很多东西。

我不要幼儿园老师，我只要妈妈
——孩子的分离焦虑症

王静是谷雨的表妹，因为同在一个城市，因此俩人关系非常好。王静的女儿文君上幼儿园已经一个星期了，这个星期也让王静心力交瘁。其实王静在孩子上幼儿园之前就向谷雨取过经，准备也算是非常充分，但是孩子依然是每天大哭，王静也不能安心上班。

"表姐，你说这可怎么办呀，咱们当初上学的时候也没有这样过呀，每天早晨送孩子去幼儿园是我现在最痛苦的事情，看着孩子哭，我心里就特别难受。姐姐，当初轩轩刚上幼儿园的时候也是这样的吗？"王静很郁闷地说。

谷雨点点头："小孩子刚上幼儿园的时候应该都是这样的，轩轩好像还更严重呢，估计用了两个月才适应过来，我当初就非常犯愁，于是专门请教了研究儿童心理的专家，人家说这是'分离焦虑症'，尤其是刚刚上学的孩子容易出现这种情况。我就记得轩轩最爱的一句话就是，我不要幼儿园老师，我只要妈妈。"边说着这些，谷雨就想起当初轩轩刚上幼儿园的情景。

为了能让轩轩顺利接受幼儿园的新环境，谷雨提前两个月就跟孩子提到一些上幼儿园的情况，而且有时候奶奶也会带着孩子到附近的幼儿园去提前感受一下，轩轩也对幼儿园充满了兴趣，而且整天喊着要去幼儿园，等到那一天真正来到的时候，一家人都傻眼了。

早晨刚起床，轩轩就跟谷雨说："妈妈，我不想去幼儿园，我想在家待着！"谷雨刚开始还算是有耐心的，可是看到孩子一直不停地哭，就有些生气了，硬是把孩子带到了幼儿园。老师接过正在哭闹的轩轩，然后伸出大拇指给轩轩看，原来上面画着一个很可爱的小脑袋，老师温柔地说："不要哭了，在幼儿园会非常好玩儿的，有很多小朋友，赶紧让妈妈去上班了，不哭了！"谷雨一狠心就走了，轩轩也没有办法了，只能跟着老师进了教室。

后来听老师说，轩轩没玩儿多久就开始找妈妈，而且在临近放学的时候还号啕大哭起来，边哭边说，妈妈不要他了。谷雨请假去幼儿园接孩子，轩轩一看到她就又接着哭。轩轩说："妈妈，明天我能不能不去幼儿园了，我真的好想你呀！"

谷雨花了很长时间才让孩子接受必须上学这个事实，关键是她每天都在固定时间和孩子道别，而且抽出一定的时间和孩子交流，轩轩哭闹的次数也越来越少了，他好像喜欢上幼儿园了。

谷雨回想起这些事情依然感慨万分，她对王静说："刚开始的时候尽量别去强迫孩子，跟孩子讲一些道理，然后传达出对孩子充满信心，面带微笑和孩子告别。但是也要根据文君的实际情况，帮助孩子适应新生活。"王静点点头说："我一定好好研究一下，不然万一孩子生病了更麻烦！"

修炼妈妈的"火眼金睛"

刚刚上幼儿园的孩子最容易患上"分离焦虑症"，这跟家庭过分的宠爱有密切的关系，孩子一旦离开自己的妈妈，就会觉得没有安全感，通常会采用哭闹等行为来呼唤亲人。孩子出现焦虑、烦躁等不良情绪时，家长要及时对孩子进行心理疏导，否则健康会产生不利影响。

◆ 孩子直接拒绝离开妈妈或者是其他家人，是因为他没有安全感，担心自己会受到伤害，更会害怕自己的妈妈一去不归。

◆ 孩子以哭闹的方式表达自己的想法，或者出现一些反常行为，比如拒绝上床睡觉等，一旦家人重新出现，他们就会如影随形地跟着父母，这都是孩子缺乏安全感的表现。

在日常生活中，为了避免孩子出现分离焦虑症，妈妈一定要注意培养孩子的自信心以及安全感，鼓励孩子表达出自己的想法，然后帮助孩子解决实际问题，并且也要教会孩子一些放松的技巧。当然，如果我们对孩子作出一些承诺，一定要尽力完成，即使不能完成，也要向孩子解释清楚，否则会让孩子产生戒心，更加没有安全感。另外，不要对孩子的期望过高，而且也要避免一家人对孩子的管教方式不一致，否则会增加孩子的焦虑情绪。

孩子对妈妈的依赖是非常强的，因此可以设定一套告别流程，比如每天出门前和孩子拥抱。还可以用另外一种方式代替，比如将一个玩具比做妈妈，然后让孩子带到幼儿园去，这样就表示妈妈一直在陪着他。

还有一种有效的调整方法，那就是带着孩子去妈妈工作的地方参观一下，让孩子知道自己每天都在怎样的地方工作，让孩子大概了解自己的工作。经过几次这样的锻炼，孩子的脑海中就会产生一些妈妈工作的场面，有了这样的认识之后，孩子就能接受妈妈暂时离开自己的现实，他也能适应新的生活。

读懂孩子之后这样做

当孩子出现焦虑情绪之后，不要因为孩子拒绝上幼儿园而责备孩子，一定先要安抚孩子的不安情绪，不妨这样对孩子说：“妈妈也很想你，妈妈也很爱你，不过妈妈必须要去上班，其实妈妈不在的时候，你就可以和小朋友一起玩儿，晚上回家的时候跟妈妈讲讲一天都发生了什么，这样会更加有趣！”

亲子故事屋

不爱上学的小白兔

动物学校开学了，小白兔背着妈妈准备的新书包去学校了，一路上都高高兴兴的，可是在妈妈临走的时候大哭起来。“妈妈，你不要走，我不要自己待在学校。”无论妈妈怎么哄，小白兔就是哭个不停，后来还是猫头鹰老师强行把小白兔拉走的。

第二天，小白兔说什么都不去学校了，它边哭边喊：“我就是不愿意去上学，我就愿意和妈妈在一起。”妈妈也心疼孩子：“孩子，怎么能不去上学呢，你看有那么多小朋友都在上学，如果你不去学校的话，谁跟你玩儿呢，小狗和小猫不都去学校了吗，你们几个平时也是在一起玩儿呀，你就当换了一个地方。你看这样好不好，妈妈先在学校陪你一个上午，下午你就在学校好好待着，如果你不同意的话，那只能你自己在学校待一天了。”

聪明的小白兔当然选择了对自己最有利的，妈妈在学校陪了她一个上午，在离开的时候小白兔虽然有些不开心，不过它没有其他办法了。连续锻炼了几次，小白兔逐渐适应了学校的生活，而且还认识了很多新朋友。

别的小朋友有的我也要有
——孩子的攀比心理

“妈妈，明天你不是不用上班吗，你能带我去游泳馆游泳吗？婷婷都去过好几次了，而且她去的那个游泳馆还是最好的，我也要去那个游泳馆。”轩轩一晚上都在吵着让谷雨带他去游泳馆。原来婷婷最近几天一直在轩轩面前炫耀自己学会游泳了，而且妈妈曹璐还给她买了套漂亮的泳装，轩轩的虚荣心和攀比心理就上来了，他坚持让谷雨也带着自己去游泳。

其实谷雨本不打算满足孩子这种攀比的欲望，可是一想小孩子学游泳也是件好事，最后决定带孩子去游泳馆玩儿一天。第二天，两个人很早就到了游泳馆，这是轩轩第一次到这里玩儿，不过他适应得非常快，也玩儿得很快乐，在教练的反复示范和引导下，轩轩能在游泳圈的保护下活动了。整个游泳馆都是孩子大声嬉笑的声音，突然，轩轩安静下来说：“妈妈，能不能给我买一套泳裤呢，下次来的时候我一定要帅帅的。”谷雨注意到，孩子在说这些话的时候有些紧张，因为他的眉毛一直都紧皱着。当谷雨答应孩子的时候，轩轩马上就得意地大声喊：“妈妈，我就是不能比婷婷落后，别的小朋友有的我也要有，哈哈，我真是太高兴了！”

邓辉出差的时候特意给孩子买回一套刚刚上市的名牌睡衣，轩轩马上就穿在了身上，而且再也不想脱了，谷雨趁孩子睡觉的时候才脱下来，因为她想洗干净了再给孩子穿。

第二天，轩轩一起床就找自己的新睡衣，最后找不到，竟然大哭起来。谷雨一问才知道孩子是怎么回事，她跟孩子解释说：“先不要哭了，妈妈以前不是说过，新买的衣服洗过了才能穿，不然不卫生，等衣服干了，咱们再穿。”“不行，我今天一定要穿，别人还没有这样的睡衣，他们肯定会很羡慕我的，别人没有的东西我都要有。”轩轩毫不理会妈妈的解释，竟然跑到阳台上拿自己的衣服。可是衣服根本就没有干，轩轩还是把它装进了自己的书包，谷雨说："衣服还没有干呢，你就是带过去了也不能穿，明天穿也是一样的。"轩轩就是想到幼儿园炫耀自己的新睡衣。

"轩轩，你不能这样，这样会生病的。你不能处处都和别的小朋友比较，比穿衣服尤其不对。如果你一定要和别人比的话，那就和别人比比谁最听老师的话，谁的进步最快，看看谁得到的表扬最多！如果你能答应妈妈的话，妈妈就允许你带着这套新睡衣去学校。"谷雨打算利用孩子的攀比心理来激励孩子进步。轩轩想了想说："行，妈妈，我这两天一定要带着一朵小红花回来。"谷雨在学校见到老师之后，特意告诉老师先把孩子的衣服晾上，中午就可以穿了，她想兑现对孩子的承诺。

从那以后，谷雨就开始利用起孩子的攀比心理，使孩子向更好的方面发展，孩子真的进步很多。

修炼妈妈的"火眼金睛"

孩子虽小，但是攀比心理却是普遍存在的，之所以会出现这样的心理，这跟孩子的心理发育特点有密切关系。孩子的好奇心很强，而且还有很强的模仿力，孩子很容易出现从众心理，这些心理因素都会诱发孩子的攀比行为。

◆ 别的小朋友有的我也要有，这是孩子最容易出现的一种情况，孩子不希望比别人落后，当别人拥有自己没有的东西的时候，他就会央求妈妈，有时候年轻的妈妈也常会说"别的孩子有，如果我的孩子没有，他会难过的"，这在一定程度上也助长了孩子的攀比行为。

◆ 别人没有的东西我都要有，这是可能会出现的另外一种情况，这样的孩子还有很强的虚荣心，他希望自己样样突出，这对孩子的成长尤其不利。

如果孩子长期存在攀比心理，或者是我们长期纵容孩子的攀比行为，孩子有可能会提出各种非分的要求，当家长不能满足孩子的时候，孩子可能就不再听话，各种麻烦事可能就会出现。可是，让孩子自己主动改变攀比心理好像是不太可能的事情，这需要家长的协助。

一定不能一味地满足孩子的要求，把握好尺度，做到正确引导孩子，并且要让孩子明白提高自身能力才能做到真的比别人优秀；也就是帮助孩子树立正确的攀比观，让孩子明白不能样样与别人攀比，该比的可以比；告诉孩子，不是别人拥有的东西自己就一定也要有，每个人的条件都是不同的，所拥有的东西当然也就是不同的。

另外，妈妈要端正自身的言行，孩子的心理很容易受到妈妈的影响。新时代的妈妈要做好孩子的榜样，比如要做到不与别人比较穿着、相貌以及财富等，只有我们自己做到不攀比，才能如此去要求孩子。

不过，攀比心理有时候能够对孩子起到良好的推动作用，因此妈妈要学会利用孩子的攀比心理，引导孩子向好的方面发展，比如引导孩子在才能、良好行为以及意志力等方面与周围的孩子进行攀比，对抑制孩子的攀比心理有好处，而且还能促进孩子整体素质的提高。

读懂孩子之后这样做

在孩子提出不合理要求的时候，先不要忙着责备孩子，告诉孩子人不可能是十全十美的。也不能因为心疼孩子就有求必应，避免孩子养成“我要什么，妈妈就给什么”的坏习惯，让孩子明白生活的艰难懂得珍惜眼前的生活。

亲子故事屋

挂铃铛的小豹子

小豹子贝贝特别神气，因为有一个朋友送给他一个很漂亮的铃铛，他每天都带着铃铛找朋友玩儿，当然也不忘炫耀自己的宝贝。一天，小豹子碰到了小老虎壮壮，又开始炫耀起自己的铃铛。小老虎壮壮又是羡慕，又是嫉妒，他临走的时候还跟贝贝说：“你给我等着，我也会有一个更好的铃铛的。”

回到家后，壮壮就跟妈妈说：“妈妈，我要铃铛，而且要大的，要好的，不然那只讨厌的豹子会笑话我的。”妈妈说：“他有铃铛跟你没有关系，再说了，铃铛不适合咱们，咱们身体强壮，真的不需要。”壮壮就是不同意，然后就开始缠着爸爸要铃铛。

虎爸爸拿出自己当年戴的铃铛给孩子看：“你自己看看是不是很难看呢。咱们老虎根本就不需要那些东西打扮，即使没有，咱们依然是兽中之王。”看着爸爸难看的样子，壮壮“哈哈”笑起来，然后又出去玩儿了。

我好生气
——如何让宝宝息怒

在谷雨眼中，轩轩一向是个听话的孩子。但最近不知道为什么，轩轩的脾气变得坏了起来，经常动不动就怒气冲天，还常跟家人发火。

上周末，轩轩在家看了整整一个下午的动画片。到了傍晚的时候，谷雨让轩轩别看了，轩轩不同意。谷雨觉得轩轩看的时间太长了，就拿起遥控器把电视关掉了。谁知道，轩轩一下子就跳了起来，大声向谷雨抗议，还要抢遥控器。谷雨有些生气，就故意将遥控器放到了冰箱上面，不让轩轩够到。谁知，轩轩趁谷雨在厨房做饭的工夫，自己搬了把椅子，踩着椅子将遥控器拿了下来，又打开电视机开始看。谷雨在厨房听到动静，便出来训斥轩轩不听话，并命令轩轩关掉电视。轩轩当然不肯。谷雨走过去准备帮他关掉，轩轩却一下子发起火来，他不但大喊不让关，还把遥控器用力扔到了地上。遥控器被轩轩摔掉了盖儿，轩轩还蹦上去，用小脚使劲儿踩。谷雨急忙将轩轩拉开，却看见轩轩还气鼓鼓地，似乎没有解气。

本来，谷雨以为轩轩是偶尔闹一次小脾气，就没怎么当回事，谁知轩轩闹脾气的次数越来越多了。这几天晚上，轩轩总是不好好吃饭，被谷雨催得急了，就大哭大叫，甚至还会把碗摔到地上。谷雨不禁纳闷，轩轩这是怎么了？想来想去，谷雨觉得也许轩轩最近闷在家里的时间太多了，该带他出去玩玩儿了。于是，昨天谷雨趁着休息，准备带轩轩到附近的游乐场玩儿一天。令谷雨没想到的是，原本以为美好的一天也弄了个不欢而散。原来，谷雨带着轩轩刚到游乐场门口，轩轩看到很多漂亮的气球，就嚷着让谷雨给他买几个。谷雨想到在游乐场里不方便拿，就跟轩轩商量出来的时候再买。谁知轩轩一听立刻坐到地上哭起来，边哭边大喊"我要气球"。一时间，游乐场门口的人都用奇怪的眼神看着这一对母子，谷雨的心情也差到了极点，再也没心思带着轩轩玩儿了，一气之下就领着他回家了。

回家后，谷雨仔细思考了一番，觉得是自己最近对轩轩太纵容了。另外，轩轩的姥姥和姥爷最近来家里住了一段时间，对轩轩也是有求必应，才导致他的脾气越来越坏，一有什么事情不顺心就动怒。谷雨觉得，有必要给轩轩重新制定一下规矩了。

谷雨的父母走后，她和轩轩谈了一次话，跟他约定了每天看电视、吃零食的时间和次数，另外还有一些关于买玩具和作息时间的规定。轩轩当时虽然同意了，但每次谷雨按规定制止他的行为时，他依然会有些不情愿。但谷雨却坚持每次都按规定“办事”，并且耐心地跟轩轩解释为什么要这样，并教育他要对自己有一些约束力。渐渐地，轩轩似乎能听懂一些，并愿意配合谷雨的做法了，当然，他的臭脾气也收敛了很多。

修炼妈妈的“火眼金睛”

由于00后基本都是独生子女，集万千宠爱于一身，几乎想要什么就可以得到什么。因此，当遇到不顺心的事情时，很容易生气、动怒。专家称，孩子乱发脾气是一种意志薄弱、缺乏自控能力的表现。多半是由于平日父母对孩子过于百依百顺，致使孩子的欲望不断上升，一旦得不到满足时，就会觉得没有受到应有的待遇，而产生不满情绪。

虽然疼爱孩子是正常的，但如果一味纵容孩子，将会使孩子养成乱发脾气的坏习惯，从而影响孩子的成长和健康心理的塑造。因此，妈妈对孩子的疼爱，绝对不能变成一种溺爱。相反，对于备受关爱的孩子，妈妈要特别培养其受挫能力和自控能力，以防止其变成不折不扣的“坏脾气小孩”。

◆ 孩子之所以乱发脾气，最大原因是觉得自己应该得到所有想得到的东西，而一旦这种愿望落空时，就会觉得自己很委屈。因此，妈妈最先要培养的，就是孩子的挫折容忍度。也就是说，妈妈要让孩子懂得，并不是所有事情都能遂自己所愿，很多事情是无法尽如人意的，对于无法达成的愿望要用平静的心态去面对。

◆ 若想孩子不乱发脾气，妈妈还要培养他的自控能力。孩子乱发脾气是一种自控能力差的表现。针对这种情况，妈妈要试着让孩子自己多做一些事情，使他学会对自己所做的事情负责，从而减少他推卸责任的机会。

◆ 乱发脾气的孩子大多是比较以自我为中心的。所以，妈妈要教育孩子尊重他人的权利与感受，而不可一味让他人顺从自己的意愿。

孩子乱发脾气，一方面与自身年龄过小、对事情没有正确的认知有关系，而更大程度上源自于父母的教育方式不当。因此，妈妈一定要改善自己的教育方法，规范孩子的认知和言行。

读懂孩子之后这样做

妈妈最好不要在孩子发脾气的时候哄劝，这样反而会让孩子变本加厉，没完没了地发脾气。妈妈不妨试试冷处理的办法，暂时对正在生气的孩子置之不理，等他冷静下来之后，再讲道理给他听。这样，既不会“拱火”，也能达到更好的教育效果。

亲子故事屋

小狮子发脾气

小狮子球球在外婆家认识了很多朋友，有小老虎、小野马和小鹿，它们玩得可高兴了。分别的时候，球球请朋友们明天到他家去玩儿，他们高兴地答应了。

第二天，小老虎、小野马和小鹿一起来到了球球家。刚要敲门，忽然听到球球正在大吵大闹：“妈妈，你赔我蛋糕！”

“好乖乖，昨天你表弟把蛋糕吃了，明天我再给你买。”

“不行！不行！你凭什么给它吃！给我要回来！”屋里传来摔碗的声音。

“球球，你是哥哥，应该大方，你不该发脾气。”

“就发，就发脾气，你不赔蛋糕，我就闹！哇——哇——”球球开始大哭大闹。

“笃！笃！笃！”小老虎按响了门铃。

球球见了朋友，忙擦干眼泪说：“你们来啦，咱们一起玩儿吧。”

没想到它们一起对球球说：“我们是来和你告别的。不尊敬妈妈，乱发脾气的孩子，肯定也不会尊重朋友。你还是自己玩儿吧。”说完，它们转身走了。

球球看着朋友们远去的背影，低着头对妈妈说：“妈妈，我错了，我再也不乱发脾气了。”

第三篇

指导孩子的行为，让孩子成为谦谦有礼的小君子

很多孩子有打人、咬人、哭、撒娇、害羞、撒谎等不良行为，妈妈们大可不必过于紧张，其实孩子每个行为背后都有和大人不太一样的原因，只要妈妈们耐心观察，用心倾听，就会破解所有的密码，真正读懂孩子，并帮助孩子远离这些行为。

他的衣服好难看呀
——孩子的嫉妒心理

谷雨总感觉轩轩这段时间有些不太正常，每天都在抱怨，到底是怎么回事呢？谷雨正在家中加班，没有像往常一样给轩轩讲故事，孩子竟然蹑手蹑脚地走到妈妈旁边说："妈妈，今天刘毅穿了一件新衣服，我感觉不好看，结果很多人都说好看，他的衣服多难看呀，有点儿像女孩子穿的衣服。我感觉不好，我就笑话他了，还故意把他的衣服弄脏了。"谷雨发现，孩子是在嫉妒别人的新衣服，孩子这么小，嫉妒心怎么会这么强呢？

"轩轩，你为什么要把他的衣服弄脏呢，你们不是很好的朋友吗，这样对待别人，尤其是自己的朋友是不对的，再说你今天不是也穿的新衣服吗？"谷雨直接把问题抛给了孩子。轩轩说："我知道我也穿的新衣服，不过没有人夸我的衣服好看，我当时就非常生气，可是也不知道该怎么做，就给他弄脏了，反正我现在心里舒服了！"

谷雨教育孩子说："以后不能这样，你自己穿衣服跟别人没有关系，只要你自己觉得好就可以了。你不要嫉妒别人，也不要搞破坏，难道你不想要刘毅这个好朋友了吗？""嗯，反正我就是不舒服，其实我的衣服也很漂亮。"后来，谷雨着急忙自己的工作，这件事情就算过去了。

还有一次，婷婷和轩轩一起做手工制作，其实轩轩在这方面很有天赋，所有的人都夸他，而且谷雨还特意把轩轩很多成品贴在了客厅，不过这次婷婷做的小风筝也非常不错，谷雨不免多夸奖了婷婷几句，并且还跟婷婷说："婷婷，你做的这个小风筝真的不错，能不能送给阿姨呀，我把它也挂在我们的客厅，让轩轩好好学习一下！"还没等婷婷开口，轩轩立即就叫了起来："不行，我不同意！"刚说完，轩轩就拿出一把剪刀，把婷婷的小风筝剪破了，而且对婷婷说："你现在就走，以后不要再来我们家了！"

婷婷大哭起来，谷雨既生气又尴尬，婷婷的妈妈也不知道该说什么，只能领着孩子回家了。谷雨看到没有人了，开始训斥轩轩："你怎么可以这样呢，为什么就不能容忍别人比你好呢？你的嫉妒心实在是太强了，其实你做好自己就可以了，我知道你很优秀不就够了吗？你今天太让我生气了！"

轩轩好像更加委屈了，放肆地哭闹起来，而且边哭边喊："婷婷就是做得不好，就是没有我的好，就是不让婷婷来我们家玩儿！"谷雨费了好大劲才使轩轩停止哭闹，她安慰孩子："其实轩轩真的很不错，只不过婷婷是咱们家的客人，你就应该多夸奖她几句，以后你们还是好朋友。再说，你还可以教婷婷手工制作，她有一些很不错的方面，你也可以向她学习，那样你不就更优秀了？"轩轩点点头说："妈妈，那怎么办呀，婷婷都走了。"在谷雨的建议下，轩轩给婷婷打了一个道歉电话，两个孩子又和好了，关键是轩轩开始接受别人比自己优秀了！

修炼妈妈的"火眼金睛"

嫉妒是一种不良的心理行为，当孩子看到别人的东西比自己的好，或者是别人比自己的表现好时，他的嫉妒心就会发作，进而导致一些不愉快的事情发生。

◆ 孩子不屑于夸奖别人，他更不会赞美别人，这是孩子嫉妒别人的典型表现，这种消极的心理现象如果长期存在，并且不断加深的话，会发展成一种病态心理。

◆ 孩子面对别人的成绩开始搞破坏，这也是孩子嫉妒别人的表现，比如当别人夸奖一个孩子的发夹好看的时候，嫉妒的孩子会去上前扯掉发夹，或者是攻击那个孩子。

妈妈们肯定会有这样的经历，当我们抱别人家孩子的时候，自己的孩子可能会跑过去，或者是大哭起来，想办法把那个孩子推开。这种情况非常普遍，不要将这种情况当成孩子可爱的表现，这就是嫉妒，其实不要说孩子，即使成年人也是善妒的，这是人的一种本能，不过要控制在一定范围内，以免嫉妒伤害到我们。

当孩子产生嫉妒心理的时候，他不会隐藏在心中，而是采用真实、直观甚至是自然的方式流露出来，这是孩子对自身愿望不能实现而产生的一种内心反应。这时候妈妈们可以认真倾听孩子的感受、想法，不能盲目批评，听听孩子的苦恼和痛苦，在帮助孩子宣泄不良情绪的同时，还能遏制孩子的嫉妒心理。

孩子最容易嫉妒的事情是来自父母，比如妈妈经常夸奖别的孩子，而没有夸奖自己，其实有时候只是我们无心的一句话或是一个动作，孩子就会铭记在心，进而产生嫉妒心理。因此永远不要拿自己的孩子与别的孩子进行比较，这样只会伤害到孩子。当然，这不是要妈妈们忽视孩子的缺点，正视孩子的优缺点，才能真正避免孩子产生嫉妒心理。

妈妈们不要嫉妒身边的人，因为孩子会看到，并且也会模仿妈妈。因此妈妈一定要为孩子作出积极的表率，成为孩子学习的榜样。在这样的家庭环境下，孩子才能形成豁达乐观的性格。

读懂孩子之后这样做

如果孩子嫉妒别人的胜利，告诉孩子，他此刻应该做的不是生气，而是比较自己与他人的差距，想想自己在哪方面欠缺，然后重新激发起斗志，以胜利者为目标，展开竞赛。当然，克服嫉妒心理还需要从日常生活中的小事入手，让孩子了解到人与人之间是存在差距的。

亲子故事屋

哥哥最讨厌了

两只小田鼠兄弟在一起学习，每天做的事情都一样，可是老师和妈妈总是夸哥哥，哥哥不仅听话，而且学习成绩很优秀。

一天，兔子老师又夸哥哥了，弟弟回家就开始哭，妈妈赶紧走过去问：“怎么了，哭什么呢？”田鼠弟弟说：“哥哥最讨厌了，反正我就是讨厌哥哥，以后我再也不和它一起学习了。”田鼠妈妈知道是怎么回事了，可该怎么纠正孩子的嫉妒心理呢？

“为什么一定要生气呢，你应该看看哥哥都有哪些优点，然后你学习一下。你再看看你有什么地方比哥哥优秀，坚持一下，这样你不就比哥哥优秀了吗？再说，你和哥哥是好兄弟，它被老师表扬，你也应该高兴不是吗？”妈妈开导着孩子。

不服输的田鼠弟弟说："这样说也对，哥哥没我聪明，只要我肯努力的话，我肯定能赶上来的。"

我就打他
——怎么成了小霸王

韩琳这天没有时间接刘毅放学，谷雨就把轩轩和刘毅一起接回自己家，把两个孩子安顿好之后，她就做饭去了。还不到半个小时，就从客厅中传来了打闹声，谷雨赶紧跑出厨房，让她吃惊的是，两个孩子竟然在地上厮打起来，这是以前没有出现过的情况，虽然他们也打架，但充其量就是你捅我一下，我捅你一下，这到底是怎么回事呢？

谷雨先把两个孩子拉开，然后问轩轩："轩轩，你们这是怎么了，不是玩儿得好好的吗？怎么突然打起来了，真是不让我省心！"轩轩可能感觉是在自己家，而且刘毅只是一个人，他的底气看上去很足，使劲仰着头说："刘毅凭什么要和我抢玩具呢，这是我的，我就是不让他玩儿！""首先，你不让刘毅玩儿玩具就是小气，然后打人就是野蛮，知道吗？你这样以后就没人和你玩儿了。""我就打他，谁让他玩儿我的玩具！"轩轩还是一副据理力争的样子。

没过多久，韩琳来接刘毅，知道情况后，她对刘毅说："刘毅，你是客人，怎么可以动手呢，你应该处处都谦让才是呀。"刘毅本来就委屈，听到妈妈这样说，眼泪开始一滴滴往下掉。谷雨见状，赶忙阻拦："这不怪刘毅，都是轩轩太霸道，这孩子不是一次两次这样了，我得想办法帮他改掉这种不好的行为了。"

一次，谷雨把刚刚做好的红烧带鱼放在了邓辉面前，以前都是直接放在轩轩面前的，轩轩马上就不高兴了。开饭之后，邓辉夹了其中一块儿大的鱼放在自己的碗中，还给谷雨夹了一块儿，他们故意不看轩轩。轩轩大哭起来："这些鱼都是我的，你们不能吃！"邓辉说："谁说这鱼是你的呀，谁都可以吃，而且妈妈应该多吃！"

轩轩听到爸爸这样说，丝毫没有退缩的意思，反而理直气壮地说：“从来都是我的，以前都是这样的，这次也应该这样！”说完就打算把盛放鱼的盘子端到自己眼前，不过邓辉拦住了，他说：“以后不能这样做，你要记住，这是大家的！”看到他们父子两个僵持到了一定程度，谷雨出面了，她说：“好了，轩轩，咱们这样办，你把鱼分给大家好不好，大家一起吃，如果你不这样做的话，今天你一块儿带鱼都不要吃！你自己决定吧！”轩轩想了想，点点头同意了。

修炼妈妈的“火眼金睛”

孩子和小朋友一起玩儿，所有的事情都要听他一个人的，而且他随心所欲处理一切事情。在自己的家中，只要是孩子喜欢的东西就认为全都是他的。与其说孩子习惯以自我为中心，还不如说孩子是一个小霸王更贴切一些。

◆ “我就是要…”，这说明孩子是霸道的，他是唯我独尊的，任何事情都必须符合他的好恶，这种情况可能每天都发生在一些孩子身上，也许孩子的霸道已经开始显露出来。

◆ “不行，就必须这样”，孩子的自我中心意识会使他与外界事物发生冲突，这虽然是一种正常的情况，但是如果孩子始终如此，那就说明孩子判断意识出现了问题，他心中只有自己，做事也是从自我出发，霸道行为当然会一再发生。

父母的娇生惯养使孩子习惯事事以自我为中心，他们逐渐养成了独占、霸道以及任性的习惯，他们不仅在家中充当小霸王的角色，而且还将这种行事作风带到了学校和生活中，他们甚至习惯于欺侮周围的人。如果家庭中缺乏民主的气息，那孩子就缺乏应有的自主权，孩子很可能会将压抑的情绪发泄到同伴身上，强迫小伙伴按照自己的意图去做事。还有另外一种情况，孩子经常受到一些人的欺负，当孩子通过自己的努力获得胜利后，他认为这种强硬手段很有效，很可能会经常采用，于是孩子变得越来越霸道。

孩子在成长的过程中能够逐渐认识到世界并不是围着他一个人转的，因此他对周围的控制欲望就会逐渐减少，专横的态度也能得到改善，尽管如此，家长还是尽量不要让孩子从小就有霸道的行为，以免影响到孩子的健康成长。

孩子有时候之所以会霸道无理，是因为孩子想以此方式来吸引妈妈的注意，这是孩子一种情感需求的表达，因此尽量满足孩子的正当要求，这时候孩子的一些无理和霸道的行为就会得到控制。另外，孩子有时候出现霸道的行为跟妈妈的言行也有关系，如果妈妈整天都是霸道专横的，那孩子就会受到影响，他可能也变得专横起来。因此，作为父母应该采用民主的教育方式，而且对孩子的要求和期望也要符合孩子的实际情况，切忌要求过高。

孩子如果能够承担一定的责任，找出一些简单的事情让孩子去处理，然后随着孩子年龄的增长逐渐增加难度，训练孩子处理问题的能力，并且培养孩子勇于承担责任的意识，这样孩子就不会霸道地命令别人去做事情。

孩子产生霸道的行为是因为孩子有一定的控制欲，其实出现控制欲是没有问题的，给孩子一些机会，让孩子适当地控制一下，减少孩子想控制一切的欲望，家长可效仿故事中妈妈的做法。

读懂孩子之后这样做

霸道的孩子是强势的，他们有自己的主张和见解，这样的孩子其实也是值得表扬的，因此在孩子主动做一些事情的时候，应该及时给予孩子表扬，强化孩子的良好行为，但是要告诉孩子他的问题出现在什么地方，以免这种行为发展为强势和霸道。

亲子故事屋

霸道的小狮子强强

“狮妈妈，你赶快去看看吧，强强又在外面打架呢！”小孔雀美美来小狮子强强家传话。狮子妈妈生气地说：“这孩子，整天在外面给我惹事。”

原来强强和几个小动物在一起玩儿的时候，一只猎狗撞了它一下，还没有来得及说道歉，它就把猎狗压在了地上，不管猎狗怎样求饶，小狮子就是不肯罢手，美美这才去找狮子妈妈。

“强强，小猎狗并不是故意的，你这样霸道，朋友们都会离你远去的。"狮子妈妈边说边拉小狮子。

回到家后，狮子妈妈说："妈妈知道强强身体好，也非常勇敢，但是你不能用它来欺负你的朋友呀，如果整天这样的话，以后就没人和你做朋友了。你应该用你的强壮和勇敢来保护和照顾那些弱小的朋友，一起来对抗你们的敌人，你能明白妈妈在说什么吗？你要记住，你是最勇敢，也是最坚强、最正义的狮子。"

强强用力点点头说："对，我是最强壮的，我应该保护它们。"

我就要摸这里
——爱摸生殖器只是因为好奇

邓辉带着轩轩一起洗澡，轩轩刚开始的时候还能听话，而且一直听着音乐，非常开心，可后来就有些不耐烦了。邓辉为了哄孩子，于是就开始跟孩子说话，吸引孩子的注意力。他跟孩子说："我的宝贝儿子要赶紧长大，长大以后成为一个坚强的男子汉，拥有一个强壮健美的身材，那时候就会有很多小姑娘喜欢你的！"本以为孩子会感兴趣，谁知道轩轩竟然问："爸爸，咱们都是男的，那我们长得一样吗？我怎么觉得你和我不一样呢？"听到孩子这样的问题，邓辉都不知道该怎样回答，只能说："等你长大后你就会变成爸爸这样了，不过你肯定比爸爸帅。"邓辉真有些后悔和孩子一起洗澡了，孩子真的长大了。

等到快睡觉的时候，邓辉跟谷雨说："今天和孩子一起洗澡，他肯定感觉他跟我长得不一样，问了我一些问题，我都不知道该怎么回答，看来以后不能和孩子一起洗澡了。""是吗，这段时间我也感觉孩子有些异样，他总是玩自己的小鸡鸡，不卫生不说，让别人看到也不好，万一对他身体有伤害，可怎么办呢？"谷雨把自己这几天的疑惑也说了出来。

还没等邓辉开口，谷雨又说："我听曹璐说，婷婷也是这样，趁大人不注意，就把手伸到裤子里面去，而且越不让她摸，她反而越起劲。轩轩也是这样，我真有些担心！"

谷雨带着轩轩去游泳，轩轩的表现一直都非常好，一会儿趴在栏杆上看着别人游，一会儿和周围的小朋友打闹，一刻也不闲着，看着孩子高兴的样子，谷雨也非常兴奋。后来，轩轩突然没有声音了，谷雨也不知道孩子在干什么，等她转过头的时候，她发现孩子的双手又伸到裤子里面去了，谷雨火气立马就上来了，她呵斥孩子："你又在干吗，我不是说过吗？这里很不卫生，不要再摸了。"轩轩的脸马上就红了，不过还是没有把手从裤子里面抽出来。

当时有很多人在场，谷雨也不好再说什么，只能把孩子拉到一边，她不忍心让孩子在众人面前丢面子。这时候，一个游泳教练走过来跟谷雨说："先不要训孩子了，我听说每个孩子都要经历这样一个阶段，要给孩子探索自己身体的权利。当我们家长遇到这种情况的时候，一般的反应都是数落孩子一顿，可是越是数落，孩子就觉得越好玩，这样反而起不到说服作用。不要理会孩子，他自己慢慢就感觉没有意思了，就不会再摸了。你试一试，我感觉应该会有用的！""会吗，我真的担心孩子会越来越上瘾，万一改不了就麻烦了。不过我也应该试一试你的方法，但愿有效。"谷雨还是不太愿意选择放任自流的态度。

从那以后，谷雨再也没有因为此事责骂过孩子。轩轩虽然还是不能完全改正，不过次数已经明显减少，看来教练的方法还是很管用的。

修炼妈妈的"火眼金睛"

每个孩子都会摸自己的生殖器，很多妈妈对此也非常敏感，其实这不是一个很严重的问题，小到刚刚会走的宝宝，大到10岁的孩子，都会或多或少出现这种行为，只要过了这个阶段，孩子这样的行为就会减少和消除。妈妈们没有必要过分担忧，这是一个很正常的现象。

◆ 孩子喜欢在大人面前摸自己的生殖器，这是3岁左右孩子常常会出现的情况，而且女孩子更严重一些，虽然并不是一件大事，但是如果孩子不分场合、不分时间去触摸，孩子很可能会受到伤害，比如细菌感染。

◆ 越是训斥孩子，孩子的兴趣会越大。孩子看到父母很重视，于是兴趣就会越大，这也是孩子逆反的表现，因此不妨采用放任的态度。

其实孩子触摸自己的生殖器跟他玩弄自己的手脚等其他身体部位一样，并没有什么特殊性。妈妈们一定要以积极的心态去面对，并且要理解和宽容孩子的这种行为，不过也要给予孩子正确的引导。

不要过分训斥孩子，这与青春期之后的"自慰"是不同的，而且训斥也不会产生有益的效果，只会使孩子更加逆反，给予孩子关爱、宽容与指教，不要让孩子看到自己的焦虑，寻找原因，然后再解决。

采用温和的手段对待孩子触摸生殖器的行为，比如对孩子说："如果你不停用手去摸，那它就会非常疼，说不定还会受伤，你手上的细菌也会跑进去，你就会生病了，下次不要这样了，妈妈相信你！"

在孩子生殖器发生病变的时候也会出现这种情况，因此妈妈一定要经常检查孩子的生殖器，如果有发红或者是其他异常情况发生时，一定要及时就医，很可能是受到细菌感染或者是湿疹、蛲虫等侵扰孩子。

孩子这些不良习惯常常会出现在早晨以及晚上，而且多在床上发生，因此要使孩子养成早睡早起、不赖床的好习惯，多带孩子到户外玩耍，这些新鲜有趣的户外活动会分散孩子的注意力，而且会消耗孩子的精力，使孩子晚上躺下就能睡着，从而帮助孩子改掉这个坏习惯。

读懂孩子之后这样做

如果发现孩子正在触摸自己的生殖器，家长应该想办法分散孩子的注意力，而不是训斥一番，比如引导孩子看电视、漫画书等，将孩子的注意力转移到别处，孩子的动作就会不自觉停止。经常重复这样的引导，孩子这种下意识的行为就能逐渐消失。

亲子故事屋

猴子灵灵成了红屁股

灵灵喜欢自己玩儿，它总是感觉身边的小朋友不能上树，自己又不喜欢在下面玩，于是它就跑到树上，边吃果子边欣赏周围的风景。灵灵这天感觉实在是无聊，不知不觉就挠起了痒痒，而且越挠越舒服，皮肤可就惨了，不一会儿就被挠红了。

就在这时候，一个年轻妈妈带着刚上幼儿园的宝宝从下面经过，她指着猴子灵灵的红屁股跟女儿说："你如果再摸你的屁股的话，那你的屁股就会跟那只猴子一样，成红色的了，你看多难看呀，再说，都没有小动物和它一起玩儿了。如果你不想这样的话，以后就听妈妈的话。"小女孩朝树上望了一眼就看到了灵灵的红屁股，马上就捂住了自己的嘴巴，然后拉着妈妈离开了。到家后，小女孩说："妈妈，我以后再也不摸了，我可不想跟猴子一样，实在是太难看了。"

阿姨，我再给你唱首歌吧
——"人来疯"源于爱表现

经过半年多的苦心教育，轩轩变得越来越活泼了，谷雨刚开始还挺满意，可是最近她感觉孩子的活泼有些过分了。举个例子来说，如果家里没有外人，孩子还算是听话，而且很守规矩，但是只要家里来了客人，轩轩马上就像另外一个人似的，马上神气起来，好像要把自己全部展示给客人，他在得到客人夸奖的时候会非常兴奋，可是这样有时会妨碍谷雨和客人交谈，谷雨有时候真没有办法，弄得客人也很尴尬。

谷雨大学时的同学王云去探望她，王云是一名幼儿园老师。轩轩一看家中来了客人，他当时很有礼貌地走过去说："阿姨您好，我叫轩轩，今年4岁了。"王云把孩子拉到身边说："轩轩长得很帅气呀，而且也很懂礼貌，阿姨很喜欢你！"打完招呼，谷雨就让轩轩回自己房间了，谁知道轩轩不同意，他跟王云说："阿姨，我在幼儿园新学了一首儿歌，我来背给你听吧！"还没等王云说什么，轩轩就开始背儿歌，看着孩子卖力的表情，谷雨一边自豪，一边担忧，她害怕孩子一下子收不住了，事实证明果然如此。

听完孩子的儿歌，王云夸奖孩子说："轩轩真的很棒，你在幼儿园一定是个好孩子。"听到这样的夸奖，轩轩的双眼好像更明亮了，他跟王云说："阿姨，我再给你唱首歌吧！"谷雨赶紧说："不行，轩轩，你赶紧回自己的房间吧，我和阿姨还有很多重要的事情要谈！"轩轩扭扭捏捏不想回去，眼泪

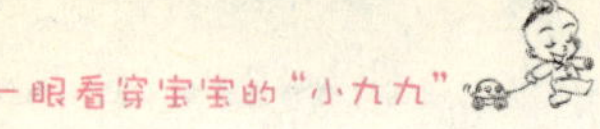

已经在眼睛里面打转了，他把自己的玩具故意狠狠地往地上砸，然后又把电视声音调得很大，谷雨正在上面拦孩子，王云说：“先不要责怪他了，咱们下楼去谈吧！”

“轩轩就是想表现自己，他没有别的想法，很多孩子都是这样的，不要责怪他呀！”王云边下楼边说。谷雨问：“那该怎么办呢，总是这样下去也不太好呀！”“这很容易，有客人在的时候不要冷落孩子，也不要当着客人的面批评孩子，适当暗示一下他就可以了，我相信只要你知道是怎么回事，就能处理好！”

修炼妈妈的“火眼金睛”

孩子发起“人来疯”让很多妈妈都头疼，会让自己在客人面前感觉很没面子，不要盲目责备，造成这种情况不光是孩子一个人的原因，更有父母的原因。

◆ 孩子在家中来客人的时候行为出现异常，这是因为孩子的大脑皮层发育尚不完善，稍微受到刺激就会很兴奋，可是孩子又缺乏自我控制力，再加上孩子常有的自我中心心态，很容易出现“人来疯”的情况。

◆ 孩子故意大吵大闹，其实是孩子为了吸引妈妈的注意，因为在平时生活中，妈妈可能是孩子生活的全部，可是当家中有客人的时候，难免会忽略孩子，孩子就会觉得自己受到冷落，于是他就会出现一些怪异举动，在大人谈话的时候他不断插话，或是大哭大闹，好让妈妈注意到他。

家中有客人其实是对孩子一种新鲜的刺激，孩子会产生兴奋的感觉，因此会出现各种异常情况。很多孩子的目的就是为了表现自己，以证明自己的存在，当然他也希望能够得到别人的夸奖。妈妈们常用的是两个极端的方法，要么在客人面前对孩子百依百顺，要么就是狠狠教育一番，这对孩子都会造成伤害。接受孩子这样的反常态表现，不要训斥孩子，要帮助孩子分清哪些言行能够恰当地在客人表现，让孩子发挥自己的长处，尽量满足孩子想要表现自己的愿望。

让孩子学习基本的社交礼仪，教孩子待人接物的方法，在客人来访之前，要告知孩子，让孩子有一个心理准备，这样孩子也会以平常心对待。在客人来访时，不要因为客人而冷落了孩子，要把孩子当成一个独立的个体来对待，比如将孩子介绍给客人，还可以让孩子参与到聊天中。

如果孩子希望在客人面前表现展示自己的才艺，不要过分压制孩子，给孩子一定的时间，让孩子表演一小段，不仅可以锻炼孩子的社交能力，也能满足孩子的表现欲，更能增强孩子的自信心。

如果担心孩子会纠缠，那就提前安排好，也就是让孩子回避，还可以给孩子买一些他喜欢的玩具等，让孩子做他喜欢做的事情。

读懂孩子之后这样做

如果孩子已经表现出了“人来疯”，一定不要当场训斥，给孩子展示才艺的机会。如果有其他怪异的举动则要禁止。如果当场训斥孩子，不仅会影响所有人的心情，更会伤害到亲子之间的感情，客人也会很尴尬。家长应做到事后奖惩孩子。

亲子故事屋

四处开屏的孔雀

家中每天都有客人来，孔雀妈妈有些忙不过来，小孔雀还在一旁跟妈妈喋喋不休。“妈妈，你看我今天好看吗，你看我今天该做些什么呢？”天真的小孔雀真的没有注意到妈妈很忙。几个客人中午的时候到了，小孔雀马上走到前面，对着客人说：“叔叔，我给你们开屏吧，你们肯定会喜欢的。”客人还没有见过小孔雀开屏，当下就答应了，而且非常兴奋。听着大家的叫好声，小孔雀更加兴奋了，连续开了几次。

孔雀爸爸说：“好了，赶紧出去玩儿吧，爸爸和几个叔叔还有很多事情要谈。”小孔雀嘟着嘴说：“不行，叔叔们喜欢看，我也没有玩儿够呢！”孔雀妈妈这时候出来了：“大家都夸你好看了，不过每次只开一次就够了，不然大家以后就不喜欢了，你觉得呢？”小孔雀低着头想了想，点点头说：“也是，那好吧，等你们下次来的时候我再表演给你们看，这次就算了。”说完就出去找朋友玩儿去了。

我不看，也不让你看
——孩子的极端心理

杰瑞是一个5岁的小男孩，美国人，从小就在中国生活，年轻的妈妈玛丽在一家外企做高层。玛丽一家搬到谷雨所在的小区没过几天，玛丽就和谷雨成了很好的朋友，两个妈妈经常带着孩子一起出去玩儿。让谷雨没有想到的是，虽然杰瑞只有5岁，但是他做事竟然很极端，玛丽对此也束手无策。

下午的时候，两个妈妈带着两个孩子去公园玩儿，杰瑞缠着妈妈给他买糖果，可是吃糖果太多毕竟对牙齿不好，而且玛丽也不想让孩子养成见到什么买什么的习惯，于是就没有答应孩子的要求。杰瑞没有得到满足，当下就开始发脾气："你不给我买糖吃，就要带我去吃全聚德烤鸭。"玛丽说："上周的时候都已经吃过了，今天不能吃，你看轩轩怎么没有要这些吃的呀。"杰瑞一路上都不依不饶，玛丽也很生气，但是有谷雨在场，她也不好说什么。

等到几个人到了公园的时候，杰瑞说什么都不下车，玛丽把他强行从车上拽了下来，杰瑞下车后就把书报摔在了地上。看到这种情况，谷雨就说："要不咱们今天就别玩儿了，先带孩子回家吧，总是这样，也不太好。"

晚上两家人打算在一块吃饭，杰瑞竟然还在威胁妈妈，如果不去吃烤鸭的话，他晚上就不吃饭。这时候，玛丽已经忍耐到了极点，她跟孩子说："你愿意吃饭的话就过来，不愿意就别吃，反正今天不会带你去吃烤鸭的！"杰瑞一听妈妈这样说，竟然坐在地上大哭起来，没过多久，他突然跑到厨房，手中攥着一把菜刀就出来了，然后放在自己的手腕上说："如果不去的话我就死给你们看！"所有人都吓坏了，邓辉赶紧把菜刀夺了回来，玛丽吓得不知所措。

谷雨安抚好杰瑞，然后和玛丽坐到一起说："轩轩也出现过这种情况。那天已经11点多了，我让他去睡觉，这孩子偏要看电视，我就训了他几句，孩子就去睡了。第二天一起床，看到我在看电视，竟然把电视关了，还说什么我不看，也不让你看，这都是孩子极端的表现。当然我就采用冷处理的方法，结果孩子没有了办法，只能屈服，我感觉还是比较有效的！”“可是孩子竟然以死相逼，我真担心会有危险发生，他哪儿知道菜刀的危险呀！”玛丽把心中的担忧说出来。

“是呀，杰瑞这种情况的确可怕，不过我感觉只要盯住他，就不会有危险发生的，不要在孩子面前表现出你的过分担心，否则孩子很容易抓住这点去要挟父母。”谷雨给玛丽提出建议。

修炼妈妈的“火眼金睛”

如今的孩子大多是独生子女，所有人的爱都集中在他们身上，这些孩子都是娇生惯养的，只要他们想得到某样东西，父母就要及时满足。如果没有得到满足，就有可能采用极端的方式引起别人的注意。他希望所有人都要围着他一个人转，进而获得心理上的满足。

◆ 自己不能得到满足就去阻止别人，这是孩子常见的一种极端心理。他不希望别人拥有自己所没有的东西，他妄图控制周围的人，这也是孩子获得满足的一种方式。

◆ 当孩子的极端发展到一定程度的时候，有可能会用自杀等过分的方式来解决，当然孩子只是以此相要挟，如果父母屈服，那自己的目的就达到了，他以后也会经常采用这种方法。

父母的溺爱是孩子出现极端行为的重要原因，为了避免这种情况的发生，父母一定要学会正确教育孩子，给孩子爱的同时，做到不溺爱，不过分宠爱。当然，我们也不能过分忽略孩子，这会导致孩子对于自我权利认知更加强烈。帮助孩子改变畏惧心理，提高孩子的精神承受能力以及自我防卫能力，这对遏制孩子的极端心理都有一定的好处。

孩子哭闹、打人、破坏物品都是任性的表现，如果纵容的话，就会出现难以控制的惯性恶习。妈妈对于孩子这些行为，既不能过分认真，也不能采取放任的态度，用一些适当的方法，纠正孩子的异常以及极端的行为。

在孩子出现极端行为的时候，可以借助其他事物来适当转移孩子的注意力，当然这种方法适合年龄比较小的孩子。例如，找出一些孩子喜欢的，容易被吸引的新鲜事物来吸引孩子，将孩子的注意力转移过来，他的极端行为就能得到一定程度的控制。

孩子的行为习惯还没有发展成熟，他所有的行为都是有规律可循的，妈妈们可以抓住这一特点，掌握孩子任性和极端行为发作的规律，然后做到“先发制人”，比如和孩子“约法三章”，提前预防孩子出现极端行为。举个例子来说，孩子上街的时候总是会要一些不必要的东西，这时，家长可以提前告诉孩子可以买什么，不可以买什么，让孩子懂得克制自己。

适当惩罚也是纠正孩子极端行为的重要方法，比如孩子总是挑食，不好好吃饭，那就不要多讲道理，吃完饭的时候把饭菜全部收走，让孩子自己面对接下来的事情。当然，还要抓住孩子表现好的方面进行奖励，而且要做到重视精神表扬轻视物质表扬。

读懂孩子之后这样做

如果孩子陷入极端，那妈妈们就可以采用躲避的态度，暂时离开孩子，当没有人关注他的时候，他也会感觉无趣而作出让步，也就是做到冷处理。不过故事中的情况就有些困难了，在离开的同时视线不要离开，保证孩子的安全就够了。

亲子故事屋

小桥上的争吵

一只小羊打算去河对面，因为对面的景色更美。当小羊走到桥中间的时候，它发现一匹小马正在朝自己走过来，它心想：桥这么窄，自己和小马肯定不能同时过去，该怎么办呢？当时小羊就打定主意，自己坚决不退让。

他们很快就相遇了，小羊跟小马说：“刚才是我先上的桥，所以你必须退回去，不然我不会让你先过去的。”小马也毫不退让：“不行，我有重要的事情要办，你先让我过去。”它们就在桥上争吵起来，天马上就黑了。

一直在家中等小羊的羊妈妈出门找孩子，它发现孩子正在桥上和一匹小马对峙，一看就知道是怎么回事了。它大喊：“如果你们有一个让步的话，大家就都办成自己的事情了。我想小马的妈妈也非常着急吧，你们好好想一下吧！”

过了一会儿，小马说：“对不起，刚才是我不对，你先上的桥，就应该你先过的。”说完就原路返回，小羊也不好意思地说：“刚才如果我让一步，咱们就不会僵持到这么晚了，一会儿我和妈妈送你回家吧！”

手指好吃，我要吃
——坏习惯背后有原因

谷雨发现孩子最近新添了一个啃手指头的毛病，孩子怎么突然多了这样一个毛病呢？轩轩刚开始出现这种情况的时候，所有的人都提醒孩子，可是越是不让孩子啃，他越是起劲，而且还会发出咿咿呀呀的声音，看上去非常兴奋。

谷雨每次看到孩子吃手指头都会把手指从孩子嘴中拿出来，并且告诉孩子这是一个坏习惯，而且很不卫生，轩轩当时是听话了，可是只要谷雨稍不注意，轩轩就又不自觉地把手指头放在嘴里，啃个不停。其实轩轩也知道啃手指头是不对的，可是他好像就是控制不了自己。

谷雨跟朋友们聊天的时候，了解到其实很多孩子都有这样的习惯。曹璐跟谷雨说：“婷婷也是这样，我们为了这件事还打过婷婷一次呢，可就是没有效果。没有别的办法，只能整天催促孩子洗手，尽量保持卫生。我听说孩子只要出现一种坏习惯，一定有它的原因，只要查明这些原因，然后弥补一下，孩子改掉坏习惯还是很容易的。”“是吗，坏习惯还有原因？看来我得好好研究一下了，我可不能让轩轩有这个坏习惯。”

谷雨约上自己的好朋友去爬山，正在她收拾好准备出门的时候，轩轩突然起床了，只见孩子晃晃悠悠走过来，然后拉着妈妈的手说：“妈妈，今天不是周末吗，难道你不陪我在家玩儿吗，我都好几天没有和妈妈一起玩儿了。”谷雨其实早就计划好和朋友一起去外面转转，谁知道孩子竟然醒这么早，她只能实话实说：“你也知道，妈妈整天上班很累，身体都变差了，所以妈妈约了好朋友一起去爬山，妈妈需要健身呀！你今天就跟着爷爷奶奶一起玩儿，等明天妈妈再陪你，好不好？”轩轩边听妈妈解释，边把小手放到了嘴里，谷雨把孩子的手拿出来，可是轩轩再次放进去，轩轩有些着急了：“妈妈，你不能丢下我，我就要跟着你去。”其实在孩子出来的那一刻，谷雨就知道，今天肯定要带着孩子了，于是她就说：“如果在妈妈出门前，你再把手指头放到嘴里一次，妈妈肯定就不带你去。”得到妈妈的应允，轩轩赶紧去洗漱。

轩轩终于收拾好了，手闲下来了，马上就放进了嘴里，谷雨瞪着轩轩，孩子立马拿出来，然后小声说了一句：“手指好吃，我要吃。只要妈妈看着我就可以，以后我就不吃了。”原来孩子内心是希望妈妈爱他，原来这是孩子爱的呼唤。找到原因之后，谷雨每天都会尽量陪着孩子做游戏，轩轩也逐渐改掉了吃手指头的坏习惯。

修炼妈妈的“火眼金睛”

不要再抱怨孩子总是有那么多坏习惯，其实在每个坏习惯背后都有一定的原因，透过孩子的坏习惯，尝试着去了解孩子的内心世界。为什么孩子总是爱吃自己的手指，这可能代表着孩子对爱的呼唤，这是孩子的一种自我安慰方式。

◆ 孩子经常将手指头放在嘴中啃咬，这跟孩子小时候饥饿时的吸吮手指是不同的，这必然代表着孩子的一种内心需求。

◆ 孩子经常啃自己的指甲，或是咬被角、袖口等，这些行为需要妈妈们及时作出纠正。

孩子在很小的时候吃手指是因为孩子饥饿，他通过这种方式来满足需要，同时也吸引妈妈的注意，等到生活变得规律的时候，孩子吃手指的情况就会逐渐消失。如果孩子在4岁之后还在吃手指头，那就是行为习惯问题，需要及时矫正。

随着社会节奏的加快，妈妈每天工作都很忙，和孩子的亲子时光有限，孩子在孤独、饥饿以及患病的时候不能得到及时的抚慰，而吃手指成了孩子排遣心中不良情绪的重要方式。孩子可能紧张、焦虑，也可能无聊，他可能难以面对父母的训斥，这更加强化了孩子的行为，如果我们再听之任之，那吃手指就会成为孩子的一种痼癖，更会影响到孩子的身体健康以及心理健康。

在孩子吃手指的时候给孩子一个依靠，比如磨牙饼干或是安抚奶嘴，不过这种方法不能长期使用，否则孩子会离不开这些替代物。

孩子吃手指可能是排解心中的孤独情绪，因此可以让孩子多和同龄的伙伴接触，鼓励孩子多交朋友，带着孩子接触外面新鲜的世界，尽量不要让孩子一个人闲着。妈妈要多搂抱和陪伴孩子，仔细分析孩子各种要求，并且满足孩子的正当需要。在孩子睡觉之前可以给孩子讲一些轻松愉快且有助于睡眠的故事，和孩子亲密接触一下，让孩子感受到安全、满足和幸福。一定要为孩子营造一个温暖、稳定、宽松以及舒适的成长氛围，整天处于快乐中的孩子是不会出现啃咬手指的坏习惯的。

如果孩子吃手指的情况非常严重，那就要求助医生，包括心理医生，和医生一起分析孩子吃手指的原因，然后对症治疗。不管采用何种方法，一定要态度和蔼，而且动作语言要轻柔一些，以鼓励关爱孩子为主，一定不能随意呵斥和打骂孩子，只要孩子有进步，就应给予表扬和鼓励。

读懂孩子之后这样做

如果孩子吃手指的情况不是很严重，可以采用情感疗法，严重的时候就要采用行为矫正方法，也就是在孩子的手指头上抹上适量的无毒苦味剂，比如黄连素等，缠上医用胶带也是可以的，以此来减少或改掉这种不良习惯。

亲子故事屋

小壁虎的手指流血了

壁虎妈妈出远门了，家中只剩下壁虎爸爸和小壁虎。小壁虎以前每天都是跟着妈妈，可妈妈都出去这么长时间了，它实在有些想妈妈，想着想着就开始啃自己的手指头，甚至在吃饭的时候都在啃。壁虎爸爸着急了，因为孩子的手指都流血了，他赶紧把孩子带到医生那里去包扎。

猫咪医生轻轻给小壁虎包扎起来，边包边说：“以后想妈妈的时候不要啃手指头了，又不卫生，又很疼，是不是？”小壁虎委屈地说：“可我就是想妈妈呀！”猫咪医生接着说：“想妈妈的时候你可以跟爸爸说呀，或者是跟周围的小朋友说。如果你总是啃手指头的话，你的手指头就长不大了，这样就不好看了。"

"是吗，那我就试试吧，我想要妈妈，也想要我自己的手指头！"小壁虎看着自己受伤的手指头说。

我就咬他
——孩子只是在表达激动情绪吗

谷雨这段时间心情不太好，有一次，轩轩和小朋友打架，她还大声训斥了轩轩，虽然她也知道这样是不对的，不过她还是没有忍住。为了避免更严重情况的发生，她最近有些疏远孩子，她把教育孩子的主要任务都交给了丈夫邓辉。邓辉本来就不太擅长教育孩子，可是看到谷雨每天的状态，他也就硬着头皮答应了，接连一周都没有大问题出现。

这天，邓辉到幼儿园接轩轩放学，刚到幼儿园门口，轩轩的老师就出来了，她跟邓辉说："邓轩这段时间是怎么了，总是无缘无故和小朋友打架，他以前可不是这样的呀。而且还爱咬小朋友，今天又把一个孩子咬了。今天你多留一会儿吧，不然我怎么跟孩子的家长交代呀！"听到老师这样说，邓辉恨不得有个地缝儿钻进去，孩子怎么学会咬人了呢？

回到家后，邓辉把事情跟谷雨复述了一遍，谷雨拉过孩子问怎么回事。其实轩轩根本没有往心里去，看似轻描淡写地说："谁让竞航抢我的东西，我当时很生气，也不知道该怎么办，我就咬他，咬完他我就没事了。"

谷雨没有想到孩子会这么想，她赶紧跟孩子讲道理："不管你有多生气，不管错在谁，你都不能咬人呀，你可以跟他讲道理或者告诉老师，如果你总是咬人，哪儿还会有小朋友和你一起玩儿呢？如果你心里很不痛快的话，那就大声喊出来，或者是告诉老师。如果爸爸妈妈心情不好就咬你，你肯定也会觉得很委屈。好了，今天的事情就算是过去了，以后千万不能再咬小朋友了，明天向竞航道歉，听明白了吗？""那好吧，以后我改！"轩轩也承认了自己的错误。

修炼妈妈的“火眼金睛”

其实孩子咬人是他最原始的一种本能，不过在孩子接触社会之后，咬人就成了孩子发泄内心情绪的一种方式，孩子不能分清自己的行为的好坏，但是会给孩子的人际关系以及良好性格的养成带来负面影响，妈妈需要了解孩子咬人行为背后隐藏的深层原因。

◆ 孩子没有足够的词汇来表达心中的情绪，于是通过咬人这种方式来释放，这代表着孩子心中有不满或者是郁闷、激动的情绪。

◆ 孩子可能受到周围人的影响而咬人，这种情况是容易纠正的。

孩子在3岁之前喜欢咬人是有很多原因的，比如孩子正处于口欲期，也就是口唇快感期，也可能是处于出牙期，还可能是孩子的语言贫乏。当孩子3岁之后还是喜欢咬人，那很可能就是孩子在发泄，比如他过于激动，为了释放情绪以及过于兴奋的压力，他就会有咬人的冲动，他不能控制自己的情绪，而过度的激动又需要表达出来，于是就出现咬人的情况。

如果是处于出牙期的小宝宝咬人，那就给孩子一些能够满足需要的替代品，比如磨牙棒或是蔬菜瓜果等，来缓解孩子在这个特殊时期的特殊需要。

孩子用语言表达不清楚自己的要求或想吸引父母注意的时候，会因为急躁而咬人，这时候妈妈们一定要耐心引导孩子，教孩子用正确的语言把自己的想法表达出来。如果孩子是因为愤怒而咬人，就要带孩子离开引起孩子发火的地方，等孩子冷静下来的时候再帮助孩子分析道理。

不过孩子咬人的主要原因就是他内心的需求得不到满足，这时候就要提醒孩子多用语言来表达，把心中的不满和不开心表达出来，告诉孩子发泄不满情绪不能依靠咬人，等到孩子逐渐找到发泄情绪的正确方式后，他就能改掉咬人的坏习惯。

孩子总是缺乏是非观念的，他会因为好奇心而模仿别人，如果是因此而咬人，妈妈就要及时教育和引导孩子了，告诉孩子咬人不是一种好的行为，没有人会喜欢这样的孩子，跟孩子反复强调这点，孩子就会明白咬人是不对的，从而主动改正。

读懂孩子之后这样做

当孩子因为情绪激动而咬人的时候，妈妈最应该做的一件事情就是帮助孩子发泄情绪，比如带孩子离开现场，带他去一个能够放松情绪的地方，帮助孩子疏导心中压抑的情绪，等到孩子情绪平复的时候再跟孩子讲一些道理，剩下的事情就让孩子自己去解决。

亲子故事屋

小青蛙生气了

小青蛙跟着一条小蛇游到了小桥的桥洞底下，它们一起欣赏周围美丽的景色。半圆的桥洞和水里的倒影连在一起，好像一轮明月。小青蛙大喊："你看像不像我的大肚皮，又大又亮！"小蛇摇摇尾巴说："才不像呢，它就像我盘起来的样子，我这样多帅呀！"它俩谁都不服气，最后争吵起来，小青蛙越来越生气，张开自己的大嘴巴就在小蛇身上咬了一口，小蛇委屈地回家了。

小青蛙回来跟妈妈说起了这件事，青蛙妈妈略微有些严肃地说："和朋友发生矛盾也没有什么，可是为什么要咬小蛇呢，它该多疼呀，如果是你被咬的话，你肯定会大哭的。""可是我很生气呀，又没有别的办法，我只能咬它了。"小青蛙为自己辩驳。青蛙妈妈说："生气的时候你可以大叫几声，咱们的声音多好听呀，或者是到别的地方玩儿，一定不能动手，更不能咬人。""那好吧，以后我就不咬它了，我要'呱呱'叫，吓着它。"小青蛙说。

给我，我要
——得不到就喜欢硬抢

谷雨这天下班之后，路过一个商店，看到门口的牌子上写着有新到的玩具。谷雨想到很久没有给轩轩买新玩具了，就进去买了一个新款玩具带回家。

一进屋，轩轩正在追着遥控汽车玩儿呢，他听见妈妈回来就跑了过去。谷雨把玩具举得高高的，说："轩轩，猜猜妈妈今天给你买什么了？"轩轩顿时兴奋地叫了起来："太好了！太好了！我又有新玩具了！"说着就蹦着去抢。谷雨皱了皱眉头，说："先别抢，你还没猜呢。"轩轩却丝毫不理会谷雨，还是自顾自地边跳边抢，嘴里说着："给我，我要！赶快给我！"谷雨一个不留神，玩具就让轩轩抢了去。轩轩抢到手转身就跑了，连一句谢谢也没有。谷雨愣在原地，那点儿高兴的心情早就灰飞烟灭了，她想：轩轩什么时候染上这个毛病了？

第二天是周末，谷雨在厨房做饭，轩轩摸着瘪瘪的肚子，不停地问："妈妈，饭好了没？"谷雨让轩轩耐心地等等。不久，谷雨便端着热好的包子走了出来。轩轩立刻跑过来伸手就要拿，谷雨急忙拦住说："赶快洗手去！"没等谷雨反应过来，轩轩抢了一个包子就往嘴里送。谁知包子太烫，他刚咬了一下就吐了出来。谷雨生气地说："幸亏这只是个包子，如果是一碗热汤，不把你贪吃的嘴烫坏才怪！什么时候学会硬抢了？妈妈不是教你要懂礼貌吗？"轩轩没回答，气鼓鼓地坐到沙发上，连饭也不吃了。谷雨看着地上一片狼藉，心想：一定要改掉轩轩这个毛病。

第二天就来了一个机会。这天天气很好，谷雨带着轩轩到公园里去玩儿，顺便给他买了一个魔法棒。轩轩很喜欢这个魔法棒，举着它一边走一边玩儿。过了一会儿，轩轩走累了，就拉着谷雨到石凳上坐了下来。旁边不远处的石凳边有个1岁左右的小男孩跟着妈妈玩儿，他看见轩轩手中的魔法棒，似乎很感兴趣，蹒跚着走了过来。只见他刚走到轩轩面前，就"噌"地伸手夺走了那支魔法棒！轩轩没有防备，一下子就失手了。小男孩的妈妈忙走过来，让他还给轩轩，谷雨却觉得这是一个很好的教育轩轩的机会。她偷偷向小男孩的妈妈使了个眼色，让她先抱着孩子走开。轩轩这时才回过神来，看着自己的魔法棒被拿走了，他“哇”的一声哭了出来，边哭边让妈妈帮他要回来。谷雨没有理会，过了一会儿才说：“你为什么想要回魔法棒呢？”轩轩吸着鼻子说：“因为那是妈妈给我买的，是我的魔法棒，我很喜欢。”谷雨听后立刻说道：“对呀，上次妈妈买的礼物虽然是给你的，但是在没有交到你手上之前，仍然是妈妈的。你是不是得等妈妈同意了才能拿啊？昨天吃饭也是这样，没有经过妈妈允许，怎么能上前抢呢？这是多么不礼貌的行为。这次你知道，自己的东西被别人抢走了，心里有多不舒服了吧？”轩轩听着，渐渐低下了头，说：“妈妈，我错了，我以后再也不会抢东西了。”谷雨这才满意地摸摸他的头，说：“嗯，知错就改才是好孩子。刚才的魔法棒就送给那个小弟弟吧，妈妈再给你买一只。”轩轩听了高高兴兴地拉着妈妈的手走了。

修炼妈妈的“火眼金睛”

硬抢别人东西是一种很不礼貌的行为，假如妈妈发现自己的孩子有这个缺点，一定要加以纠正。经常抢别人东西的孩子，不但容易形成自私、霸道的个性，还会给他人带来很多困扰。因此，妈妈一定要教导自己的孩子，杜绝硬抢别人东西的行为，做个温和、讲道理的孩子。

通常来说，孩子硬抢别人的东西很可能是以下几个原因导致的，妈妈要弄清原委，有针对性地加以纠正。

◆ 由于家长过分溺爱，孩子就会越来越自私、霸道。这种情况比较难以纠正，要从生活的一点一滴中改变孩子的思想，让他学会尊重他人，不能随意妄为。

◆ 如果孩子还比较小，就形成了抢别人东西的习惯，那么很可能是孩子还没有“别人”和“自我”的观念，不懂得东西有所有权，只觉得对某样东西感兴趣，想拿到自己手中来。对于这类孩子，妈妈不可操之过急，更不能训斥孩子，只要在生活中多给孩子灌输“东西有主人”的意识，让孩子明白不是所有东西都能随便拿的，孩子就会慢慢懂得其中的道理。比如，妈妈在跟孩子对话时，可以多说这样的话：“这是妈妈的皮包”“那是爷爷的眼镜”“不是自己的东西不可以乱拿”等。

◆ 还有些孩子硬抢别人的东西，是因为有些大孩子曾经对自己实施硬抢，自己出于模仿、泄愤等心理，也对别的孩子实施硬抢行为。针对这种情况，妈妈在弄清楚事情来由之后应该告诉孩子，别人抢自己的东西是不对的，但是自己也不能去抢别人的东西。并且妈妈一定要将孩子抢来的东西还回去，好让孩子有这样的意识：不是我的，即使抢来了，也不能属于我，最终都要还回去。

只要妈妈眼明心亮，孩子的一举一动都能被看在眼中，即使是偶尔的小错误，妈妈也能及时将其掐断在源头，阻止该行为恶化下去。

读懂孩子之后这样做

80后妈妈们要注意树立孩子的是非观和正义感，让他懂得抢别人的东西是不正确的行为，即使是自家人，也是不礼貌的。同时也要让孩子了解，别人抢了自己的东西，也要想办法要回来，要有自我保护的意识。这样，孩子才能真正理解什么是物品所有权，才不会随便动别人的东西。

亲子故事屋

霸道的小黑猫

三只小猫同一天过生日，妈妈送给它们每人一块水果糖，它们都特别高兴。小白猫正剥开糖准备吃的时候，小黑猫走过来说：“你用过我的彩笔，应该把你的糖给我吃。”小白猫舍不得，不想给，但是小黑猫大声喊：“给我，我要你的糖！”说完一把就抢了过去。小白猫伤心地流下了眼泪。

小花猫躲在角落里也准备品尝甜甜的水果糖，没想到小黑猫嗖地跑过来说：“上次爬树，你输给我了，所以，这块糖应该给我吃。”小花猫不解地说：“我们上次也没有打赌啊，凭什么给你吃呢。”小黑猫才不管呢，上前一把就抢走了，然后在大树下美美地吃了起来。

小黑猫吃了三块糖，晚上，突然牙疼起来，疼得都没法睡觉了，小白猫

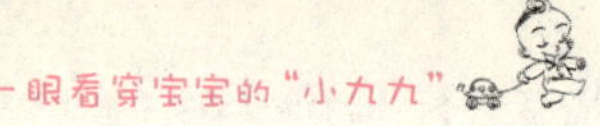

和小花猫给它拿来牙刷和牙膏，说："刷了牙你就不牙疼了。"小黑猫惭愧地低下头说："对不起，我以后再也不抢你们的东西了。"

妈妈，滔滔打我

——孩子是受气包吗？

谷雨经常教育轩轩要懂得礼让，不要争强好胜，要学会和周围的小朋友和睦相处，轩轩没有让谷雨失望，可是后来情况却发生了变化，不知道是轩轩的理解有错误，还是自己的管教有问题，孩子变得好像有些逆来顺受了。看着孩子在小区中和一些小伙伴玩儿，孩子只有受气的份儿，别人抢他的东西轩轩也不懂得回避，如果有人打他、掐他、撞他，不要说轩轩还手，就是躲闪他也不懂得。有一次，杰瑞抢了轩轩最喜欢的一个电动小汽车，轩轩憋得满脸通红，可就是不知道要回来，最后竟然是谷雨帮孩子要回来的。孩子着急了就哭，然后就是说回家。看到这种情况，谷雨真是一点儿办法都没有。

月底的时候，谷雨去轩轩的幼儿园给他交下一个月的托管费，办完事情之后，她还特意去了一趟轩轩所在班级的教室，她想亲眼看看孩子在幼儿园到底是什么样子，结果发现轩轩一个人拿着玩具在教室的角落里玩儿。别的小朋友都是三五成群地在一起玩儿着游戏，谷雨就纳闷孩子为什么不和同学一起去玩儿呢？就在这个时候，谷雨看到一个长得比较壮实的小男孩向轩轩走去，谷雨以为这个小男孩是和轩轩一起玩儿，刚开始还有些高兴，谁知道那个孩子竟然把轩轩的玩具一把夺过来，而且对着轩轩说："不许告诉老师，等我不想玩儿的时候我会还给你的，否则我会给你点儿颜色的。"轩轩也愣住了，不过他还是很害怕，只能含着眼泪点点头，谷雨心想，孩子总是这样，不被别的孩子欺负才怪呢。

晚上的时候，谷雨一家三口去公园玩儿，正好碰到了同住一个小区的曾倩，她也带着6岁的儿子滔滔在公园里面玩儿，碰到了一起，大家自然在一起玩儿。刚开始的时候还挺好，后来两个孩子发生了口角，轩轩突然跑过来跟谷雨说："妈妈，滔滔打我，要不咱们回家吧！"孩子又开始退缩了，难道要教育孩子以牙还牙，该怎么办呢？

谷雨把孩子拉到一边说：“遇到问题逃避不是办法，你作为一个男子汉就要勇敢去面对，是你的就是你的，你对就是你对，要坚持自己，不过你也不能霸道，也不能欺负别的小朋友。即使别的小朋友故意欺负你，你只要争取自己的利益就可以了，不能动手打人。你和滔滔的事情自己去解决吧，按照妈妈说的做，不会有问题的。你迟早都要长大，不可能依靠妈妈，也不能任人欺负。”

轩轩点点头，他想了一会儿，直接走到滔滔面前说：“滔滔，你不能抢我的玩具，刚才本来就应该是我玩儿，如果你再这样的话，我就永远不和你玩儿了。”滔滔一下愣住了，他没有想到一向软弱的轩轩竟然反抗起来了，他看着坚决的轩轩，只能作出妥协。

修炼妈妈的“火眼金睛”

并不是每个孩子都是霸道无理的，很多孩子可能就是“受气包”，这跟孩子的自我意识发展不无关系，这样的孩子自我意识比较薄弱，他对自己在群体中的地位以及层次没有太高的要求，进而成为其他小朋友攻击和欺负的对象。

◆ 孩子不愿意跟妈妈说发生在自己身上的事情，这是孩子畏缩以及懦弱的表现，他不愿意将这些令他害怕的事情说出来，他也担心妈妈会帮助出面解决问题，进而更受到别人的欺负。

◆ 问题发生的时候，孩子不敢一个人解决，将希望寄托在别人身上。不要替孩子强出头，在弄明白事情真相之后，引导孩子，让他自己去解决。

◆ 孩子经常带着伤回家，我们就会认为孩子在外面与别的孩子发生矛盾了，一定要冷静，也不能马上给孩子贴上“受气包”的标签，调查清楚，然后再去处理。其实孩子偶尔带着一些伤回家也是很正常的。

如果孩子真的是“受气包”的话，那妈妈就要注意了，因为孩子常常表现出忧虑、焦虑，并且习惯于依赖别人，他不能获得良好的人际关系，在家时情绪会变化无常，而在外面却很退缩，而且对一切都很冷淡，这会影响到孩子的心理健康以及全面发展，一定要帮助孩子及时走出困境。

当孩子回家告状的时候，不要头脑发热，盲目替孩子出头，一定要在了解事情缘由之后确定应对方法。在日常教育中，要向孩子灌输这样一个理念，那就是：我不能欺负别的朋友，但是别的朋友在欺负我的时候我也不能软弱。

如果孩子总是遭到别的孩子的欺负，妈妈要告诉孩子不能一味忍让，如果总是让孩子一再忍让的话，孩子不仅会受到伤害，而且他也会认为自己的妈妈根本不能保护自己，孩子更容易滋生怯懦心理。孩子一再退让的话，那他必然不能养成坚强的性格，因此尽量不要在孩子面前过多强调“忍让”，适当即可，合理竞争才是重要的。

当孩子受到欺负而伤心的时候，要用爱和同情心来接纳孩子。孩子这时候不明白自己为什么会受欺负，在他们心中，家是最安全的，妈妈才是最温暖的。不要责备和嘲笑孩子，给孩子爱，以免孩子受到更深的伤害。

读懂孩子之后这样做

妈妈可以鼓励孩子进行反击，但是也要告诫孩子反击应该合理，而且要适量适度，反击行为不能太过分，以免孩子滋生暴力情绪。适当的强硬反击对孩子能够起到自我保护的作用，但是如果一再强调反击，那就会走向相反的一面。

亲子故事屋

被欺负的小刺猬

小刺猬和妈妈一起生活在田野中，它们刚刚搬家，小刺猬还不认识这里的朋友，不过它非常友好，它希望与这里的小动物做朋友。安顿好后，小刺猬就到外面玩儿，这里的小朋友好像没有见过它，没有几个愿意理它的。后来，一只蟋蟀就爬到小刺猬的身上跳来跳去，大家看着没事儿，就全跑到小刺猬身上了，它们好像有些抵触眼前这个小动物。

小刺猬害怕极了，它不敢动，这时候刺猬妈妈找过来了，它看到孩子受欺负，很不忍心，孩子为什么不反抗呢？在妈妈的帮助下，小刺猬回家了，到家的时候，妈妈说：“那几个小朋友都欺负你，你怎么不跟它们说清楚，你并不会伤害它们呢？”“会有用吗？我担心它们不会理睬我。”小刺猬胆小地说。

妈妈又说：“你对它们表示出你的友好，它们当然就不会再欺负你了。”小刺猬说：“那好，明天我就去试试，希望它们都能喜欢我！”

画个圈圈诅咒你
——因为好奇学会说脏话

邓辉带着轩轩去朋友家，几个男人一起说话，免不了会说一些脏话，他们也没有在意孩子是否在场。王阳平时看上去很斯文，谷雨常常以王阳为榜样来教育孩子，其实王阳有时候一着急，也会冒出一些脏话，他本来是无意的，可全被轩轩听进去了。快要离开的时候，轩轩对王阳说：“王阳叔叔，我爸爸妈妈都非常喜欢你，我也喜欢你，哪天你来我家做客吧？”王阳很得意，于是点点头说：“好的，我的大侄子，你要乖乖听话，不然叔叔就不去了！”轩轩一听王阳威胁自己，马上就说：“如果你不去的话，我就画个圈圈诅咒你！”这句话一出口，全场人都愣住了，王阳这才意识到自己刚刚说过这句话，没想到这么小的孩子马上就学会了。

回到家后，邓辉把刚才的事情跟谷雨复述了一遍，谷雨不免有些生气：“我就说别带孩子去参加你们的聚会，他肯定学不到好东西，以前他经常说的脏话，就是跟着你们学会的。”邓辉感觉有些委屈：“我怎么知道孩子会说这些话呢，他可能是因为感觉新鲜，不认为是脏话吧！”谷雨说：“不管怎样，是好奇也好，是新鲜也好，以后不准你在孩子面前说脏字。”

一天，轩轩一个人在地上玩自己的电动小猫，他故意让小猫在狭窄的地方跑，玩得不亦乐乎。就在这时候，电话铃突然响了，谷雨几步跨过去去接电话，一不小心踩到小猫了，而且好像把小猫弄坏了，她忙着接电话也没有在意。轩轩这下可着急了，他不满地去推妈妈的腿，费了好大劲才把小猫的断腿捡起来装上，可是根本就没用。这时候谷雨也接完电话了，她看到被自己踩坏的玩具，也有些不好意思，于是跟轩轩说：“对不起呀，刚才是妈妈太着

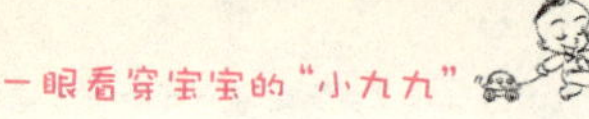

急了，改天再给你买一个新的。"轩轩头都不抬地说："画个圈圈诅咒你，傻×，真他妈讨厌！"谷雨愣了一下，她还担心自己听错了，又问："你刚才说什么？"轩轩竟然又若无其事地重复了一遍。

谷雨很生气，她板起脸来教训孩子，可是轩轩说："我没有说错什么，明明是妈妈的不对，可为什么要骂我呢？"原来孩子根本不知道自己说脏话了，谷雨虽然生气，不过也原谅了孩子，可是怎么帮助孩子改掉说脏话的坏毛病呢？

等到邓辉下班之后，谷雨有些严肃地说："孩子现在会说的脏话越来越多了，我告诉你，以后坚决不能在孩子面前说脏话了，万一他改不了怎么办？咱们要作出表率，而且在孩子说脏话的时候不理睬他，他感觉没有意思了，也就不会说了。""啊，已经这么严重了，都进入一级警备状态了，嗯嗯，好，保证服从命令！"邓辉看到妻子生气的脸马上答应了。

修炼妈妈的"火眼金睛"

孩子有时候根本不明白一些语言的意思，他只是简单模仿和重复，只能通过外界的反应来猜测自己是对还是错。等到孩子长大一些，他心中有不满的时候就会用一些脏话来表达。不管是何种情况，妈妈们都不要忽略不管。说脏话是一种很不文明的行为，是孩子缺乏教养的表现，更会影响到孩子的人际交往。

◆ 孩子会说"别人说，那我也说"，这是纯粹的模仿，也是孩子学骂人的常见心理，全是因为孩子的好奇，我们不要觉得好玩就故意逗孩子说，这只会强化孩子的行为，应该告诉孩子说脏话是错误的，把不文明的行为消灭在萌芽状态中。

◆ 孩子可能会说"是别人先骂我的"，这时孩子已经明白脏话是不好的了，一定要纠正，耐心地说服教育，教孩子用谦让的态度去解决问题。

从孩子嘴里第一次冒出脏话的时候，常常是无意识的模仿，如果我们表现出好玩，甚至好笑等正面反应，那孩子就会认为这是一件好事情，进而得到鼓励，以后会一再重复这些词；当然如果我们马上制止，孩子的反抗心理就会被激起，于是孩子会重复说，以此来捍卫自己的权利，这对改掉孩子的坏习惯也是不利的。因此，有意识忽略就是一个不错的方法，孩子自然就会觉得没有意思，进而逐渐改掉说脏话的习惯。

孩子有时候借骂人来发泄自己的不满，如果孩子是以牙还牙，那就不要劈头盖脸地训斥孩子，但也不能因此而袒护孩子，要明确告诉孩子骂人是不对的，不应该用骂人来解决与小伙伴之间的纠纷，这样，孩子可能会担心失去父母的爱以及小伙伴，进而主动改掉自己的不良言行。如果孩子不听劝阻，不妨停止孩子的一切活动，让孩子明白说脏话是不对的。

孩子接触最多的人就是父母，因此父母要首先以身作则，一定不能将脏话“言传身教”给孩子，要提高自身修养，改掉说脏话的习惯，为孩子的成长营造一个文明而礼貌的语言环境。有时候说脏话是不可避免的，那就坦然向孩子检讨，承认自己的错误。只有在充满民主、文明、和谐的家庭氛围中，孩子才能学会尊重他人，才能学会文明做人。

要避免孩子过多接触不良的语言环境，尽量让孩子听不到脏话，那孩子自然就学不到。另外，还要增强孩子对脏话的免疫力，教会孩子明辨是非，自动摒弃那些不文明的言行。不妨为孩子选择那些讲文明懂礼貌的小伙伴，减少孩子学脏话的机会。

读懂孩子之后这样做

发现孩子说脏话之后，要采用恰当的态度对待，不能不分青红皂白直接训斥，应该用文明的语言把孩子想要表达的意思重复一遍，也就是做到正确示范。如果孩子已经形成了说脏话的习惯，那就要严格一些，明确告诉孩子这是不对的。还可以发挥榜样的力量，让孩子意识到说脏话是不文明的。

亲子故事屋

被奶奶批评的小鸽子

小鸽子跟着爸爸去外面玩了几天，谁知道回来的时候竟然学了很多脏话，而且只要它开口，脏话马上就出来，小鸽子的妈妈也明白孩子并不知道那些脏话是什么意思，可是能怎么办呢？越是阻止孩子，它骂得就越起劲。

小鸽子平时最喜欢自己的奶奶了，它回来没几天，就去看奶奶了。“奶

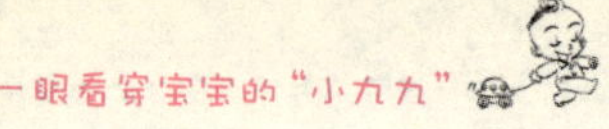

奶，我终于回来了，我都想死你了，如果你不想我的话，我就画个圈圈诅咒你。"小鸽子兴奋地跟奶奶说。奶奶本来挺高兴的，当它听到最后一句话的时候，当下就愣住了，它怎么也没有想到孩子竟然学会说脏话了。奶奶生气地说："你怎么可以说脏话呢，骂人就不是好孩子，奶奶再也不喜欢你了。"说完就不理它了。

小鸽子哭着回家了，然后跟妈妈诉苦。妈妈心想，这次倒是一个好机会。妈妈说："说脏话当然不对了，看奶奶都不喜欢你了。如果你想重新被奶奶喜欢的话，那以后就不要再说那些脏话了。"小鸽子连连点头说："我保证再也不说了，妈妈，你赶紧带我去奶奶家吧，我不喜欢奶奶不理我。"

老师，刘毅真讨厌
——孩子竟然学会告状了

幼儿园有一次要开家长公开课，谷雨每天工作都很忙，本打算让邓辉去的，可是想到平时都是自己在教育孩子，就连夜把工作完成了，然后准时去参加公开课。她其实一直都想有这样的机会，了解孩子在上课的时候到底是什么样子。

公开课的主题是绘画，老师刚给孩子们发完画笔，轩轩就大喊了一声："老师，你快点来看看刘毅，他抢了我的画笔，他不用自己的。"老师刚转过头，刘毅就马上把画笔还给了轩轩。谷雨心想：以前不是告诉过轩轩，这种问题应该自己解决吗，而且在上课的时候不能大喊大叫，怎么上课会是这个样子呢？

谷雨远远地看着轩轩，她发现轩轩拿着画笔也不好好画，总是东张西望，要不就是打扰周围的小朋友，谷雨真想上前提醒孩子一下。20多分钟过去了，轩轩的画纸上没有多少东西，而坐在旁边的刘毅已经完成了，他正在用彩笔修饰自己的作品！后来，刘毅不小心撞了轩轩一下，致使轩轩的画纸被划破了，轩轩又开始大喊："老师，刘毅真讨厌，他看我画得好，故意撞我，破坏我的画。"懂事的刘毅马上给轩轩道歉："对不起，邓轩，刚才是我不对，要不我把我的画纸给你吧！"老师又重新给轩轩发了一张画纸，问题才解决。

老师悄悄走到谷雨身边说：“邓轩其实挺聪明的，也很优秀，可是经常为一些没有必要的小事情和周围的小朋友发生矛盾，而且一出现问题，他马上就会跟我说，这对孩子的独立是没有好处的。咱们一定要帮助孩子改掉这个爱告状的坏习惯呀，如果他总是这样，估计没有几个孩子愿意和他做朋友。”谷雨听了老师的话，真的有些担心了，她跟老师说：“我也没想到孩子会是这样的，他在家也出现过这种情况，只是我没有太在意，以后我一定注意，放心吧，老师！”

晚上，邓辉正在看《新闻联播》，轩轩突然走过去，一把抢过遥控器，然后换台。邓辉说：“爸爸在看电视，你就不要捣乱了，赶紧跟妈妈去玩儿。”“不行，我还要看喜羊羊呢，别耽误我，不然我就告诉妈妈去。爸爸总是爱和我抢电视，真不是我的好爸爸！”轩轩好像很有理地说。邓辉说：“是爸爸先看的，再让爸爸看5分钟，然后剩下的时间全归你，你看这样好不好？”“就是不行，我就要看！”轩轩坚持要看。最后没有办法，邓辉就让步了，然后去厨房帮助谷雨做饭，正当他说这件事的时候，轩轩又闯进来说：“根本就不怪我，我就想看喜羊羊。”

谷雨知道孩子又在告状了，可是明明错在他呀！“轩轩，这是你和爸爸两个人的事情，你们两个自己去解决好吗？妈妈相信你不会那么霸道，不讲理的。如果问题还得不到解决的话，那妈妈再出面。你要记住，咱们家不是你一个人的，电视也不是你一个人的。”谷雨想让孩子自己去解决问题。

“爸爸，以后你看一天我看一天行吗，不然咱们俩又得打架！”轩轩在妈妈的引导下也作出了让步。听了孩子的话，两个人都哈哈笑起来。

修炼妈妈的“火眼金睛”

孩子总是会拿着一些小事情找妈妈或者老师告状，如果大人过分关心的话，那孩子说不定就会养成事事告状的习惯；而如果不理会的话，又担心孩子遇到难以处理的问题。

◆ “妈妈，他怎么总是这样呀！”孩子不满意别人的行为，就会将这种不满告诉妈妈，他希望得到妈妈的认同和肯定，从而证明自己的正确。

◆ “妈妈，他欺负我了！”当孩子受到委屈后也会向人告状，这不仅是孩子在诉说自己的委屈，也是孩子宣泄紧张情绪，减少忧虑，进而达到心理平衡的重要方式，即使我们不作出回应，孩子也已经心满意足了。

爱告状是孩子缺乏独立处理问题能力的表现，受到委屈或者是遇到问题的时候，他喜欢告诉别人，寻求帮助或者是肯定，如果我们总是出面帮助孩子解决的话，那孩子的能力就永远不能得到提高，而且这也会影响孩子的人际交往。不过孩子爱告状有时候并不是一件坏事，妈妈们可以利用这个机会，教育孩子如何处理眼前的问题。

一定要分清孩子告状的目的，比如是为了吸引父母的注意，还是因为嫉妒别人，根据孩子的实际目的来确定应对方法。举个例子来说，如果孩子通过告状来抬高自己，贬低别人，这时候一定不能敷衍了事，应帮助孩子疏导嫉妒心理，让孩子明白，每个人都有自己的优缺点，要学会发现别人的优点，要用平常心看待周围的事物。

不管孩子的目的是什么，一定要认真聆听孩子的话。向妈妈告状是孩子最好的倾诉方式，不要随便打发孩子走，如果孩子真的受了委屈，那我们后悔都来不及。要静下心来仔细倾听，帮助孩子释放他心中的不良情绪。

将处理问题的权利交给孩子，让他们独立去解决，增强孩子独立处理问题的能力。比如说，孩子与伙伴发生矛盾，可以告诉孩子应该与周围的人和睦相处，给孩子讲一些有启发意义的故事，然后让孩子自己去想办法。

读懂孩子之后这样做

很多时候孩子是因为与周围的人发生矛盾而告状，这时候要教会孩子换位思考，告诉孩子，如果他是对方，会怎么做，让孩子体验对方的感受，并且趁此机会告诉孩子解决问题的技巧。孩子可能不知道该如何面对，那就找出一些故事，通过其中的人物来教育孩子。

亲子故事屋

被孤立的小鹦鹉

下课了，小鹦鹉和小燕子到外面玩儿，小燕子一不小心把小鹦鹉的羽毛拽掉了一根，小鹦鹉开始大哭起来，小燕子虽然已经吓坏了，但是还没有忘记向朋友道歉。谁知道小鹦鹉根本不理会朋友，马上去找老鹰老师，把自己的委屈说了一遍，最后小燕子再也不理小鹦鹉了。

后来，小鹦鹉与小麻雀、小喜鹊，还有斑鸠都发生了矛盾，它没有自己想办法解决而是马上告诉老师，害得几个朋友都被老师批评了一顿，从那以后，没有几个同学愿意理小鹦鹉了。

小鹦鹉感觉很委屈，它不知道为什么没有朋友理自己了。老鹰老师知道了这件事，就跟小鹦鹉说："其实同学之间发生矛盾是很正常的，只要大家把话说明白了就没事了，并不一定事事都要依赖别人。"小鹦鹉这才明白为什么大家都不理自己了，后来它主动跟几个朋友道了歉，它们又成了好朋友。

咱们来过家家
——孩子懂得与人合作了

轩轩放学后经常和杰瑞在一起玩，他们总是有那么多好玩儿的事情，不过两个小男孩最爱玩儿的就是过家家。谷雨有时候都不能接受，她心想，两个男孩子怎么会喜欢玩儿过家家呢？不过看着孩子们玩儿得高兴，她也就没有多想。

其实一起玩过家家的还有婷婷，不过这次婷婷生病了，他们就找了另外一个小女孩甜甜。看着有3个人够了，他们就开始分配角色。因为是在轩轩家，他热情地招待大家说："大家都到了，咱们来过家家吧！"甜甜指着轩轩说："我比你们都大，我来当妈妈，杰瑞你来当儿子，轩轩你来当爸爸！"

杰瑞一听让自己当儿子，马上就不高兴了，他说："为什么我来当儿子呢？我比轩轩还大呢，反正我不当儿子！"轩轩想了想说："哈哈，杰瑞，你也太小气了，反正是过家家，我来当儿子吧。"3个人终于协商好各自的角色，一个新的"家庭"算是组建好了，游戏正式开始了。

谷雨一直在卧室听着3个孩子的对话，当她看到轩轩主动要求当儿子的时候，有些欣慰，轩轩肯定想到如果杰瑞不同意，而又没人当儿子的话，这个游戏就玩儿不成了，于是自己就主动当儿子，看来孩子真的是越来越懂事了。

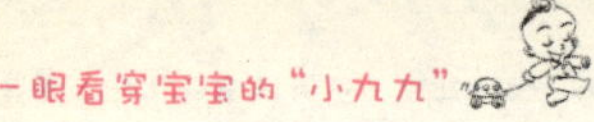

3个孩子足足玩了一下午，虽然家里被他们弄得有些糟糕，不过谷雨非常高兴。快到傍晚的时候，谷雨特意准备了很多好吃的，然后跟几个孩子说："我的宝贝们，赶紧停下来了，阿姨给你们准备了好吃的，先来吃点，然后继续玩儿。"懂事的甜甜像一个小大人一样跟谷雨说："谢谢你，阿姨，今天打扰了你一个下午，还让你忙！"谷雨听着一个小孩子这样说话，她都有些想笑，不过她还是忍住了。

3个孩子吃完东西之后，谷雨就和轩轩把他们送回了家。回来的路上，谷雨对轩轩说："今天你的表现很好呀，妈妈回家就跟爸爸说，爸爸肯定也会表扬你的。"轩轩不好意思地说："妈妈，呵呵，我就喜欢和他们一起玩儿过家家。"

临睡觉的时候，谷雨走进孩子的房间，说："今天妈妈给你讲一个故事。从前，在一座山上，有一个寺庙，寺庙中有一个聪明、勤快的小和尚，小和尚每天都要到小河边挑水，虽然只有一个人，但是他每天都开开心心的。后来，寺庙中又来了一个胖和尚，两个人就一起去抬水。没过多久，又来了一个比较瘦的和尚，3个人你推我，我推你，谁都不去挑水。这天，寺庙突然着火了，3个和尚发现竟然一点水都没有，这才想起来去挑水。轩轩，你知道这个故事讲的是什么意思吗？"轩轩想了一会儿，说："因为他们都不去，所以就得惩罚他们。"

"那如果是你的话，你应该怎么办呢？"谷雨问了一个更深入的问题。轩轩马上说："我肯定会去挑水呀，或者是我们3个一起去，这样寺庙中就有水了。"

谷雨很开心地搂住了孩子说："对了，这跟你们过家家一样，如果谁都不当儿子，那这个游戏肯定就完不成了。合作是很重要的，你以后也要懂得和别人合作。"

修炼妈妈的"火眼金睛"

每个孩子都是家中的小太阳，所有的东西都是他一个人的，他们都缺乏和兄弟姐妹以及小朋友一起生活的经验，普遍缺乏合作精神，他们也没有体验过合作时的愉悦以及成就感，而我们也很容易忽视对孩子合作精神的培养。

◆ "咱们一起玩游戏吧！"当孩子说出这句话的时候，说明孩子已经有合作的意识了，支持孩子的集体活动，在活动中锻炼孩子的能力，这对提高孩子的整体素质都是有好处的。

◆ “咱们一起想办法。”在孩子游戏的过程中，总会出现这样或那样的问题，为了达到一个共同的目的，孩子们就会一起解决，这不仅锻炼了孩子解决问题的能力，更培养了孩子的责任心，让他们懂得问题需要携手解决的道理。

孩子虽然小，但是从小培养孩子的合作精神以及合作意识是非常重要的。我们要注意激发孩子的合作意识，并且为孩子创造出各种合作的机会，将合作的技巧告诉孩子，这也为孩子形成良好的个性奠定了基础。

要教会孩子理解他人，体验他人的感受，并且做到平等交流以及和平共处。当然，有合作也不能忽视竞争，只有竞争才能促进孩子的进步。在合作中增进与小搭档的友谊，这对孩子将来进入社会也是有好处的。

合作总是有一些固定的规则需要遵循的，这是大家共同合作的依据。不过没有几个孩子能够忍受规则的约束，这也是为什么孩子出现矛盾的重要原因。利用游戏的趣味性来给孩子讲解规则，这些规则会变得生动形象起来，孩子也易于理解。

读懂孩子之后这样做

良好的体验是孩子愿意合作的重要基础，因此我们应该让孩子在合作中体验到无穷的乐趣，进一步促进孩子的合作意识以及合作行为。不管孩子是否能够顺利完成合作，妈妈们都要让孩子从合作中有所收获，而成就感就是最直接有效的。

亲子故事屋

两只聪明的小乌龟

小鱼泡泡不知道为什么不小心跑到了岸边上，它一直挣扎，可就是回不到水里，如果再接触不到水的话，它就有危险了，可是能怎么办呢？就在泡泡非常难受的时候，小乌龟跳跳和丢丢从水里出来了，它们看着在岸边挣扎的泡

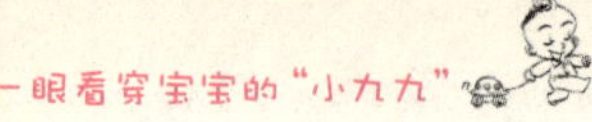

泡有些纳闷，原来泡泡靠自己的力量回不去了。

跳跳跟丢丢说："看来咱们得马上帮着泡泡回到水中，不然它就死了。"丢丢点点头说："对呀，这样吧，咱们一起用头来推泡泡的身体，然后一起用劲，应该不会有问题了。"两只小乌龟开始用力推泡泡，可能是岸边的沙子太多了，也可能是它们个头太小了，泡泡一点都没有动。小乌龟也着急了，该怎么办呢，太阳越来越大了。

跳跳突然说："咱们把头缩进去会不会更好一些呢，咱们的外壳很硬呀！"两只小乌龟又重新试了一边，而且喊着口号一起用力，泡泡终于回到水中了。它们三个非常高兴，在水中撒欢了。

我下次一定会说话算数的

——孩子一样需要遵守诺言

轩轩马上就要过生日了，为了让孩子高兴一些，谷雨答应孩子，连续接送孩子一个礼拜，虽然有些难度，不过谷雨还是答应了。轩轩说："妈妈，你一定不要忘记来接我呀，不然我就生气了。"一连几天，谷雨都按时接送孩子，轩轩当然很高兴了，因为谷雨从来没有这样过。

放学的路上，轩轩跟妈妈说："妈妈，我刚才和婷婷约好了，吃完晚饭，也就是7点的时候一起在楼下玩儿，你要记得提醒我呀！"谷雨点点头说："行，那妈妈回家后赶紧做饭，一定不耽误你的事情。"

吃过晚饭之后，正好是7点，谷雨跟轩轩说："轩轩，你和婷婷约好的时间到了，你赶紧下楼吧，不然婷婷会着急的。"这时候轩轩正在看动画片，他根本就没有在意妈妈的话，也没有应声。谷雨推了孩子一把说："赶快动身呀，妈妈陪你一起下去，如果你不去的话，婷婷以后肯定再也不和你一起玩儿了。"轩轩边看电视边说："行了，我知道了，我看完了就下去。"谷雨听到孩子这样说不免有些生气了："不行，你怎么能说话不算数呢，以后谁还能相信你说的话，你不希望一个好朋友都没有吧？"

轩轩坚持不动，谷雨心想，如果孩子这次不下去的话，一定会给他一个教训。10分钟后，轩轩还在目不转睛地盯着电视，谷雨怕婷婷等着急了，就先下楼了。果然，婷婷就在楼下等着，谷雨都有些不好意思了，她跟婷婷说："宝贝呀，你和轩轩是不是约好一起玩儿了，真的很不好意思呀，轩轩吃完饭后突然肚子疼起来了，明天你们俩再一起玩儿行吗？""是吗，轩轩不舒服呀，我说他怎么不下来呢！那好吧，阿姨，我们明天再一起玩儿。"听完婷婷的话，谷雨更加不好意思了。

第二天，谷雨想惩罚孩子一下，因为昨天轩轩的表现实在让她失望，可是应该怎么办呢？一定要达到教育孩子的目的，还要让孩子明白要兑现承诺的重要性。

马上就要到放学时间了，谷雨故意不去幼儿园，她给邓辉打电话，让他去接孩子。轩轩一看是爸爸来接自己，马上就不高兴了，他问爸爸："今天怎么是你来接我呀，我妈妈呢？"邓辉说："因为你不听话，所以妈妈今天不来接你。""怎么可以这样呢，我们都说好了，这个礼拜她来接我，妈妈说话不算数，我生妈妈气了。"轩轩说。

到家之后，轩轩带着一些抱怨跟谷雨说："妈妈，你怎么能说话不算数呢，你都说好要接我了，可为什么不去呢，而且你今天也这么早回家了。"谷雨知道孩子上钩了，她说："妈妈是回家挺早的，可是妈妈要看自己想看的电视，就没有去接你。再说了，昨天你不是也这样了吗，答应了婷婷的事情就因为要看电视就不去了，既然你知道这样做不对，可为什么还这样呢？""妈妈，我下一次一定会说话算数的，妈妈，你以后不要这样了，好吗？"轩轩马上就认识到了自己的错误。

修炼妈妈的"火眼金睛"

不要以为孩子作出承诺不过是一件小事情，它是和诚实以及真善美联系在一起的，更是建设道德大厦不可缺少的一块坚固的基石。可是由于多种原因，很多孩子往往不能兑现自己的承诺，这样对孩子的人际关系以及未来发展都是很不利的。

◆ "我是这么说了，可是也没有什么吧"，孩子可能认为作出承诺并不是一件重要的事情，兑现与否并不重要。家长一定要帮助孩子正确认识兑现承诺的重要性。

◆ "我一定要去做"，孩子在答应某个伙伴之后，即使遇到困难也要完成，不要阻止孩子，即使不能兑现，也要叮嘱孩子向伙伴及时解释原因。

以自我为中心的孩子总是习惯想做什么就做什么，这是孩子的一般心理，他们习惯以自己为主，当然他们就难以做到遵守自己的诺言。另外，年轻的妈妈有时候也不能及时兑现自己的承诺，比如已经答应孩子去外面玩儿，却因为有自己爱看的电视剧就不去了，在这种氛围的影响下久而久之，孩子当然不会有兑现承诺的意识，这也会成为孩子的一种习惯。

妈妈的表率作用是非常重要的，我们答应孩子的事情一定要做到，如果不能做到，就要提前跟孩子说明原因，征得孩子的原谅。在现实生活中，妈妈们即使作出承诺，也会找出种种"正当"的理由来"应付"孩子，这在妈妈眼中，好像就是一件很小的事情，可是孩子却会记在心中。因此，妈妈们一定要起好表率作用。

其实孩子在作出承诺的时候可能没有想太多，兑现承诺的时候也不会在意，因此妈妈不妨经常提醒孩子要及时兑现自己的承诺。我们还可以把孩子的承诺升华成为座右铭来提醒孩子，以示承诺的重要性。等孩子长大一些，我们可以要求孩子把自己的承诺写下来，并且贴在一个比较醒目的地方，这样孩子就能时刻看到，并且记住该做些什么了。

不要对孩子说一些不能引起他重视的话，比如"你说话从来都不算话"，这样当然过于概括，换成一些具体的事件来吸引孩子的注意，并且要假设他如果去做就是一种比较好的方式，比如"你如果按照你当初说的做，那肯定会有更多的小朋友喜欢你的。"让孩子有动力、有兴趣去完成自己的事情，并且让他认为自己是一个能遵守诺言的人。

读懂孩子之后这样做

孩子作出承诺之后，妈妈要提醒孩子去完成，如果孩子没有当回事，那就让孩子品尝一次因为食言而产生的后果，孩子经历过几次，他自然就会主动兑现诺言。当然，我们还要提醒孩子，一定不能随便对别人作出承诺，要视自己的能力以及实际情况而定。

亲子故事屋

失信的小黄牛

小黄牛哞哞和小绵羊咩咩是一对好朋友，它们每天都在一起玩儿，可是随着他们慢慢长大，他们好像变多了，尤其是哞哞，他开始帮助妈妈干活。一天傍晚，哞哞和咩咩约好第二天去河边玩儿。第二天傍晚的时候，哞哞看到妈妈累得满头大汗地干活，有些心疼，于是决定帮着妈妈干活，就忘记了和咩咩约好的事情。后来，它和妈妈聊天，突然想起来这件事，哞哞说："算了吧，我还是在家帮着妈妈干活吧，改天找咩咩玩儿也是一样的。"

听到孩子说这样的话，妈妈不知道是高兴还是不高兴，不过它还是坚持了原则，跟哞哞说："帮妈妈干活值得夸奖，不过既然你已经和咩咩约好了，就得说话算数，即使你想回来干活，也要跟咩咩说一声，对它说一声对不起，不然咩咩会在河边等着你的，如果你失信了，那你就会失去这个好朋友了。"

哞哞一听妈妈的分析才知道自己太疏忽了，于是马上奔向河边，咩咩果然还在那儿等着它呢。哞哞再三道歉，大度的咩咩说："没有什么，现在我跟你一块儿回家吧，帮你们干活，干完了咱们再去玩。"

我要等我妈妈，不用你帮忙

——让孩子学会自我保护

谷雨听同事们说了很多拐骗儿童的事情，她才发现自己对孩子的安全教育太过欠缺了，好在到目前为止没有发生过严重的事情，她一定要抓紧时间对孩子展开各方面的安全教育。谷雨特意买了很多相关方面的书，每天晚上都会给孩子讲一些，轩轩感觉有些枯燥，于是谷雨又从网上找了很多带有人物的故事，而且讲得绘声绘色，孩子这才喜欢听。

一天，谷雨带着孩子一起看电视，上面正在播放一个儿童教育节目，就是针对孩子的安全意识的。节目摄制组的一行人前往一所小学校园的门口，跟一群刚刚放学的孩子们说："我们是电视台的，特意来学校接一批学生去我们电视台参观，你们学校的老师也批准了，他们就在电视台等着呢。如果谁想去的话，现在就上车吧！人数有限，一定要抓紧时间呀！"有一部分孩子马上就冲进了车中占到了位置，他们还招呼正在犹豫的同学上车。电视台的人又说："你们为什么不上车呢，赶紧的吧。"其中一个孩子说："我们还没有和家里联系呢，他们会担心的。"电视台的人又说了："没事的，放心吧，到了电视台我们会让你们打电话通知家里的人的。"孩子们都排除了顾虑，高高兴兴上车了。最后只留下了一个小男孩，从头到尾都没有说话，他看到只剩下自己一个人了，而且电视台的一个人上前拉他，马上转身跑回了学校。

谷雨跟轩轩讲这个故事的时候问轩轩："如果是你，你应该怎么办呢？"轩轩说："我也不知道，我得听妈妈的。"看来孩子还是很小呀，谷雨接着说："我们有时候不知道眼前的陌生人是好人还是坏人，不能单听他介绍就轻易相信，最早上车的孩子不知道保护自己，后来上车的孩子虽然知道保护自己，但是他们还是没有做到真正的保护，你应该学习剩下的那个小哥哥，坚决不能随便听信别人的话。如果有人带你去某个地方，你认为可信的话，那也要先告诉爸爸妈妈，然后再去。"

为了检验这段时间的教育成果，谷雨就带着孩子去外面操练了一番。她找到孩子从来没有见过的一个朋友，然后让孩子一个人背着书包在前面走，谷雨故意落在后面，这时候朋友走过去跟轩轩说："孩子，我和你妈妈认识，我替你背书包，咱们先走吧！"谷雨这时候特别紧张，她不知道孩子会怎么做。轩轩的确停顿了一下，然后往后面躲，接着说："不用了，阿姨，我要等我妈妈，不用你帮忙，我妈妈马上就要到了。"谷雨的心放下来了，她知道自己这段时间的辛苦没有白费，孩子不仅保护了自己，还对陌生人很有礼貌，并且告诉别人他不可侵犯。

修炼妈妈的"火眼金睛"

孩子的年龄比较小，经历毕竟有限，他们的安全是妈妈们最为担心的，于是增强孩子的安全以及自我保护意识成为了安全教育的一项重要内容，做到未雨绸缪还是非常重要的。生活中潜在的不安全因素实在是很多，比如出行、家居、抢劫、拐骗等，危险常常伴随孩子，一定要做到防患于未然。

◆ “我得听妈妈的”，孩子遇到难以决定的事情会说“我得听妈妈的”，其实这样的孩子已经具备了一定的防卫意识，因此妈妈们要加强孩子的安全教育，这是孩子成长过程中不可缺少的一课。

◆ 孩子在陌生人面前可能会不知所措，提醒孩子，与陌生人打交道是必然的，不过一定要有戒备心理，避免受到不必要的伤害。

孩子的安全是一瞬间的事情，不过安全意识需要我们在孩子小的时候就开始灌输，孩子越小危险系数就越大。学习成绩远没有孩子的安全重要，不要总是将目光放在孩子的学习成绩上，在孩子小的时候就要灌输足够的安全防护知识，让孩子懂得有效保护自己。

将家用电器以及基本的安全注意事项告诉孩子，这些最基本的安全知识也是最容易忽视的。有些人为了保证安全会限制孩子的活动，其实孩子对新鲜事物总是充满好奇心的，越是限制，孩子的兴趣就会越大，如果提前将安全知识教给孩子，很多悲剧都是可以避免的。

单纯教授知识孩子好像不太喜欢，可以结合电视以及网络中的案例，和孩子一起学习，然后从中吸取经验教训。孩子从真实的案例中会有更大的感触，他的学习也会更加积极用心。在故事中循序渐进地引导孩子，让孩子不断加深安全意识。

孩子面对一个陌生人最有效的保护措施就是能够明辨是非和善恶，只有这种思想深入孩子内心的时候，他才能灵活应对所有的陌生人，提高自我保护的警惕性。孩子总是贪玩的，他们自控能力普遍较差，有时候玩儿起来常常忘记一些重要的事情，从而造成伤害，因此还要注意增强孩子的自控能力。

当然，安全知识不是卷面的考试，它们是和生活的真实相对抗的，要让孩子不断地锻炼他已经掌握的安全技能，不能让孩子的“纸上谈兵”造成意外。很多孩子懂得很多知识，但是在真正面对危险的时候会束手无策，因此要让防卫意识切实地融入到孩子的整体素质中。

假期的教育一定要重视，因为孩子这段时间的活动是最频繁的，但是家长往往不能跟在孩子身边。假期是最危险的时刻，因此妈妈们可以针对假期作出一些具体的安排，比如交通安全知识以及饮食安全等。

读懂孩子之后这样做

在孩子懂得安全知识以及防卫知识的同时，还要告诉孩子一些应对紧急情况的措施，方便孩子解决实际问题，比如在煤气发生泄漏的时候要马上通风开窗、切断气源，不能打电话、开灯等，否则会引起爆炸等更危险的情况。

亲子故事屋

坚持等妈妈的小鸡

鸡妈妈带着鸡宝宝去山上采野果子，为了能让小鸡少走一段路，鸡妈妈决定先去前面探探路，就让小鸡在原地等着。山上的路不是很好走，鸡妈妈去了很长时间都没有回来，小鸡有些着急了，可它又不敢离开，它开始小声哭起来。

从远处过来一只狐狸，它看到肥肥嫩嫩的小鸡，口水都滴下来了。当它看到只有小鸡一个人的时候，便动了邪心。狐狸摆出一副慈善的样子走到小鸡面前说：“可爱的鸡宝宝，你怎么哭起来了，是在等妈妈吗？要不我带你去找妈妈，叔叔背着你走，肯定一会儿就能遇到妈妈的。”

小鸡看着狐狸尖尖的嘴巴，连连后退，说：“不行，我一定要等我妈妈，不用你。”狐狸好话说尽，最后竟然想用力拉走小鸡，就在这关键时刻，鸡妈妈回来，这才把狡猾的狐狸吓跑。

鸡妈妈说：“我的孩子真是太聪明了，以后就应该这样，不能随便相信陌生人。”

杰瑞在背后总是说我坏话
——猜疑让孩子失去友谊

谷雨发现孩子这段时间总是不喜欢和杰瑞在一起玩儿，玛丽也感觉杰瑞有点儿不太正常，两个妈妈有些犯愁，两个孩子到底是怎么回事呢？谷雨问轩轩：“轩轩，你和杰瑞玩儿得不是一直都很好吗，这段时间怎么总是看不到他来咱们家玩儿了呢？”“我也不知道！”轩轩只是简单地说了一句。谷雨一听孩子这么说，感觉一定出了什么事，不然孩子的回答不会这么简单的。

谷雨说：“你们是好朋友，出了问题一定要及时解决，我相信你们只要把问题说明白了，依然是好朋友，你觉得呢？妈妈和爸爸有时候也闹矛盾，可是问题发生后我们会把各自的想法告诉对方，我们俩还是好朋友，你没有见过我俩不说话吧？”轩轩有些听进去了：“是呀，我就是有点儿不喜欢杰瑞了，杰瑞总是在背后说我坏话，现在婷婷也不喜欢我了，所以我就不想和杰瑞在一起玩儿了。”“你怎么知道杰瑞是在说你坏话呢，你听见了吗？再说，他没有必要说你的坏话呀，我的轩轩可是很优秀的一个宝宝呀！”谷雨有些明白是怎么回事了。

轩轩点点头说：“婷婷那天跟我说，杰瑞说我在幼儿园不听话，那次的手工制作是别人帮我做的，他还说我淘气。”谷雨接着问：“你先别生气呢，妈妈问你，这些话是你亲耳听到杰瑞说的吗？”轩轩摇摇头说：“没有，不过是婷婷跟我说的，反正我心里不舒服。”

谷雨说：“既然你没有亲耳听到杰瑞说这些，那你就不应该这样。你和杰瑞一直都是好朋友，就不要太在乎这些东西。你一定要真诚一些，不要总是想着杰瑞多么不好。其实杰瑞一直都对你挺好的。难道你忘记了吗？那次他和玛丽阿姨一起回国，回来的时候带着那么多自己的东西，非常重，不过他仍然没有忘记给你带礼物，你看他对你多好呀！妈妈明天要去玛丽阿姨家玩儿，你和妈妈一起去吧，好好和杰瑞聊聊天，把你的疑问说出来，妈妈相信你们还会是好朋友的，你说这样好吗？"

"我都好几天没有和杰瑞说话了，我害怕。"轩轩说。"没什么，杰瑞是一个很好的小伙伴，只要你去找他，他肯定会对你很好的，你要相信妈妈。"谷雨很坚定地说。

第二天晚上，谷雨带着轩轩去杰瑞家了，刚一进去，杰瑞就从房间中跑出来，谷雨能看出来，杰瑞很兴奋。杰瑞拉着轩轩的手说："轩轩，你都好几天没有找我玩儿了，我有一个好东西要给你看。"说完就拿出自己的新玩具，一直都有些紧张的轩轩这时候彻底放松了，两个孩子马上就玩儿在一起了。

回家的路上，谷雨问："怎么样，问题弄清楚了吗？"轩轩点点头说："哈哈，是我误会杰瑞了，妈妈，杰瑞对我很好，以后我也要对他好！"

修炼妈妈的"火眼金睛"

孩子也是需要与周围的人交往的，而人与人交往最重要的一个原则就是真诚，这是人与人交往时发自内心的一种渴望，更是孩子品德中非常重要的一项。我们在教育孩子的时候，真诚也是必不可少的一项。

◆ "他是不是不喜欢我呀"，当孩子与朋友出现矛盾的时候，他可能就会这样想，从而与朋友之间出现更大的裂痕。告诉孩子，有问题直接和朋友沟通，人与人最欠缺的就是沟通。

◆ "他总是在背后说我坏话"，孩子总是敏感的，他们关注自我，也有很强的独立意识，但是思想不够成熟，辨别能力也较差，常常会曲解和误会朋友的话。

孩子不能放松下来与朋友交往，这是他缺乏真诚意识的表现，他有些怀疑朋友，怀疑自己在朋友心中的印象。家长应该将真诚教育放在家庭教育中，赋予孩子一颗真诚的心，孩子的人际交往才会更顺利，他的生活才能更加充实。

孩子总是渴望被对方理解，可是又不知道该如何理解别人内心的想法，进而就会不断猜疑。一定要用真诚和真心代替孩子的猜疑，让孩子与人和谐相处，获得真正的友谊。在孩子因为猜疑朋友而大发雷霆的时候，一定要帮助孩子冷静下来，然后再去观察和分析问题，不要让孩子带着主观偏见去对待朋友和看待问题。告诉孩子在没有弄清楚事情真相之前，一定不能随便相信别人的话，否则会失去好朋友的。

如果孩子发现别人确实是在议论他，那就让孩子正确看待别人的议论，并且分清是善意还是恶意的议论。如果是善意的议论，那就要认真听取，对于流言蜚语，那就自动屏蔽。如果有人是在诬蔑孩子，鼓励孩子勇敢地站出来，为自己辩白。

读懂孩子之后这样做

如果孩子猜疑朋友，没有真诚地与朋友交往，那家长就应鼓励孩子以适当的方式，开诚布公地与对方进行沟通，即使有一些问题存在，只要能够面对面坦诚地说出来，误解一定能够消除，双方之间的关系也会更进一层。

亲子故事屋

相信好朋友

小海豚和小鲸鱼一直都是很好的朋友，它们每天要么在深海中一起玩耍，要不就是跳出水面感受阳光的温暖。小鲨鱼非常嫉妒它们之间的关系，就一直想搞破坏。一天，小鲨鱼跟小海豚说：“你为什么那么喜欢那条小鲸鱼呢，它整天在背后说你坏话，说你个头太小，而且长得难看，不配和它做朋友。它说你整天缠着它，弄得它很心烦。”

其实小海豚知道小鲨鱼的意思，于是摇摇头说：“这都是你自己编造出来的吧，我就是相信我的朋友，不管你说什么，我都会相信我的朋友，管好你自己吧！”说完就游走了。小鲨鱼看到小海豚没有相信自己，不免有些生气，心想，我一定还会继续的。

海豚妈妈知道了这件事，对小海豚说：“你这样做是对的，交朋友的时候就应该真诚一些。只要我们能认真交朋友，能分清朋友的好坏，那其他话就不要相信。”

第四篇

培养孩子的习惯，决胜于孩子的未来

孩子的习惯决定未来的成就，其实孩子习惯的养成主要在于教育。养成一种好习惯至少要21天的时间，但是要纠正孩子的坏习惯却需要花费比21天多得多的时间，这就要求妈妈在纠正孩子坏习惯的过程中要有毅力。

我的小汽车呢
——玩具也有自己的家

一天，谷雨的工作出了些问题，一直处理到晚上9点多才回家。本来已经十分劳累的她，一进门看见轩轩的玩具扔得到处都是，谷雨顿时火就不打一处来，她冲进轩轩的房间，对轩轩喊道：“轩轩你怎么回事？妈妈跟你说了多少次了，玩具玩过之后要收起来，放回玩具箱里，你怎么又扔得一地都是？下次再这样，妈妈就再也不给你买玩具了！”

轩轩本来迷迷糊糊地快睡着了，被妈妈这么一喊，吓得没有了睡意，眼神怯怯地看着怒火中烧的妈妈，小声说：“妈妈，我下次不这样了。”谷雨一听，气消了一大半儿，也后悔自己刚才那么大声吓到孩子了。只好轻声说了句“下次注意”，就回自己房间去了。

但轩轩毕竟是个小孩子，虽然被妈妈大声训斥了，也很难“长记性”。接下来的几天，轩轩还是像往常一样，把玩过的玩具随手丢在沙发上、地上，甚至卫生间的水池子里。有几次，还差点儿把谷雨绊倒了。谷雨觉得很有必要帮轩轩改掉这个坏习惯，但她明白，不能再用训斥和吓唬的方法了。那该怎么办呢？谷雨又打起了“小算盘”。

这天，谷雨特地到儿童玩具商城，给轩轩买了一款轩轩心仪已久的玩具汽车，拿到玩具汽车后，轩轩别提多高兴了，吵着要谷雨陪他玩儿。谷雨边说“好”，边故意把他带下了楼。玩儿了一会儿之后，轩轩看到幼儿园几个小朋友在玩儿秋千，就丢下谷雨和小汽车去和小伙伴们荡秋千去了。谷雨没有阻拦他，只是偷偷将汽车装进自己随身带的包里，然后继续看轩轩玩耍。

傍晚时，谷雨提醒轩轩，该回家吃晚饭了。轩轩满脸通红，边擦汗边把小脏手放在谷雨手里，跟着她回家了，完全忘记了小汽车的事情。

晚上洗过澡后，轩轩突然觉得不对劲儿，问谷雨：“妈妈，我的新玩具汽车在哪里？”谷雨假装不知道：“妈妈也不知道啊，下午不是你一直在玩儿吗？难道是你玩儿过之后，没有把它带回家里来吗？”轩轩一听急得哭了，撒腿就要向外跑，无论谷雨怎么劝说轩轩仍然坚持要去找小汽车。

看到轩轩已经得到惩罚，谷雨拿出了小汽车，说：“你要记住今天的教训，以后不管在哪里玩儿过玩具，都要将它们放回到玩具箱里，玩具箱就是它们的家，只有回了家，它们才不会丢失。懂了吗？”轩轩听了认真地点点头，还伸出小指头来跟谷雨拉钩钩，保证自己再也不会把玩具乱丢。

妈妈故意不把玩具带回来，孩子发现后，不管多晚也要去找，不论找到找不到，都会给孩子教训的，玩具应是孩子最喜欢但又不贵的。

果然，这个教训让轩轩长了记性。从那之后，轩轩总是会把自己玩过的玩具像宝贝一样收到玩具箱里，小心翼翼地呵护它们，总怕它们再不见了。慢慢地，轩轩形成了“从哪里拿、放到哪里去”的习惯，不只是玩具，家里的其他物品，轩轩也很少胡乱摆放了。

修炼妈妈的“火眼金睛”

乱摆东西几乎是所有孩子共同的特点，在没有受到家长良好的调教之前，孩子几乎不会自己形成良好的摆放东西的习惯。尤其是一些本来就比较“散漫”的家庭，孩子可能会受到父母的影响，更加不注意整理自己的东西。

乱摆东西虽然看起来不是什么大的缺点，但却容易让孩子变得没有条理性和逻辑性。久而久之，这种习惯会形成孩子性格的一部分，使孩子变得懒散、没有自觉性，小到生活习性，大到人生规划，孩子都有可能以怠慢的态度对待。妈妈要想培育出一个各方面都十分优秀的孩子，就一定要从小处着眼，力争培养出一个有条理、独立性强、主动性高的孩子。

因此，当妈妈发现孩子具有如下征兆时，就要注意调教他们的散漫行为了。

◆ 用过的东西乱放，没有章法。孩子写完作业、玩儿过玩具之后，不知道“清理现场”，习惯抬腿就走，似乎理所当然地不用自己收拾。一旦孩子形成这种“事不关己”的观念，就很容易变得缺乏自觉性、有过强的依赖性。针对这种情况，妈妈一定要树立孩子的主动意识，让他认识到收拾自己摆放的东西是一种责任，而一味依靠别人是一种错误的心态。

◆ 有些孩子不但对自己的物品管理没有规律，潜意识中还认为所有人都是如此。主要表现为，当他向大人要某样东西时，大人即使每次都告诉他在同一个地方，他依然每次都要再问一遍，明显没有"东西放在固定位置"的意识。这就需要妈妈多给孩子一些指导，让他懂得东西摆放规律的必要性和好处。

另外，孩子很有可能受父母的影响形成同样的生活习惯。因此，家长一定要以身作则，给孩子做好示范。要知道，父母才是孩子的第一任教师。

读懂孩子之后这样做

如果孩子乱摆东西的习惯"屡教不改"，妈妈不妨试着巧用妙招让他们乖乖听话。比如，动员孩子画一些相关图画，贴在相应物品应该摆放的地方，并且让孩子来监督大人，用完东西之后必须放回原位。一旦孩子感兴趣，那么很容易就能让他们"守规矩"了。

亲子故事屋

噜噜家的味道

噜噜是一只可爱的小猪，它刚出生的时候粉白粉白的，别提多招人喜欢了。噜噜长大一点之后，附近的小动物都喜欢和它一起玩儿。但是最近，大家发现噜噜家里的气味越来越难闻了，谁都不愿意再去找它玩儿了。

原来，噜噜最近喜欢上了捏泥人的游戏，它缠着妈妈给它买了很多橡皮泥。但是，噜噜每次玩儿过之后，都把橡皮泥乱丢。橡皮泥本身就有一种不好闻的味道，再加上噜噜吃饭时会将饭菜掉到地上，橡皮泥一碰到就粘在了一起。时间长了，噜噜家里自然就是橡皮泥和剩饭混合在一起的难闻的味道了。

伙伴儿们都不再来找噜噜玩儿，噜噜很伤心。后来，好心的小马告诉噜噜，只要它把家里打扫干净，不再乱丢玩具，伙伴们还会重新回来找它的。

噜噜听了小马的话，回家就将橡皮泥捡起来，清理之后装在了盒子里。果然，噜噜家里的味道慢慢消失了，小伙伴儿们又喜欢来找噜噜玩儿了。

我还不困呢，不想睡觉
——这样对付夜猫子

已经是晚上11点了，轩轩还赖在妈妈房间里不走，硬要妈妈陪他玩儿。最近，轩轩都是这种状态，到了晚上就格外有精神，原定的9点半睡觉，他一次都没有遵守过。每天谷雨都要没完没了地催促，好不容易让他回屋里了，过了一会儿他又跑出来，不是找水喝，就是要上厕所。总之折腾来折腾去就是不肯睡觉，非要闹到十一二点不可，筋疲力尽之后，才肯去睡。不用想，第二天早上肯定起不来，谷雨叫醒了他，才一转身他又接着睡了。这几天，谷雨在催轩轩睡觉和叫他起床上浪费了不少时间和精力，弄得谷雨都身心疲惫了。

这不，谷雨催轩轩去睡觉，他小嘴一张干脆地说："我还不困呢，不想睡觉。妈妈，你再陪我玩儿一会儿吧。"孩子一没哭二没闹，还仰着小脸诚恳地求自己，谷雨既不好意思发火，也不好意思拒绝。没办法，谷雨只好勉强睁着惺忪的睡眼，有一下没一下地陪轩轩玩儿。

又玩儿了半个多小时，好不容易轩轩肯睡觉了，谷雨却不困了。她躺在床上，翻来覆去地想：自己身为爱熬夜的80后夜猫子，深知熬夜对身体的害处，更何况轩轩处在长身体的阶段，必须想个办法，让轩轩养成早睡早起的习惯。

谷雨想了很久，发现轩轩不困是因为太过兴奋。那为什么轩轩到了晚上还那么兴奋呢？谷雨继续往前"推"。原来，轩轩每天从幼儿园回家之后正是动画片时间，他就半躺在沙发上看电视，白天的劳累在这时得到了休整。吃完晚饭后，轩轩重新获得了能量，这时就会去玩儿一些玩具。玩儿得兴奋了，自然就睡意全无。

于是，谷雨决定采取"疲劳政策"，让儿子累得没有力气折腾，9点半老老实实上床睡觉。谷雨跟婆婆商量，以后请她每天接轩轩放学后，先不要回家，带着轩轩到小区的健身区玩儿1小时。另外，谷雨又买了一些轩轩感兴趣的画册和拼图，让他回家后多动手、多动脑。

谷雨还决定改变洗澡的顺序。以前，谷雨总是先给轩轩洗澡，然后自己再洗。这样，轩轩洗完后就自顾自玩儿去了，等谷雨洗完，他早就玩儿得收不回心了。这天，谷雨一改往常的习惯，自己先洗完了澡，接着才给轩轩洗。洗完之后，谷雨直接将轩轩放到了床上。已经玩累了的轩轩丝毫没有反抗，乖乖地钻进了被窝里。接着，谷雨拿出一本故事书，故意慢慢地、小声给轩轩讲着。不久，轩轩就呼呼地入睡了，看着他的表情，别提睡得多香了。

修炼妈妈的"火眼金睛"

很多孩子都会在晚上吵闹不休，迟迟不肯睡觉，早上又不能按时起床。时间一长，不但睡眠质量得不到保证，还有可能形成恶性循环，严重影响身体健康。据研究表明，睡眠中会分泌一种帮助孩子成长的激素。在正确的时间睡眠，并保证睡眠时间，能够促进孩子的生长发育。事实也表明，早睡早起的孩子不但精力更加旺盛，相比晚睡的孩子来说还有着更加良好的脑部和身体发育。

由此可见，要想让自己的孩子健康成长，妈妈就必须要帮助他养成早睡早起的良好习惯。那么如何顺利做到这一点呢？这就需要妈妈们独具慧眼，看穿孩子不肯睡觉是怀着哪般"小心思"，从而有针对性地作出计划，让他乖乖进入梦乡。

◆ 孩子晚上不睡觉，最常见的原因是白天睡多了，或者白天不够劳累。如果妈妈发现自己的孩子属于这种情况，就要像谷雨一样，白天时采取一些疲劳策略，或者带孩子出去玩儿，或者跟他做游戏，尽量避免他在白天睡觉太多。

◆ 家庭环境吵闹的话，也对孩子的睡眠不利。孩子准备睡觉时，要保持室内环境的舒适和安静。有些80后妈妈因为工作太多有熬夜的习惯，尽量不要发出声响，以免影响孩子的休息。

◆ 家长不正确的引导，使得孩子不能早睡早起。有些妈妈希望多抽些时间来陪自己的孩子，于是就在吃完晚饭后跟孩子一起玩儿游戏。这样一来，孩子很容易因此兴奋，而失去睡意。妈妈要跟孩子交流感情，可以选择洗完澡后一起钻在暖暖的被窝里，给他讲讲故事，这样既可以促进和孩子之间的交流，又能帮助孩子形成一个良好的作息习惯，可谓一举两得。

除了给孩子一个舒适良好的睡眠环境，以及正确的作息引导之外，妈妈还要注意对孩子的良好表现进行表扬。比如，孩子早睡早起的那天，一定要给予及时的表扬。这样，孩子就会明白这样做是对的，从而渐渐树立正确的作息态度，慢慢就会更自觉地按时睡觉和起床。

读懂孩子之后这样做

80后妈妈是新潮的妈妈，到了晚上睡觉的时间，可以放些轻柔的音乐，点些辅助睡眠的熏香；有歌唱天赋的妈妈，还可以给孩子唱两首摇篮曲，帮助孩子酝酿有助于睡眠的情绪；如果孩子喜欢听故事，妈妈也可以给孩子讲故事，让孩子在故事中进入甜蜜的梦乡。当然，妈妈们还可以自己开发其他方法，只要合理、有效，都可以进行尝试。

亲子故事屋

不爱睡觉的苗苗

苗苗最近总是玩得很兴奋，很晚了也不肯睡觉，每次妈妈催促她睡觉，她都说没玩儿够。圣诞节到了，苗苗非常高兴，因为她想得到圣诞老人的礼物，妈妈告诉她："苗苗，乖乖睡觉，圣诞老人才能来给你送礼物，你一醒来就看到了。"但是苗苗不甘心，她说："妈妈，我想看看圣诞老人是什么样子，是不是和书里画得一样，我要是睡着了，那可就看不到了。"

妈妈也没办法，圣诞节的晚上，苗苗就一直不睡觉，直到第二天早上，她才哭着说："妈妈，圣诞老人没有给我送礼物啊。"妈妈说："昨天晚上，圣诞老人其实已经来了，他一直想等你睡着后给你送礼物，但是你一直也没睡，他就先去给别的睡觉的小朋友送礼物去了，回来后看见你还没睡，就决定不给你礼物了。因为圣诞老人只有在小朋友睡着后才会出现。"

有了这次教训后，苗苗决定以后一定按时睡觉，再也不任性地玩儿到很晚了，她希望下一个圣诞节圣诞老人能第一个给她送礼物。

我不想洗脸

——洗脸让宝宝感觉不舒服了

谷雨参加大学同学聚会，大家在一起叙旧。没说几分钟，几个女同学的谈话重点就转移到孩子的问题上。谷雨上大学时最要好的朋友叫王庆，她的孩子妞妞刚刚1岁，一提起孩子她就满脸愁容：“真不知道该怎么说我家的宝宝，其实她哪儿都挺好的，就是不爱洗脸，不爱洗澡。每次给她洗脸的时候，她不是哭就是闹，想想都愁。到底该怎么办呢？谷雨，你家轩轩大点儿，你都是怎么处理的呢？”

谷雨不禁苦笑起来：“还说我家轩轩呢，你别看他现在都4岁了，每次洗脸洗澡我都要哄着，然后拿一样他喜欢的东西交换，我也不知道该怎么办呢？王云，你都当了这么多年的幼儿园老师了，肯定有办法了，快给我们传授点儿经验吧！”

王云说：“孩子出现这些情况肯定是有一定原因的，孩子不舒服，不喜欢这样，他就会产生厌烦和抵触的情绪，这时候一定不要硬来，越是这样，孩子越不听话。每次给孩子洗脸的时候，换一个柔软的毛巾，水温也要适合孩子，或者是在水中放一个孩子喜欢的玩具。孩子哭闹太正常了，这表明孩子的自我保护意识强。我们大人可能认为水温合适，可是不管是凉，还是热，对孩子都是一种刺激，他从潜意识中就感觉到不安全，多采用一些孩子喜欢的方法，让孩子感觉到安全，问题自然就会消失了。”

谷雨说：“回家我就试试！”

谷雨回到家后，轩轩马上就扑上去：“妈妈，你可算是回来了，没有你我都不想睡觉！”谷雨马上“啵”了孩子一口，然后说：“瞧瞧你这小花脸，是不是又折腾了一个晚上呀？是不是又不听话了呀？”轩轩马上反驳说：“没有，奶奶今天腰疼，我就自己玩儿的！”“好吧，妈妈相信你，不过你必须马上洗脸，然后睡觉，明天还要去幼儿园呢！”

轩轩一听要洗脸，立马就摇头说："妈妈，我能不能不洗脸呀，我不喜欢！"在孩子说话的时候，谷雨已经把脸盆端过来了："洗脸多舒服呀，水温正合适，妈妈送给你一块奥特曼的小毛巾，以后你就用它来洗脸吧！"轩轩拿过毛巾开始研究起来，可是就是不动手洗。谷雨接着诱惑孩子："上面的图案到了水中才会更清楚，不信的话你就试一下！"果然，轩轩上当了，他不知不觉开始洗起脸来。

从那以后，轩轩就爱上了洗脸，而且再也没有让谷雨帮过忙。

修炼妈妈的"火眼金睛"

给孩子洗脸好像是很多妈妈的难题，只要一洗，孩子马上就会哭闹，家长一边哄一边责备，脸没洗，孩子也不高兴，根本原因就是孩子没有从洗脸这件事情中收获快乐，他没有享受的感觉，当然不会乖乖洗脸。我们可以参照一下上面故事中的建议，帮助孩子疏导不良情绪，让他成为一个"开心宝贝"。

◆ 孩子总是找出各种理由不洗脸，这说明孩子比较排斥这件事情，找出孩子排斥的原因，然后一一纠正，孩子的卫生习惯就能改正。

◆ 孩子在洗脸的时候好像是故意淘气，左扭一下，右扭一下，孩子可能是不太舒服，换一些孩子喜欢的方式，让孩子爱上洗脸。

其实洗脸和生活中的一些事情一样，只要孩子没有愉悦的体验，他就会有排斥的情绪，要想改变这种情况，最简单也是最直接的做法就是让孩子快乐起来。从孩子的心理需求出发，寻找一些适合孩子的方法，孩子就不会产生不良情绪，洗脸之类的事情再也不是难题了。单以洗脸为例，告诉妈妈们如何与孩子过招。

在洗脸之前，将洗脸描述成一件很享受的事情，吸引孩子的兴趣，然后在洗脸的过程中，采用一些小技巧，比如用孩子喜欢的脸盆、毛巾等，洗完之后还有一些小方法，比如以护肤产生美感作为诱惑，告诉孩子只有洗完脸之后才能涂抹一些，孩子总是禁不住诱惑的。

读懂孩子之后这样做

早点让孩子自己做一些生活中最基本的事情，给孩子买一些小朋友专用的洗漱用品，将洗脸的正确方法以及好处告诉孩子，让洗脸成为孩子生活中一件很普通的事情。还有一个方法，那就是和孩子一起洗，孩子可以模仿妈妈，他也能从中收获乐趣，不管怎样，都不能强迫孩子，而要耐心引导。

亲子故事屋

可爱的蓝鹦鹉

蓝鹦鹉去上学，路上正好碰到了自己最喜欢的红鹦鹉，不过红鹦鹉不知道为什么，躲得远远的，蓝鹦鹉很委屈。放学回家后蓝鹦鹉跟妈妈说："妈妈，今天红鹦鹉不理我，难道她不喜欢我了吗？"

鹦鹉妈妈说："她喜欢干净的鹦鹉，你整天不喜欢洗脸，她当然会越来越不喜欢你了。""可是，我不愿意洗来洗去的，我真的很不舒服，而且我也不喜欢我全身的毛都是湿的。"蓝鹦鹉好像很委屈。鹦鹉妈妈说："你如果想和红鹦鹉一起玩儿，那你就要把自己收拾得干干净净。妈妈知道我的宝贝很帅气，这样吧，以后在洗脸的时候给你放一个小镜子，你就知道自己洗过之后有多帅了。"

后来，妈妈每次给蓝鹦鹉洗脸，就让它照一下镜子，蓝鹦鹉发现自己真的很帅，尤其是蓝色发光的羽毛。

蓝鹦鹉和红鹦鹉又成为好朋友了。

我饿，我还想吃

——贪吃的秘密

为了让轩轩有个健康的身体，谷雨每天都会作出各种营养餐来给他吃，还会准备一些零食。可是，谷雨发现轩轩饭吃得虽然不少，但还总是嚷饿，只要他在家，就会不停地说："妈妈，我饿了，我想吃好吃的。"而谷雨一旦拿出零食来，轩轩就会一样接一样地吃起来，直到把零食都吃光为止。如果谷雨中途想要拿走，轩轩就会叫："妈妈，我还没吃饱呢，我还想吃！"谷雨十分苦恼，这孩子的小肚皮怎么像个无底洞，怎么都填不满呢？谷雨不由得开始担心：轩轩是不是得病了？

谷雨查阅了一些资料，发现每个孩子都存在不同程度的贪吃情况。孩子贪吃并不是真的饿，而可能是其他方面的需求没有得到满足，于是就用吃来填补。轩轩是不是这种原因造成的贪吃呢？谷雨开始回想。果真，谷雨想到，轩轩最喜欢看动画片，但自己给他定的规矩是每天只能看1个小时。有时候，轩轩正看到精彩的地方，时间到了，谷雨也会强制性地把电视机关掉。然后，轩轩就变得无所事事，开始四处张望，接着往往就会喊饿，要吃东西。

谷雨想到这里，不禁困惑起来：难道为了让轩轩改掉贪吃的毛病，就应该让他无休止地看电视吗？这岂不是刚改好一个缺点，又帮他形成了另外一个缺点？谷雨心中犯难了。

这天，谷雨像往常一样，只让轩轩看了1小时的电视就关掉了。轩轩刚要习惯性地开口要吃的，谷雨抢先说道："轩轩，今天妈妈有空，陪你下楼玩儿篮球怎么样？"轩轩一听高兴极了，立刻嚷道："好耶！"然后就忙着换运动鞋，早把吃东西的事情忘到了脑后。

谷雨和轩轩在楼下玩儿了将近1小时，大汗淋漓地回到家中，正好到了晚饭时间。消耗了大量精力的轩轩这时很有胃口，晚上吃了一大碗饭。而由于吃得比较饱，轩轩直到睡觉也没有再嚷着要吃东西。

另外，谷雨还发现，一旦轩轩有某个要求不被满足时，他就总会用吃东西来填补。为了避免轩轩长期用“吃”来给自己当退路，谷雨每次在拒绝轩轩的要求后，都会主动给他一条退路，以转移他的注意力。比如，当轩轩要谷雨带他去游乐场时，谷雨如果没时间，就会跟他商量，先带他到附近的小公园玩儿一会儿，等有机会再带他去游乐场；当轩轩想让谷雨给自己买最新款的玩具时，谷雨如果拒绝，就会给他买个既花时间、又培养动手能力的拼装玩具，来吸引他的注意力。另外，谷雨还慢慢地缩减了轩轩的零食数量，并且注意培养他“饭比零食更重要、更有营养、更好吃”的意识。渐渐地，轩轩摆脱了对零食的依赖，更像个大人一样，喜欢吃正餐了。

修炼妈妈的“火眼金睛”

很多妈妈认为，只要条件允许，孩子多吃点儿又有什么关系？也有的妈妈觉得孩子吃得多才能更加健康，因此对孩子有求必应。其实，孩子吃得过多并不是一件好事。妈妈们都知道，孩子吃得多，首先会引起腹胀、消化和吸收不良。而且现在的食品热量高、营养高，孩子摄入热量过多的话，很容易导致肥胖，而肥胖症又是一系列疾病的罪魁祸首。更严重的是，除了身体上的不适之外，贪吃还有可能影响孩子的智力发育。这是因为，食物在人体中需要通过胃肠道的蠕动和分泌胃液来消化吸收。如果一次进食过多或者不停进食，人体里的血液、包括大脑的血液就会全部被调集到胃肠道中来，而大脑充足的供血又是其发育的前提条件，如果大脑经常处于缺血状态，其发育必然会受到影响。因此，孩子吃得过多，往往会表现出来无力、困倦；若长期处于饱食状态，就会使性格变得急躁易怒，对外界事物反应迟钝，注意力分散。

由此可见，妈妈一定要适当约束孩子的饮食，千万不可随其所欲。那么，如何能够管住集万千宠爱于一身的宝宝，让他们的饮食回归质朴呢？最有效的方法，当然是了解孩子贪吃的原因，从源头上遏制孩子变成“小馋猫”。

- 孩子是父母的掌上明珠，妈妈总是会想尽一切办法给他最多的、最好的爱，方式之一就是给他很多美味的食物。在享受妈妈给予的食物时，孩子同时也会得到被疼爱的心理满足，渐渐就会对食物有更大的需求。

- 当孩子的某种需求得不到满足时，他会转移注意力，用食物做代替，以满足自己的欲望，就像轩轩一样。

◆ 孩子和大人一样，在感情受挫、心中不愉快时，也会不自觉地想吃东西，来填补这种缺失。因此，如果孩子发生不愉快的事情，或者不能和父母一同吃饭而感到被冷落时，都会比平常吃得更多。

由此可见，妈妈要想改变孩子贪吃的习惯，一方面要控制提供给孩子的食物数量——能够满足孩子的正常生长发育需求即可；另一方面，也要多注意孩子的情绪变化，并且保证每天至少有一顿饭要陪着孩子一起吃。只有这样，孩子才能渐渐形成良好的饮食习惯。

读懂孩子之后这样做

为孩子提供美味的食物是妈妈表现爱的一种方式。新时代的80后妈妈，可以在不影响孩子健康的前提下，更特别地表现自己的爱。比如，妈妈不一定要给孩子太多的食物，可以在种类和质量上下工夫。西餐、日本料理、韩国拌饭，还有中国的各大菜系，都是80后妈妈发挥厨艺的平台。查查菜谱、学个手艺，既能满足孩子的食欲，又能给他一个健康的身体。

亲子故事屋

贪吃的俏俏

俏俏是一只漂亮的小松鼠，有着一身亮丽的绒毛。俏俏的妈妈很疼它，每天都会给它准备很多好吃的东西。俏俏呢，则总是一直不停地吃，直到把所有食物吃完为止。就这样，俏俏越来越胖了。

一次，俏俏和小伙伴们一起在树林里玩儿，另一只小松鼠皮皮提议，大家爬到最高的一棵树上，看看远方的房子是什么颜色的。小伙伴儿们一听都很高兴，纷纷向最高的那棵树跑去。俏俏气喘吁吁地跟在小伙伴们身后，好不容易跑到了树下，但别的小伙伴儿已经爬了快一半儿了。它们边灵活地往上爬，边向俏俏招手："俏俏，快来啊，跟我们一起上来！"俏俏拖着胖胖的身体，怎么爬都爬不上去，只好沮丧地坐在树下。

回家后，俏俏哭丧着脸，向妈妈诉苦。妈妈说："俏俏，你吃得是不是太多了？妈妈虽然给你很多好吃的，但是你也要懂得适量啊。如果你已经饱了还要吃，那多吃进去的东西就都会变成多余的肉，你变胖了，自然就爬不动了。"俏俏听了，认真地点点头，说自己以后再也不会吃那么多了。

我要喝饮料，不喝白开水
——美味的诱惑原来这么大

爷爷接轩轩放学，临走的时候，幼儿园老师特意说，让轩轩在家休息几天，等病养好了再来学校。爷爷有些纳闷，心想孩子没生病呀，于是就找老师问了一下，原来最近几天气温下降，幼儿园担心发生流行性感冒，开始实行上学量体温的制度，只要超过37℃就要回家休息，轩轩正好刚过37℃。

回到家后，幼儿园老师给谷雨打来电话说："轩轩妈妈，我感觉轩轩的体质似乎没有以前好了，只要天气一变化，轩轩肯定是第一个生病的，我想这是不是跟轩轩的饮食习惯有关系？"听到老师这样说，谷雨也陷入了沉思，寻找轩轩体质变弱的原因。

谷雨特意请了一天假，带轩轩到医院检查。经过医生的细致检查和询问，原来孩子体质变弱的原因是挑食造成的，谷雨这才想起是自己和家人对轩轩在饮食方面的过度"纵容"造成的。

有一段时间，轩轩跟着爷爷奶奶到姑姑家住了一段时间，从那次回来之后，轩轩就不爱喝白开水了。早晨，谷雨给轩轩准备了一杯白开水，为了更吸引孩子，她还特意在水中加了些蜂蜜，谁知道孩子竟然说了一句："我要喝饮料，不喝白开水。"在谷雨的反复威胁下，轩轩才喝了一小口。后来有一次吃饭，轩轩指着桌上的青菜说："妈妈，每天咱们都吃青菜，我姑姑天天给我吃鱼吃肉，你对我一点儿都不好！"谷雨知道孩子变得挑食了，不喜欢吃蔬菜。

经过一段时间的观察，谷雨发现孩子只是喜欢吃看似高档的食物，一见到平常的饭菜就开始撇嘴，营养不均衡，身体当然会弱了。

谷雨想了很长时间，决定"诱惑"轩轩吃自己准备的营养餐。她知道孩子爱吃苹果，于是跟轩轩说："赶紧起床了，一个大红苹果在等着你玩儿呢，它都等了你一个晚上了！"在这样的诱惑下，孩子逐渐接受一些水果了。谷雨还特意参照菜谱做饭，把青菜作出鱼肉的味道，轩轩最爱吃鱼了。"轩轩，你尝尝这道菜，保准你吃完不会后悔，说不定会吃出红烧带鱼的味道呀！"谷雨再次使用了小伎俩，轩轩开始喜欢吃青菜了，谷雨成功了。

经过一段时间的努力，轩轩生病的次数果然少了，谷雨又一次取得了胜利。

修炼妈妈的"火眼金睛"

成年人都难以抗拒美食的诱惑，更不要说年龄尚小的孩子了。他们在美食面前是没有任何抵抗能力的，于是挑食、偏食等各种情况就出现了。这样不仅会造成生活上的浪费，更严重的是，孩子的身体健康会受到影响。不要担心，让谷雨教大家看穿孩子言语行为背后的含义。

◆ 在没有生病的前提下，孩子吃饭突然变少了，这时候就表明孩子不喜欢眼前的饭菜，是孩子挑食的征兆。当我们捕捉到这一情况时，可以以自己的实际行为来带动孩子，比如说："这道菜味道真不错，你要是不吃，我们可都吃光了。"以此来吸引孩子的兴趣。

◆ 孩子说我不吃这个，我要吃那个的时候，表明对食物已经出现了选择性挑食，往往他选择的就是那些看似美味的食物，一定不能迁就孩子这样的习惯，孩子偏食或者是挑食不仅对饮食有影响，他还会把这种习惯带到日常生活中，包括他做人和做事。

◆ 引导孩子尝试新食物。孩子有时候只是选择自己经常接触的食物，对新的食物甚至会有一种近乎病态的恐惧，这时候一定要多鼓励孩子，使孩子喜欢上健康的新食物，养成正确的、健康的饮食习惯，而且这种习惯一定要尽早培养，比如在孩子5岁之前。

如今，很多孩子都喜欢吃炸鸡块、薯条这样的垃圾食品。家长一定要及时纠正孩子饮食方面的坏习惯，但在纠正孩子的坏习惯之前，家长自身就要做到不偏食、不挑食，养成科学的膳食习惯。

妈妈要尽量和孩子一起进餐，把用餐的时间变得轻松有趣，而且给孩子提供品种丰富的食物。不过要注意的是，孩子的胃口不是很大，每次提供的每样健康食物只要一点儿就可以了。

其实妈妈也不要过度担心挑食的孩子，因为没有一个孩子愿意让自己饿着肚子的，当然也不能因此惩罚孩子。将孩子不喜欢的健康饭菜做成孩子喜欢的花样，采用诱惑的方法吸引孩子的注意力。

妈妈在做饭的时候，不能只考虑自己的意见，而忽视孩子的想法，孩子虽然小，他也有自己的想法，他也希望参与到这个过程中。可以让孩子参与烹饪的准备工作，比如让孩子跟着自己去超市，让他挑选自己喜欢的蔬菜，孩子通常更乐意吃自己参与制作的美味。

读懂孩子之后这样做

如果孩子不爱吃水果，那就将很多新鲜水果放在一个浅盘中，为了让孩子有新奇感，可以将三种颜色不同的水果做成水果串，或者是将水果切成小块，与酸奶混合在一起，做成水果沙拉。如果孩子不爱吃蔬菜，可以把蔬菜和肉混在一起做成馅儿状食物，如饺子、包子等，或者是将蔬菜改刀，也可以做成沙拉，这都会让孩子更喜欢的。也就是说将孩子不爱吃的饭菜以孩子喜欢的方式呈现在他眼前，以此来吸引孩子。

亲子故事屋

爱吃骨头的小黑

小黑是一只小狗，以前它在第一家主人那里整天都是吃一些肉骨头，它逐渐习惯了这种美食，偶尔一顿别的，小黑都难以忍受。后来这家主人将小黑送给了一个朋友，这个朋友的家庭条件不是特别好，于是小黑的特殊待遇也就随之取消。

主人每天都是把自己家的剩菜剩饭给小黑吃，小黑刚开始的时候根本就不吃，主人也没有因此给小黑改善伙食，小黑从来都没有吃过这些“廉价”的食物，眼看着小黑就瘦下来了。和小黑生活在一起的小鸡对小黑说：“这些饭怎么了，挺好吃的，你就吃吧，为什么要让自己饿着呢？你总是饿着，身体肯定会受不了的，到那时候，估计咱们的主人就不要你了。吃这些东西总比被丢到外面好吧！”

小黑经过一段时间的折磨，再加上好朋友的规劝，他开始接受新食物。吃了几天他发现，这些东西并没有想象中那么难吃，小黑渐渐适应了新生活，再也不挑食了。

我不爱吃这个菜
——孩子和家长的口味真的不一样

谷雨每天都在忙自己的工作，这段时间好像回家的时间越来越晚了。原来她所在的部门正在准备提拔一名经理，谷雨以前因为照顾孩子错过了晋升的机会，她不想再错过这次机会。经过长达两个月的努力，谷雨顺利升职。竞职成功后，她有3天的假期，以后就有的忙了。

好不容易可以陪孩子几天了，她很想给孩子做一些饭菜。可是孩子该吃些什么呢，每天忙着自己的工作，她都不知道孩子现在喜欢吃哪些东西了，于是就按照自己的口味到市场中买了一些食材准备回家做给轩轩吃。

经过一个下午的忙碌，谷雨总算是作出了几道大菜，她看着自己的劳动成果，不禁心里乐开了花，她心想轩轩一定会非常喜欢吃的。谷雨边收拾，边等轩轩放学。

一家人总算是都回来了，谷雨满心欢喜地等着轩轩大吃一顿，谁想到，轩轩刚吃几口，就放下筷子了。谷雨连忙给轩轩夹了一口菜说：“宝贝，你先尝尝这个，你应该会喜欢吃的，妈妈为了这道菜可忙了两个多小时呢！”轩轩朝盛菜的盘子望去，摇摇头说：“妈妈，我不爱吃这个菜，我喝点粥就可以了！”

谷雨没有想到孩子会这样说，她有些失望了：“难道是你不喜欢吃妈妈今天做的饭吗，这可都是妈妈精心准备的呀，你多少吃点，这也算对得起妈妈呀！”轩轩还是不吃，谷雨刚要发火，爸爸开口了：“孩子不想吃就算了，我感觉今天的饭菜也不太合孩子的胃口，让他挑自己喜欢吃的吧！”

谷雨说："是呀，我都忽略这个问题了，我这段时间真的忽略孩子了。你这样一说我才想起来，轩轩不喜欢吃味重的东西，我今天还特意放了很多调料，唉，我怎么把这件事忘记了呢！"

奶奶也说："我听一些专家说过，孩子对咸的敏感度远远超过成年人，这种敏感度会随着孩子长大而逐渐降低，如果我们觉得正好的话，孩子可能就会觉得咸了。"

谷雨有些后悔了："是啊，我都把这些事情给忘记了，轩轩，下次妈妈做饭之前征求一下你的意见，好不好啊？"

奶奶又说："轩轩前几天还跟我说想吃你做的饭，看来今天他的胃口不是很好，要不就是在幼儿园吃得过多了。"

谷雨搂着孩子说："轩轩，妈妈还有两天的假期，你喜欢吃什么，记得跟妈妈说，妈妈一定满足你的要求。妈妈知道这段时间一直忙着自己的工作，忽略了你，真是抱歉。"

轩轩懂事地说："嗯，是我太挑了，只要是妈妈做的饭我都喜欢吃！"说完就开始大口大口地吃饭。原来他刚才一直在认真听着大人们的对话。

从那以后，只要是谷雨做饭，她总是先问问孩子到底想吃什么。不光吃饭如此，只要是孩子自己的事情，谷雨总是在第一时间征求孩子的意见，然后选出一个最合适的方案，再去实施。

修炼妈妈的"火眼金睛"

成年人和孩子的口味自然是不同的，这跟生活经历以及年龄特征有着直接的关系，因此我们在准备饭菜的时候，一定要尊重孩子的口味，从孩子的实际情况出发，避免出现故事中轩轩拒绝吃饭的情况。当我们端上饭菜的时候，如果孩子提出异议，认真思考一下，是不是饭菜不合孩子的胃口。

◆ 孩子说我不爱吃这个菜，表明这道菜可能不合孩子的口味，一定不能强迫孩子吃，这不仅对孩子的身体不好，还会伤害到亲子之间的感情，从自身找原因，看是否尊重了孩子的意愿。

◆ 在做饭的时候，孩子可能会参与进来，这时候不要将孩子赶跑，问问孩子有什么看法，他就会把自己的意见表达出来，同时还可以教给孩子一些生活的常识。

◆ 当孩子提出反对意见的时候，反思自己是否尊重过孩子，不光是吃饭口味的问题。成年人无法了解孩子的内心世界，一定要引导孩子表达出来，然后尊重他们。

有时候我们可能会抱怨孩子不听话，一定是孩子的错吗？是不是我们做的某些事情让孩子不能接受呢？如果我们给孩子准备了一件衣服，他不太愿意穿，不要强迫孩子，不要认为自己觉得美好的东西就也符合孩子的心意，说不定他不能接受。在寻找答案的过程中，悟出一些教育孩子的正确方法。

孩子是一个独立的个体，有自己的思想，他并不是父母的附属品，而且孩子的意见也是他逐渐成长的表现和标志，我们应该给予尊重、鼓励和理解。举个例子来说，如果孩子坚持要穿什么样的衣服，说明孩子已经有了自己的审美观点和情趣，只要不是很出格，就让孩子穿，一定不要用自己的标准来控制和干涉孩子。否则，孩子为了证明自己的存在，也为了引起父母的重视和注意，他可能会变得倔犟和叛逆，甚至不愿与父母进行沟通。

寻找机会和孩子进行平等交流，用倾听代替唠叨，父母拥有教育孩子的权利，而这种权利不能等于等级制度，放下家长的架子，蹲下身子来和孩子进行平等的对话。

读懂孩子之后这样做

当孩子对饭菜提出反对意见的时候，先要承认自己忽略了孩子的感受，然后求得孩子的原谅，接着就是引导孩子表达出自己的想法，让他说出自己的口味是怎样的，将各种情况摆在一起，和孩子一起讨论，选择一种双方都能接受，并且对孩子有好处的方案，做到尊重孩子的口味。

亲子故事屋

不爱吃饭的小蜗牛

蜗牛妈妈和蜗牛爸爸一起到外面找吃的，小蜗牛独自在家中玩耍，它这段时间总是不爱吃饭，可是不吃饭怎么能长大呢？

中午的时候，蜗牛妈妈给小蜗牛带回了很嫩的青菜叶，蜗牛妈妈非常喜欢吃，它认为小蜗牛肯定也会喜欢，谁知道小蜗牛根本就不喜欢。蜗牛妈妈以为是孩子淘气，就略带生气地跟小蜗牛说："为什么不乖乖吃东西，多么好吃的青菜叶呀，妈妈最喜欢吃了，你现在是长身体的时候，要多吃哦！"小蜗牛争辩说："为什么妈妈喜欢吃的东西我就要喜欢呢，我感觉青菜叶一点儿都不好吃！"

正在这时，蜗牛爸爸对蜗牛妈妈说："算了，孩子也有自己的口味，我们应该问问它喜欢吃什么。"劝完蜗牛妈妈，蜗牛爸爸又跑出来劝小蜗牛："你想吃什么就应该提前跟爸爸妈妈说，不然我们怎么会知道呢！"小蜗牛这时候也认识到了自己的错误，主动向妈妈承认了错误，妈妈答应小蜗牛以后一定先征求它的意见。

我要吃巧克力，我还要吃冰激凌
——零食只是"调味剂"

谷雨这天时间充裕，于是下班后去接轩轩放学。在回家的路上，轩轩拉着妈妈的衣角说："妈妈，要不咱们买点儿零食吧，万一我饿了就可以吃点儿，有时候我在幼儿园都吃不饱饭！"听到轩轩这样说，谷雨也不好拒绝，就带着轩轩进了一家超市，轩轩好像对所有的零食都非常感兴趣，只在短短两分钟的时间，就挑了一大堆。

回到家，轩轩看到有这么多的零食，连平时最爱的红烧鱼都不吃了，奶奶有些着急："轩轩，是不是奶奶今天做的菜不合胃口呀，怎么就吃那么一点儿呢？"轩轩摇摇头说："奶奶，不是你做得不好吃，我今天就是不想吃。"其实是轩轩趁着大家忙没人注意他时偷偷吃了薯片、蛋卷等很多零食。

就这样，日子相安无事。例行体检的日子到了，体检结果显示轩轩两种微量元素偏低，富有经验的医生说："是不是经常给孩子吃零食呀，他肯定正餐吃得很少。现在这种情况非常普遍，这对孩子的身体是没有任何好处的。现在的很多零食都很不健康，有很多添加剂，不要说小孩子，成年人经常吃也是不好的！”

谷雨这才想起来，孩子最近这段时间好像养成了吃零食的习惯，怪不得吃饭越来越少了呢，她这才知道自己平时为孩子买那么多零食，根本不是爱孩子的表现，其实是在害孩子。在医生的建议下，谷雨打算马上帮助轩轩戒掉爱吃零食的坏习惯。

谷雨把家中所有的零食都收起来了，轩轩还像往常一样找零食，可是哪儿都没有，最后只能找妈妈要。谷雨说：“家里没有零食了，以后也不能总吃，对身体不好。你看，你又缺锌又缺铁，只有多吃蔬菜水果才能补回来。”

轩轩一听说零食被没收了，开始哭喊：“快点儿给我零食，我要吃巧克力，我还要吃冰激凌！”谷雨无动于衷，去做别的事情去了。

听着孩子哭，谷雨非常心疼，她突然想起来，医生说要想帮孩子戒掉爱吃零食的习惯不能操之过急，一定要做到循序渐进，而且可以将零食作为一种“调味剂”，偶尔让孩子吃一些。

于是谷雨走到轩轩身边，说：“轩轩，以后我们制订一个吃零食的规定好吗？只要你在妈妈允许的时间吃零食，而且吃妈妈规定的东西和数量，妈妈保证你还能每天吃上好吃的零食，否则，你就吃不到。”轩轩一听就高兴地说：“行，妈妈，我听你的话。”谷雨趁热打铁，说：“每天放学后可以吃一点儿零食，但是饭前一个小时什么也不能吃。”说完，给轩轩找出一小把开心果，对轩轩说：“开心果可以让你的小脑袋变聪明呢，但是不能多吃，多吃就会变笨。”就这样，每天定时定量给孩子一些吃的，轩轩单靠零食根本吃不饱，只能主动吃正餐，没过多久，他那爱吃零食的毛病就慢慢戒除了，零食只是平时的小消遣。

修炼妈妈的“火眼金睛”

很多孩子都爱吃零食，但是并不是所有的零食对孩子的身体都是有好处的，零食只能作为正餐的调味剂或者是供孩子消遣的食物，而且还要有针对性地选择零食，控制好孩子的摄入量，这样才能保证孩子的身体健康。

◆ 孩子直接开口要零食，这是很常见的情况，妈妈们一定要坚持住，认识到零食对孩子的利弊。

◆ 聪明的孩子会引导妈妈进入超市，在不知不觉中就买了一堆，为了改变这种情况，尽量不要经常带着孩子去逛超市，不给孩子过多接触零食的机会，就能避免孩子依赖零食的情况。

随着生活水平的提高，零食的花样越来越多，其中速食、油炸、膨化等零食对孩子的身体都会造成一定程度的伤害，而且零食的进食量越多，正餐的进食量就会越少，必然会造成营养不良。

因此，一定要控制孩子吃零食，但是不能一下子让孩子完全不接触零食，这是有很大难度的，根据孩子的实际情况，循序渐进地矫正孩子吃零食的坏习惯，不能急于求成。可以事先跟孩子讲清过度吃零食的危害，然后选择一些对孩子身体没有伤害的零食，比如乳制品等。孩子活动量大，容易饿，父母一定不能忽视这一现象，因此在适当的时候给孩子补充一些好的零食，是有助于孩子的身体发育的，但是不管多好的零食都不能代替营养均衡搭配的正餐饭菜。

很多孩子对零食的喜爱在很大程度上会受到父母的影响，爱吃零食的父母一样会养出爱吃零食的孩子，因此父母首先要以身作则。即使要选购零食，一定要告诉孩子哪些零食是有益健康的，以及吃不健康的零食会有哪些不良后果等。这样不仅可以避免零食对孩子的副作用，而且还能帮助孩子形成健康的饮食观念。

读懂孩子之后这样做

妈妈除了控制孩子吃零食的数量，还要注意尽量不给孩子吃一些可能引起危险的零食，比如，果冻不能给太小的孩子吃，以免引起窒息。高热量、高脂肪以及含有大量添加剂、香精的垃圾食物一定要远离。在挑选零食的时候，一定要在同一类别中选择最健康的品种，比如，要用纯酸奶代替果味酸奶等，还要注意生产日期。

亲子故事屋

爱吃零食的花花

花花是一只小狗，它最好的朋友是小鸡，它们每天都在一起玩儿。花花非常乖，可是有一个很不好的习惯，那就是爱吃零食，只要有好吃的，它就吃个不停，上次动物医院体检的时候，医生告诉花花，不要总是吃零食了，因为它有些超重了，可是花花并没有收敛。

一天，花花去找小鸡玩儿。它看到小鸡正在啄地上的细沙，它有些吃惊，小鸡就说："这就是我的食物呀，真的很好吃的，要不你也尝尝？"

花花刚开始不敢吃，可是看到小鸡一点问题都没有，胆子也就大了，张开口就去吃，没有多久，花花的肚子就开始疼起来，赶紧跑回家。

狗妈妈趁此机会教育他说："以后不要随便吃零食了，该吃什么妈妈会告诉你的，不然你还要像今天这样肚子疼！"

妈妈，你给我穿衣服
——自理能力差

谷雨下班要经过一家旅行社，一天下班时，她看到门口贴着一张关于学龄前儿童出行的宣传海报，她就想，自己的孩子是否也能参加呢？想着想着她就走进去了，旅行社的工作人员说，对孩子最重要的一个要求就是要有一定的自理能力，除了一位家长的陪同外，其他都由旅行社负责，听到这里，谷雨才想到，如果让孩子参加的话，孩子最起码的要求都不能满足，此时，谷雨有些自责，她认为自己对孩子的教育实在是太不科学了。

轩轩从小就是一个衣来伸手、饭来张口的孩子，虽然谷雨一直都反对，可是家里的老人对孩子实在是有些宠爱，他们把孩子照顾得无微不至，甚至连吃饭穿衣这些事都不忍心让孩子学，更不要说生活自理了。

轩轩3岁时，进幼儿园的第一天，吃饭的问题就让老师有些犯愁，因为孩子连最简单的剥鸡蛋都不会，老师就跟家长说：“一定要教孩子一些基本的生活技能，孩子已经到了该学一些事情的年龄了！”虽然老师这样提醒他们，可是溺爱孩子的老人依然疼爱有加。

即使轩轩已经4岁了，早晨起床后仍然是奶奶帮轩轩穿衣服、洗脸、刷牙，然后替轩轩拎着书包，送他去幼儿园。谷雨看着忙碌中的祖孙俩，既无语又无奈。

周五的晚上，谷雨跟老人谈一了下：“爸妈，轩轩已经长大了，我们再也不能那样照顾孩子了，吃饭穿衣服都是孩子现在就应该学会的事情，不能让孩子太娇气了。从明天开始，咱们就教孩子自理吧，这件事情由我来做，我真的不希望咱们家的轩轩成为一个小皇帝！”奶奶有些不放心：“孩子还太小了，他根本就不会，再说即使学会了也肯定是慢腾腾的，那不得整天迟到呀！”谷雨很坚决：“妈，我知道您说得都对，不过就因为他不会才应该让他学呢，再说了，多试几次，孩子熟练了就没有问题了！”三个人协商了好长时间，最后老人妥协了。

第二天早晨，谷雨特意早起了很长时间，然后把轩轩喊醒了，轩轩迷迷糊糊地说：“妈妈，你快给我穿衣服，不能迟到的！”谷雨把孩子的衣服拿过来说：“轩轩，从今天开始你要学习自己穿衣服，不然会被幼儿园的小朋友笑话的，你看今天妈妈特意给你买了新衣服，如果你自己穿的话，妈妈就让你穿，否则直到你学会穿衣服的时候才给你穿！”

轩轩一看是有奥特曼图案的衣服，兴趣马上就来了：“妈妈，我要穿，我要自己穿，你赶紧教我吧！”就这样，在谷雨的“诱惑”下，轩轩第一次在谷雨的指导下自己穿衣服圆满成功，后来，又锻炼了几次，轩轩很快学会自己穿衣服了。

谷雨对孩子的自理教育才刚刚开始，她打算教孩子遇到事情自己解决，逐步改正衣来伸手，饭来张口的习惯。

修炼妈妈的“火眼金睛”

很多孩子在家中都过着像轩轩一样的生活，爷爷奶奶百般溺爱，很多事情的道理他们还不明白，更不会主动帮助父母做一些力所能及的事情。不是孩子不上进，而是孩子根本没有锻炼和学习的机会。大人包办一切，孩子就养成了期待和依赖的心理习惯。

◆ 孩子总是说“让妈妈帮我做”，这是典型的自理能力差的表现，这样的现象在独生子女家庭中非常普遍，他们是生活以及情感上的低能儿，他们对父母的依赖性太强。

◆ 当他们独自面对事情的时候，往往出现退缩的情况，孩子因为不会，没有自信，他当然会选择退缩，尽早培养孩子的独立和自理能力，使孩子有胆量面对所有困难。

孩子在日常生活中，不仅在基本的习惯上依赖他人，更在情感上依赖他人，父母一定不能不以为然，更不要认为自己替孩子做是关心和爱护孩子的表现，从孩子身心发展角度来说，没有自理能力的孩子是不能顺利成长的，家长们一定要及早帮助孩子克服。

教会孩子基本的生活技能，在孩子面前“弱势”一些，给孩子锻炼和发展的机会，不能事事替孩子包办，父母越是“无所不能”，孩子越是“无能”。在孩子面前弱一些，甚至是笨一些，在培养孩子独立的同时，更能激发孩子的潜能。

为了培养孩子的自理能力，家长一定要敢于放手，让孩子解决一些事情，不过孩子的能力总是有限的，当孩子的成绩没有达到我们要求的时候，不要严厉地追究孩子的“责任”，更不能因此而责备孩子，否则，孩子会丧失掉自信。在孩子独立做事的时候，家长可以在一旁指导，适当地给孩子提供一些帮助，减小问题的难度，不管最后的结果如何，记得要鼓励孩子。当孩子能非常自然地处理一些问题的时候，再完全放手。

读懂孩子之后这样做

孩子可能会拒绝独立，家长不妨多加引导，让孩子自己主动提出要求，然后再适当进行指导。如果孩子信心不足，先鼓励他，同时降低事情的难度，让孩子稍微努力一下就能完成，然后逐渐增加难度。制订一个完善的自理计划，让孩子按照科学的方法成长起来。

亲子故事屋

挨批评的小白兔

在一所动物学校，很多小动物在一起学习，其中小白兔的学习成绩是最好的，而且它非常聪明。山羊老师很喜欢它，经常在上课的时候夸奖它，小白兔感觉非常得意，学习就更认真了。可是自从山羊老师去家访后，小白兔就挨批评了。

原来，山羊老师上次去家访的时候，正好听到小白兔跟妈妈说："妈妈，我的作业做完了，你帮我装进书包，我的铅笔没有了，快帮我削铅笔。"兔妈妈说："唉，这些事情真不知道什么时候你才能自己做。"山羊老师这时才知道，小白兔平时的生活都是妈妈照顾，就连吃饭也要妈妈喂。

第二天，山羊老师就和小动物们说："咱们班上有名同学，虽然学习成绩好，但是自理能力很差，什么事都要妈妈帮着做，这样可不是好孩子，希望这名同学能学会自己的事情自己做。"

小白兔知道山羊老师说的是自己，于是低下头，心想一定要学会自理，这样就又能做老师眼里的好孩子了。

不许关电视

——电视孤独症源自这里

看电视可是轩轩的爱好之一，从1岁开始，轩轩就很喜欢目不转睛地盯着色彩斑斓的电视机，神情那叫一个专注。后来，轩轩长大了一点儿，谷雨就开始控制他看电视的时间，每天只给轩轩1个小时的时间看电视，时间到了就会关掉电视。轩轩也一直很听话，妈妈关掉电视他也不会耍脾气。

最近，谷雨工作比较繁忙，经常顾不上管轩轩，自然也就放松了对他看电视时间的管理。轩轩也有些“放肆”了，有时晚上八九点钟谷雨下班回来，轩轩还坐在电视机前看电视。而这时，谷雨大多也是累得筋疲力尽，懒得去对他说教，任由他看了。谷雨原本以为，稍微放松两天不会出现大问题，谁知道，轩轩看电视上了瘾，只要一有时间就看电视，其他什么事情都吸引不了他的注意力，就连平时很有兴趣的户外活动也不参加了。谷雨觉得问题有些严重，决定抽时间好好教育他一下。

这天是周六，轩轩一起床，就打开电视机，调到一个专门播放动画片的卡酷频道，津津有味地看了起来。为了转移轩轩的注意力，谷雨换上一身运动衣，抱着篮球，招呼轩轩一起下去玩儿。轩轩却头都不扭，说了声“我不想去，我想看电视”，就继续沉浸在精彩的动画片中。谷雨又劝说了一阵，轩轩始终不肯离开电视。谷雨有些急了，上前关掉了电视机。谁知轩轩“哇”的一声大哭了起来，边哭边执拗地嚷嚷着还要看电视。看着哭得伤心的轩轩，谷雨没有阻拦，随他打开了电视机。但谷雨心中却想：轩轩这是怎么了？这个问题怎样才能纠正过来呢？

谷雨回到卧室，躺在床上想：一定是我最近太忙了，没有时间和轩轩交流、陪他玩儿，才让他变得依赖电视的。谷雨上网查了一下，果然，轩轩是典型的“电视孤独症”——每天守在电视前，既不想出去玩儿，也不允许别人关电视。“一定要想个办法治好他的‘电视孤独症’”，谷雨想。

既然轩轩不让别人关电视，那么就让电视“坏”了吧，轩轩总不能对着坏电视哭。谷雨在心里产生了一个“歪主意”。这天晚上，谷雨等轩轩看够了、睡觉了，悄悄来到客厅，把电视机的有线拔掉了。

第二天，轩轩一醒了就坐到电视机前，拿着遥控对着电视机按了半天，每个台都是一片“雪花”，他心有不甘，又跑到电视机前鼓捣了一会儿。最后，他怯怯地走到谷雨面前，说：“妈妈，电视机坏掉了，快找人修修吧。”接着，他又连忙解释：“妈妈，不是我弄坏的，我没有乱按遥控器。”谷雨走到电视机前调了调台，确认它“坏掉”之后，装着不相信的样子说：“真的不是你弄的吗？可是这几天只有你一个人在看电视啊。”轩轩连连摆手：“真的不是我弄坏的，妈妈。”谷雨说：“那好吧，妈妈就相信你一次。这样吧，妈妈现在就打电话找人过来修理一下。”谷雨说完，拿起电话趁轩轩没注意就随便拨了几个号，装模作样地说：“你好，请问是家电维修中心吗？我家电视机坏掉了，请问什么时候能过来修一下呢？哦，最近都没空啊，那好吧，请尽快吧，谢谢，再见！”

轩轩从谷雨的话中得知电视机要几天后才能“恢复工作”，有些失望，正当他因为没有电视可看，觉得无所事事的时候，妈妈提议说：“轩轩，既然没有电视可看，我们就玩儿点儿别的吧，现在我们下楼去玩儿篮球，一会上来玩儿积木、画画，好不好？”轩轩高兴得手舞足蹈，一个劲儿地喊“好啊，好啊！”

谷雨按照精心设计的计划，陪着轩轩玩儿了一整天。一天下来，母子间又恢复了愉悦的气氛。接下来的两天里，谷雨下班后照常将时间都腾出来，陪轩轩玩儿游戏、聊天，给他讲故事。看得出来，轩轩乐在其中，对这些活动热情十足。第四天，轩轩从幼儿园回来后，谷雨告诉他电视“修好”了。轩轩显然很兴奋，连忙打开电视看了起来，但是只看了半个多小时，就问谷雨：“妈妈，我们是不是该一起画画了？”谷雨很高兴——轩轩的“电视孤独症”治好了。

修炼妈妈的“火眼金睛”

每个孩子都对电视有着强烈的兴趣。电视里精彩的动画片、生动有趣的儿童节目、应接不暇的广告，总是深深地吸引着孩子们。可以说，电视是孩子成长中不可缺少的好伙伴，因此，妈妈给孩子一定的看电视时间是很必要的。但如果孩子在电视机前待的时间过长，也会对其成长发育造成非常不利的影响。长期坐在电视机前看电视的孩子，首先视力会受到损害，而且还会变得孤僻、偏执，学习成绩和人际交往都会受到不良影响。因此，妈妈一定要做好监督工作，当孩子出现以下情况时，妈妈们就要注意控制孩子看电视的时间了。

◆ 强烈地依赖电视。只要一起床就必须立刻打开电视；哪怕在玩儿玩具时，也会开着电视让其做背景声音。

◆ 霸占电视，不准别人看电视或关电视。孩子长期握着遥控器，不准大人换频道，更不能忍受大人关掉电视。

◆ 对电视以外的其他事物一概不感兴趣。电视像是孩子的“维生素”，他不喜欢和小朋友玩儿，不需要有大人陪伴，只一门心思看电视。

如果你的孩子有以上症状之一，那妈妈们就要注意了，孩子多半是患上了“电视孤独症”。引发孩子这种症状的原因，多半是家长疏于与孩子的交流，没时间陪孩子玩儿，孩子才不得不长期依赖电视。最好的解决办法，就是多抽时间和孩子沟通，多带孩子一起玩儿游戏，经常给孩子唱歌、讲故事等，或者用其他有趣的东西来转移孩子的注意力，并逐渐控制孩子看电视的时间。

读懂孩子之后这样做

孩子的“电视孤独症”容易“得”也容易“治”，家长只要平常多加关心和留意，多抽时间陪他，相信孩子就不会那么容易对电视产生依赖。而对于已经开始迷恋电视的孩子，家长则要想方设法丰富孩子的生活，让他感觉到生活绝不只有电视这个“伙伴儿”，还有更多有意思的事情可做。这样，孩子不用多久就可以摆脱对电视的依赖。

亲子故事屋

齐齐与电视

齐齐最大的爱好就是看电视。每天从幼儿园回家之后，齐齐做的第一件事就是打开电视，连吃饭时也要坐在电视机前，直到要睡觉了才肯关掉电视。周末时，齐齐更是在电视机前一坐就是一天，什么事情都吸引不了他。就这样，齐齐变得越来越不爱和别人交流。妈妈越来越担心了。

这天是周末，妈妈给齐齐幼儿园的几个小朋友打了电话，邀请他们来家里玩儿，帮助齐齐改掉爱看电视的习惯。几个小朋友马上就同意了，他们来到齐齐家，找齐齐去草地踢球。开始时，齐齐拒绝了，后来小朋友们不由分说，硬拉着齐齐来到了楼下。

齐齐和小朋友们在草地上追啊、跑啊。齐齐突然发现：蓝蓝的天，新鲜的空气，还有穿着鲜艳衣服的小伙伴儿们，这不是自己在电视中看到的画面吗？原来电视中那么美好的事情，可以真实地发生在自己身上啊。齐齐想：这真是比“看”有趣多了。

从那之后，齐齐开始经常和小朋友一起玩儿，他变成了一个快乐的孩子。

我想拆开它看看里边是什么
——破坏东西为哪般

轩轩的玩具有很多，拼图、积木、机器人、小汽车等，可以说应有尽有。轩轩很喜欢自己的玩具箱，一有空就抱来玩具箱，拿出里面的玩具，坐在地垫上摆弄个不停。

可是最近，谷雨发现轩轩不那么“喜欢”自己的玩具了。比如，轩轩经常无缘无故地破坏它们，今天把小汽车拆了，明天把机器人肢解得七零八落。有一次，轩轩想把一架玩具飞机拆了，但苦于力气小，拆了半天飞机还是原样，他一着急，竟然举起飞机使劲往地上摔。飞机应声而碎，他却高兴了……谷雨也曾问轩轩，为什么要把好好的玩具都拆散。轩轩理直气壮地回答：“我想看看里面是什么样的！”谷雨也知道，孩子都有好奇心，但轩轩这样肆无忌惮地破坏东西，到底是好事还是坏事呢？又该怎样在满足他好奇心的基础上，合理地引导他爱护玩具呢？谷雨心中一下子画了好几个问号。

谷雨查阅了一些资料，发现果然如自己想的一样，轩轩的“破坏”行为其实是好奇心的驱使。同时，书上也说，对于孩子的破坏行为不能一味阻止，否则可能会抑制孩子的探索欲望。那该怎么办呢？谷雨想了很久，终于想出一个令自己满意的办法。

这天，轩轩又低着小脑袋在摆弄一个小汽车，谷雨走过去，看见他已经把汽车拆得零零散散了。谷雨说：“轩轩真厉害，能自己把小汽车拆开。不过，我看你只会拆，那你能把它重新安装回去吗？”说完，谷雨故意作出一个不屑的表情。轩轩听后眼前一亮，就像发现了新大陆，似乎在说：“我怎么没想到把汽车装回去呢？那一定更好玩儿！”轩轩当即说道：“我会把汽车装回去，我现在就装，妈妈你看着。”说完，轩轩就用小手将一个个零件往一块儿拼凑，笨拙而又认真地组装了起来。

谷雨在旁边看着，不一会儿，轩轩就装不下去了，因为有几个零件，他怎么装都装不好。谷雨蹲下来，一边帮他装，一边说："我们都会拆玩具，但却不一定都能装回去。所以，在拆的时候一定要尽力记得它们在拆之前是什么样的，这样才能保证把玩具很好地装回去。"装到最后时，谷雨发现有一个零件被轩轩强行弄断了，无法再装成原来的样子。谷雨没有怪轩轩，而是拿着它，耐心地向轩轩说明了，什么样的零件不能再拆成更小的，强行用力只能拆坏。轩轩认真地听着，学着。

果然，从那之后，轩轩不再只将拆玩具当做自己的乐趣，而是追求拆散后还能把它们组装回去。每次完整地装好一个玩具，是最让轩轩骄傲的事情。同时，轩轩也懂得了，不管是什么东西都要小心爱护，不能随便拆完就了事。

修炼妈妈的"火眼金睛"

很多孩子不只喜欢拆开玩具，还常常破坏家里的其他东西。比如拔掉家里的电话线，把妈妈的化妆盒弄得散乱不堪等。但无论是哪一种，其实都不是孩子故意在搞破坏，有时是出于好奇，有时则是出于帮忙的心理。

◆ 好心帮了倒忙。有些孩子对于大人的事情非常热心，假如你哪天看到他拿着盐像淘米一样地洗了，那多半是他觉得盐有些脏，可以像淘米一样清洗。这时，千万不要责怪孩子，首先要肯定他的出发点是正确的，接着告诉他方法为什么错了，最后教给他正确的方法。这样既锻炼了孩子的认知能力，又能保证他不被吓得永远不敢再帮忙。

◆ 模仿大人的样子。很多孩子都有过这样的经历：妈妈不在家时，拿出妈妈的化妆盒，给自己画个大花脸；学着大人的样子沏茶，像模像样地喝两杯。这就难免会弄乱化妆盒、打碎茶具。这个过程，其实是孩子在学习东西的过程，即使他笨手笨脚地打坏了一些东西，妈妈也一定不能随意责怪。最应该做的是，把家里可能造成危险的东西收起来，保证孩子能碰到的东西都是安全的。

◆ 探索未知世界。孩子会用自己的方式来认识未知的事物，比如摸一摸、闻一闻，甚至拿起来摔两下，看看它有什么反应。对于会走路的机器人，孩子则总想知道它为什么会走路，里面到底装了什么东西。这种探索欲望应该被鼓励，只要适时引导一下，不要让孩子总搞破坏即可。

不管是哪一种破坏，都是孩子求知欲望的一种表现。因此，即使孩子把玩具拆坏了，妈妈也一定不能说："你看你，怎么又把玩具弄坏了？再这样以后再也不给你买了！"这样，就会把孩子的探索欲望吓没了。妈妈不妨和孩子一起投入到"破坏"过程中，最后再鼓励孩子重新组装，让孩子从"破坏—认识—重建"的过程中获得认知的满足。

读懂孩子之后这样做

孩子喜欢拆东西是一件好事，说明孩子有着很强的学习和探索欲望。妈妈应该顺应孩子的这种爱好，尽量多给他买一些拼装玩具，让他的欲望得以尽情发挥。另外，如果孩子在探索中表现得"笨手笨脚"，甚至会破坏东西，妈妈也一定不要责怪，否则孩子会因此缩手缩脚，变得怯懦起来。

亲子故事屋

乐乐第一名

乐乐3岁了，爷爷奶奶和姥姥姥爷都很疼他。每到周末，乐乐跟着妈妈去看望他们时，他们都会给乐乐买很多好玩的玩具。积攒下来，乐乐的小屋子都快放不下了。

乐乐最喜欢玩的是一只会跑的电动小汽车，只要乐乐一按遥控器，它就会"吱呦"一声跑向前方。有一天，乐乐举着小汽车左看右看，想：它为什么会自己跑起来呢？它的里面到底是个什么东西？于是，乐乐费了很大的力气，将小汽车拆开了，但看来看去，乐乐也没有看明白。

这时，爸爸走了进来，向乐乐讲解了半天，他才朦朦胧胧懂了一些。最后，爸爸说："让我们一起来把汽车组装好吧！"乐乐高兴极了，学着爸爸的样子，将零件一个个装了起来。乐乐发现，自己很喜欢这个拆拆装装的游戏。后来，乐乐经常缠着爸爸陪他拆玩具、装玩具。

一次，幼儿园组织大家进行组装积木比赛，由于乐乐经常玩这样的游戏，小手动起来十分灵活，最终在比赛中得了第一名。全家人都十分高兴，又给乐乐买了很多玩具，乐乐别提多开心了！

我拿了妞妞的水彩笔
——告诉孩子得到许可才能拿

一天，谷雨在帮轩轩整理书包时，发现多了一支水彩笔。谷雨叫来轩轩，问道：“轩轩，这只水彩笔是哪儿来的？”轩轩看了看，不当回事地说：“这是我从妞妞书包里拿的。”谷雨十分惊讶，又问：“你为什么要把妞妞的水彩笔放到自己书包里呢？”轩轩的回答依然十分轻松：“因为我觉得这个颜色很好看啊，我的水彩笔没有这个好看，我很喜欢，但是妞妞不给我，我就自己放书包里了。”谷雨听后很生气：“你怎么能随便拿别人的东西呢？你知道这是什么行为吗？”轩轩茫然地看了谷雨一眼，说：“我看着好看，所以才拿的。我明天再放回去不就行了。”谷雨愣住了，不知道该怎么跟轩轩解释这属于“偷”的行为，因为轩轩根本不知道自己的行为是错误的。

第二天，谷雨到幼儿园接轩轩回家时，老师把谷雨叫到一边，小声告诉她，轩轩从同学贝贝的铅笔盒里拿了一块橡皮，装进了自己的铅笔盒里。谷雨一听既尴尬又生气，只好抱歉地跟老师解释。老师很理解，说这是孩子无意识的行为，但家长一定要告诉他这样做是错误的。

谷雨一肚子火地带着轩轩回到家里。但她想来想去，觉得这时候不能跟轩轩发火，这样丝毫不能让他明白自己的行为是错误的，还有可能把他吓坏，因为这个年龄的孩子脑海里还没有“偷”的概念。

吃完晚饭后，谷雨故意叫轩轩一起看电视，她把电视调到法制频道，正巧里面在播放一则关于抢劫银行的案件，几个犯罪嫌疑人都被关在了看守所里。谷雨指着犯人被关押的画面问轩轩：“你知道他们为什么被关起来吗？”轩轩摇摇头。谷雨说：“因为他们拿了别人的东西。”轩轩有些不理解。谷雨又解释道：“银行里的钱不是他们的，他们逼着银行里的工作人员交给他们，这叫做‘抢劫’；如果没经过别人同意而悄悄拿了他的东西，就叫‘偷’。偷和抢劫都是不正确的行为，是要被关起来的。懂吗？”轩轩瞪着眼睛费力地理解着，过了一会儿，他怯怯地开口说："妈妈，我今天拿了贝贝一个非常好看的橡皮，这也是'偷'吗？会不会有人把我关起来？"谷雨松了一口气，说："因为你不懂，所以这次不会被关起来。但是妈妈给你讲了之后，你就不能再拿别人的东西了。否则，肯定会被关起来的。"轩轩听完，对着谷雨点了点头。果然，从那之后，轩轩再也没有随便拿别人的东西，就连别人主动给他的，他也会先问过谷雨，然后才决定要不要。

谷雨并没有简单地指责、训斥轩轩，而是通过讲道理的方式，让轩轩明白了自己的行为是错误的。如果她予以严厉的指责，也许轩轩并不能很好地理解为什么自己是错的，当然下次也就很有可能再犯错误。

修炼妈妈的"火眼金睛"

孩子偷拿别人的东西多半是属于无意识的，并不是"明知故犯"。通常，孩子拿别人的东西可能有多种原因。当妈妈发现问题时不能上来就揭穿、打骂孩子，要先分析清楚孩子拿别人东西的原因，然后再有针对性地采取措施阻止孩子的行为。

◆ 现在家庭条件普遍提高，孩子拿别人的东西不一定是自己真的缺少，而可能是一种独生子女身上常见的占有欲望在作怪。当看到别人的东西比较好看、新奇时，他便可能出于私欲将其拿到自己手中。对于这种情况，妈妈可以和孩子比较直接地沟通，比如问他："你是不是想要贝贝那样的橡皮啊？想要的话要告诉妈妈，等你这块橡皮用完了，妈妈给你买一块一模一样的，好吗？直接拿走别人的是不对的，你懂吗？"

◆ 有些孩子拿别人的东西，可能是为了发泄心中的不满。比如，小红惹君君生气了，君君就偷偷拿走小红的玩具，让小红着急。如果是这种情况，妈妈就应该告诉君君，拿走了小红的东西，不但小红会伤心，还会害她受到父母的责罚，以此来博得君君的同情心。也可以举例说明道理："君君，假如你是小红，发现自己的东西丢失时是不是很着急啊？"让君君学会以己度人，感受到对方的心情，下次不再做同样的事情。

◆ 还有一些孩子偷拿别人的东西只是为了引起大家的关注。这类孩子可能是平时缺少家人的关爱，或者某一段时间觉得家人冷落了自己，于是就用这样的"奇招"来吸引大家的注意。针对这种情况，妈妈首先要反思自己对孩子的关爱是不是太少了，然后要告诉孩子，这种行为不能作为吸引大家注意的方式，这本身就是错误的行为，应该受到批评。这样，孩子担心受罚，下次就不会再犯错误了。

无论孩子是出于何种原因“拿”了别人的东西，妈妈一定都要让他们意识到自己的行为是错误的。另外，妈妈还要让孩子明白，即使是自己家里的东西或钱也不能随随便便拿，必须征得父母的同意，否则也是一种偷的行为。在这一点上，妈妈千万不可姑息自己的孩子，一旦孩子形成习惯，再改掉就不那么容易了。

读懂孩子之后这样做

即使孩子有“顺手牵羊”的缺点，也不代表他就是个坏孩子。这时的他，对偷还没有任何概念，更没有意识到拿别人东西这件事的严重性。对此，妈妈大可不必过于紧张，更不能给孩子贴上“小偷”的标签，或者认为他有成为小偷的苗头。只要妈妈能够了解原因，正确引导，相信孩子的这种行为一定能够改正。

亲子故事屋

偷红薯的点点

最近，黑熊叔叔菜园里种的红薯熟了，小老鼠点点很想吃，但是它的胆子特别小，不敢自己去跟黑熊叔叔说想吃红薯。点点知道黑熊叔叔每天早上都会去很远的山里跑步和采蘑菇，于是，它想趁黑熊叔叔不在家的时候去偷点儿红薯。

这天一大早，点点悄悄地溜进了黑熊叔叔的菜园里，偷了块红薯吃了起来。红薯真的好好吃，甜甜的，脆脆的，嚼在嘴里还咔嚓咔嚓地响。嘿嘿，小老鼠连着吃了三块，趁黑熊叔叔没回来就偷偷地溜走了。谁知，这天黑熊叔叔正好在家，看到了这一切，于是它找到了点点的妈妈，两人商量了一个办法。

一天，点点刚回到家，妈妈喊："点点，你去杂物房帮妈妈拿几个鸡蛋好吗？""哦，好的，妈妈。"点点跑到杂物房，看到一个背影正蹲在地上偷鸡蛋呢。点点很生气，大声喊："小偷，为什么偷我的鸡蛋！"

那个背影站起来，转过身，原来是黑熊叔叔！

小老鼠可吃惊了，问："黑熊叔叔，怎么是你！"

"就是我呀，你能偷我家的红薯，我为什么不能偷你家的鸡蛋呢？"黑熊叔叔还拿了鸡蛋在小老鼠面前晃了晃。

小老鼠羞愧地低下头，一边哭一边说："黑熊叔叔，你把鸡蛋还给我吧，我知道错了，我再也不偷东西了……"

"哈哈哈哈，"突然黑熊叔叔笑了起来，他把兜里的鸡蛋都放回到篮子里，把小老鼠抱到怀里说，"小宝贝，叔叔当然不会偷你的鸡蛋吃呀，叔叔是想告诉你偷东西是件很坏的事情，你偷了别人的东西，别人会跟你一样很伤心的呀。以后你想吃红薯，可以告诉叔叔，叔叔请你吃，好吗？"

点点高兴地答应了。

我不叫"小猪"
——外号背后的自尊

轩轩最近胃口很好，常常能吃一大碗饭。原本瘦瘦的轩轩，小脸上开始变得肉嘟嘟的了。谷雨本来一直很担心轩轩的健康，当她看到轩轩的变化，心里高兴极了。

谁知，轩轩这种情况只持续了不到一个月，就又回到了原来的状态。轩轩不但胃口变差了，情绪似乎也很低落，每天上幼儿园前还会磨磨蹭蹭，明显不想去。谷雨有些困惑，轩轩到底是怎么了？谷雨决定跟轩轩好好谈一谈。

这天放学之后，轩轩还是一脸闷闷不乐的样子。回到家，轩轩甚至没有像往常一样急着打开电视，而是一屁股坐在沙发上，默默地想着心事。

谷雨也坐到沙发上，问道："轩轩，今天在幼儿园不开心啊？"轩轩没有回答，仍然撅着小嘴不高兴。谷雨又问道："是不是有小朋友欺负我们轩轩了？”轩轩似乎被说中了，憋红了脸，嚷道：“我不是‘小猪’！我不要当‘小猪’！他们才是‘小猪’！”谷雨一听就明白了，一定是班上的小朋友给轩轩起了个外号叫“小猪”，伤到他的自尊心了。

谷雨立刻起身给老师打了个电话，了解了一下情况。老师告诉了谷雨，两周前的一天中午，小朋友们吃饭时，由于轩轩最近的食欲不错，开始盛的一碗饭吃完了，就还向老师要第二碗，有个同学很惊讶，说：“轩轩你怎么这么能吃啊，你看你的手就像小猪的手一样！小猪的手是什么——猪蹄吧？哈哈！”其他同学都笑了起来，也纷纷站起来看轩轩的手。从那以后，轩轩就有了“小猪”的外号。有些男同学甚至直接用“小猪”取代了“轩轩”，再也不叫他的名字了。老师还说，自己也跟小朋友们说过，不能给同学取外号，但是有几个调皮的男生就是不听，总是“小猪小猪”地叫。

谷雨挂了电话，想了想，问轩轩：“轩轩，你不是最喜欢唱歌吗？妈妈给你讲一个台湾的名人，他写过很多很多有名的歌曲，大家都很佩服他，每个人都会唱他写的歌。”轩轩有些被吸引住了，问道：“他是谁啊？”谷雨说：“很多人都不知道他的真名字，大家都叫他‘小胖’，或者‘小胖老师’，因为他长得胖胖的。”“那他不生气吗？”轩轩连忙问。谷雨说：“他不但不生气，还很高兴呢。”轩轩听了更好奇了：“他为什么高兴啊？今天有两个同学又叫我‘小猪’，我就很生气。”谷雨笑笑说：“因为‘小胖’本来就有些胖啊，而且大家是因为跟他关系好、喜欢他，知道他大方、不会生气，才这么亲切地叫他。他听了不生气反而高兴地答应，大家就更喜欢他了。你明白吗？”轩轩听后想了很久，说：“如果大家叫我‘小猪’，我也高兴地答应，他们会更喜欢我吗？”谷雨听后说：“当然会啊。大家会觉得你很大度，会更愿意跟你在一起玩儿。而且‘小猪’并不是难听的外号啊，很多明星也会被别人叫成‘小猪’，大家都觉得很可爱呢！”轩轩听了，紧缩的眉头立刻舒展开了，慢慢露出了开心的笑容。

果然，第二天，轩轩从幼儿园回来时，脸上再也没有了闷闷的神情，而是更加兴奋了。

修炼妈妈的“火眼金睛”

孩子们正处于认识事物的阶段，一旦遇到新奇的事物就会无比兴奋。而看到别人有不同于常人的特征时，往往会发动自己丰富的想象力，联想到其他相近的事物，比如，给对方起一个外号。另外，加上孩子们心理发育尚不健全，有时候不懂得尊重别人，也常常会喊出一些难听的外号。而被起外号的孩子，则多半觉得这是一种嘲讽，自尊心会受到严重的损伤，变得失落，甚至自卑、封闭。因此，妈妈一定要时刻关注孩子的心理变化，一旦发现孩子有以下表现，就要当心孩子是否被同学们冠上了“外号”。

◆ 孩子的心情明显变得低落，听到某些词语时会异常敏感、害怕。孩子在学校被人起外号之后，常常会因此郁郁寡欢，即使回到家里，心情依然不怎么高涨。并且，孩子听到某些跟自己外号有关的词语时，会异常敏感，眼神显现出惊讶和害怕。

◆ 孩子对自己的某些外在特征或者着装打扮十分避讳时，多半也是他因此被同学起外号，或被嘲笑。比如，有些孩子很忌讳听到别人谈论自己戴眼镜，有些孩子对自己一顶特别的帽子很抗拒。

◆ 孩子由喜欢去学校变得对学校有抵触情绪，可能也是因为在学校被同学起外号，觉得学校是个令自己不愉快的地方。

发现孩子的这些特征后，妈妈一定要想办法消除孩子的内心忧虑，帮助他们建立自信。如果外号是无伤大雅的，妈妈可以像谷雨一样，教导孩子放宽心胸接受；如果孩子被人起了不雅的外号，那么可以告诉孩子对其置之不理，时间久了同学们自然感觉无趣，也就不再叫了。妈妈千万不可教导孩子用“以牙还牙”的方式对待同学，毕竟起外号不是一件好事情。另外，可以让孩子以放松的心态去对待，不要太在意就可以了。

读懂孩子之后这样做

孩子心情不好多半是因为自卑，觉得外号是对自己某些特征的嘲讽。妈妈一定要让孩子了解，被起外号不是自己的错误，既不用难过，也不应该自卑。妈妈可以告诉孩子，自己小时候也被起过外号，而自己用轻松接受或者无视的态度面对，避免外号给自己造成困扰。这样，孩子的内心就会轻松很多，从而可以从容面对。

亲子故事屋

小雨的“大头”

小雨是个漂亮的小姑娘，不过，小雨有一个地方不那么漂亮，那就是她的头有点儿大，看上去像个大头娃娃。小雨上了幼儿园后，很快被眼尖的小朋友“盯”上了，不但总追着她喊大头，还招呼其他小朋友围着小雨唱歌：“大头大头，下雨不愁；人家有伞，你有大头。”

小雨听了当场就气得哭了起来。老师没办法，只好打电话请小雨的妈妈把小雨接回了家。谁知道，这一回家，小雨就再也不肯上幼儿园了。只要妈妈一提“幼儿园”三个字，小雨就立刻表现出抵触和恐惧。“这可如何是好呢？”小雨的妈妈想。

这天，小雨的爸爸下班回家时，手上拿了一张动画片的光碟，小雨很高兴，连忙打开DVD播放。只见画面上出现了一个头很大的小男孩，人们都叫他“大头儿子”，但是“大头儿子”并不生气，反而很高兴大家都认识他，并且“大头儿子”十分聪明，很多事情都能自己想办法解决。小雨看完之后，对着镜子摸了摸自己的头，自言自语道：“大头就是聪明吗？”这时，妈妈走了过来，对小雨说：“当然了，‘大头’的意思就是你脑袋里装的东西比别人多，当然就比别人聪明了。”小雨听后，主动跟妈妈说，她要去幼儿园，告诉所有的小朋友，自己是最聪明的，看谁还敢笑话她。

妈妈，你说去哪儿玩？
——妈妈太强势，宝宝没主见

身为80后的谷雨是一个敢想敢做、风风火火的女子，即使做了妈妈，她依然保持着自己独立、主动的风格。朋友曾经劝谷雨说，如果妈妈过于强势，孩子就会变得没有主见。谷雨却全然不当一回事，她觉得强势的妈妈自然能影响孩子，让他也学得有见地，敢想敢为。因此，谷雨从来没有想过要改变自己的作风。

可是轩轩越长大，就越显现出没有"主心骨"的特性。由于轩轩的所有事情几乎都被谷雨打理得井井有条，轩轩只需要等着"被安排"就可以了；即使出现了不知道如何处理的事情，轩轩只要问一句"怎么办"，谷雨也会很快告诉他答案。于是渐渐地，轩轩潜意识中觉得没有独立思考的必要性，而只"问"不"想"了。比如，谷雨让轩轩自己学着穿袜子，轩轩每次还要问妈妈："我是穿蓝色的，还是白色的？"谷雨则会回答："穿白色的，今天你要穿白球鞋。"而穿完袜子之后，轩轩觉得自己能穿好衣服，但他又会先问妈妈："妈妈，我是自己穿衣服，还是等你来帮我穿？"这时谷雨往往又会回答："你等一会儿，妈妈帮你穿，你总是穿反。"又如，每天谷雨做饭前，问轩轩想吃什么，轩轩都会说："我也不知道，妈妈你决定吧。"到了周末，谷雨问轩轩想去哪儿玩，轩轩也总是说："妈妈你说去哪里玩儿吧，我听你的。"每当听到这样的话时，谷雨就担心起来：原来轩轩真的像朋友说的那样，变得没有主见了。真的是自己害了轩轩吗？

最近谷雨晚上都会躺在床上反思自己的行为，她发现，自己的确有些强势过头了。很多时候，她害怕轩轩做得不对、做得不好，于是干脆帮轩轩做决定；而有时即便轩轩已经做了，谷雨发现不符合自己的要求时，也会要求他改正；有时面对轩轩提出的建议，即使在合理范围之内，但如果谷雨觉得不"完美"，也会要求他按照自己的想法做。时间一长，轩轩就形成了这样的心理：

即使自己什么都不想，妈妈也会为自己想好；而即使自己想了，也不一定能让妈妈同意。既然如此，还不如不想。于是“没主见”的性格就这样形成了。

没主见是一件相当可怕的事情，何况轩轩还是一个男孩子。谷雨越想越懊悔，越想越着急。她决定从现在开始，将决定权转交到轩轩手中，从小事开始，渐渐扩大到大事，让轩轩变成一个能独立解决问题的孩子。

开始时，轩轩还像往常一样，凡事都问谷雨的意见，但每次谷雨的答案都是：“轩轩长大了，自己决定就可以。”后来，轩轩干脆省略了“问”这一步，直接自己做选择了。虽然在决策过程中，轩轩总会犯大大小小的错误，但谷雨从来不责怪他，甚至很少直接告诉他怎样做是正确的，而只是用暗示或者引导的方法，让轩轩自己发现解决问题的最佳途径。

几个月后，轩轩已经变成家里的“小大人”了，再也不是当初那个把“妈妈你说吧”挂在嘴边的孩子了。

修炼妈妈的“火眼金睛”

早教专家认为，孩子在3岁以后会逐渐出现主见心理，而在4岁左右时会表现得更加明显一些，孩子会从以前的事事顺从父母，变得有自己的想法。比如，她开始说这样的话：“我不喜欢妈妈给我买的裙子，难看死了。”这时，妈妈千万不要认为自己的孩子不听话了，难管了。这其实是一种好现象，说明孩子的心理在朝着正常的方向发展。但如果孩子丝毫没有自己的想法，妈妈就应该注意，是不是自己表现得太强势，孩子失去决定的意识了。

一般来说，没主见的孩子常会有以下表现：

◆ 什么事情都让妈妈做主，如果妈妈不在或者也不做主，那么他就干脆什么都不做。比如，画画时他会问妈妈用哪个颜色的水彩笔，如果妈妈让他自己决定，他会不知所措，最后干脆什么都不画了。

◆ 对妈妈决定的事情一味服从，从来不会提出反对意见。有些孩子的口头禅是“行”“好”“知道了”。无论妈妈说什么，他们都会照做不误，从来不表达自己心中的想法，或者根本没有想法。

孩子没有主见，多半是由于妈妈过于强势。在生活中，妈妈跟孩子的接触最多，如果妈妈过于追求完美、对孩子的期望过高，那么就容易对孩子的行为“挑三拣四”。时间一长，孩子就会对自己失去信心，害怕做错事受到妈妈批评，因此变得优柔寡断、不敢做主。妈妈的强势还表现在对孩子的事情一手包办，不给孩子决定的权力。这样，孩子很容易认为自己没有权力，同时也不会有解决事情的经验，由此变得没有独立做事的意识和能力。

当妈妈发现自己的孩子缺少主见时如何改善呢？首先，妈妈要帮助孩子建立自信，让孩子相信自己是有能力独立解决事情的，同时要对孩子自己做主的行为表示支持。其次，妈妈可以让孩子适当参与家庭决策，让孩子感觉到自己是家里的一个成员，有责任处理家中的事务。妈妈还可以鼓励孩子多参与到同龄人的讨论当中，让孩子多接触事情，提高解决事情的能力。

读懂孩子之后这样做

妈妈需要注意的是，尽量不要代替孩子说话或者做事。有时候，妈妈出于保护孩子的意图，喜欢替孩子回答别人的问题，或者替孩子做他应该做的事情。这些做法都很容易让孩子将妈妈当做自己的"全权代理"，自己则习惯于"撒手不管"。如此一来，孩子就很容易变得没有主见。

亲子故事屋

没主见的小熊

春天来了，小动物们都开始忙着在地里种东西了。小熊也开垦了一片地，准备种些好吃的，这样收获的时候还能请小伙伴儿一起来吃，但是它不知道种什么才好，因为以前这些都是妈妈决定的，但是妈妈出远门了，只能自己决定了。小熊想了一天，也没有想到自己要种点儿什么，于是，它决定去问问别的小动物。

小熊问小兔说："我该种些什么呢？"小兔高兴地说："当然是萝卜了，又有营养又甜美无比。"于是小熊买了一大袋萝卜种子，种到了地里。几天过去了，萝卜长出了小苗，小熊坐在旁边想象着可以收获甜甜的萝卜了，心里美极了。

过了几天，小山羊跑来说："菠菜可比萝卜好吃多了，营养丰富，还补铁呢。”小熊这才恍然大悟：“对呀，我在树洞里冬眠了一个冬天，身体肯定缺乏营养，还是种点儿菠菜吧。”于是，他拔掉萝卜，种上了菠菜，几天后，菠菜就长出了嫩嫩的小绿芽，小熊高兴极了。

没几天，小猴子跑来说：“菠菜有什么好吃的啊，种西瓜才好吃，又甜水分又多！”小熊觉得小猴子说得有道理：“我怕热，种西瓜还可以消暑呢！”于是它把刚长出来的菠菜全拔掉了，种上了西瓜。西瓜不久长出了嫩芽，小熊高兴极了。

……

就这样，秋天到了，别的小动物都收获了自己的劳动果实，小熊辛辛苦苦地种这种那，却什么也没收获。小熊又后悔又难过，决定以后一定要自己拿主意，不轻易改变了。

我的熊熊哪儿去了
——宝宝的恋物情结

有一次，轩轩跟妈妈去动物园玩儿的时候，对两只东北大棕熊产生了浓厚的兴趣，他一直逗留在熊山旁边，又是喂熊好吃的，又是让妈妈给自己和熊照相。本来，谷雨认为轩轩是个男孩子，应该只对小汽车、机器人之类的玩具感兴趣，因此从来没给他买过毛绒玩具。这次，谷雨看到轩轩这么喜欢可爱的大棕熊，就想送给轩轩一个熊熊毛绒玩具。

这天下班后，谷雨特地到附近的大型玩具商城，挑了一只跟动物园里的棕熊外形十分相似的毛绒玩具回家了。轩轩拿到手之后，别提多高兴了，当天晚上，他就抱着这个比自己还高半头的“大棕熊”睡觉了。

本来，谷雨只想给轩轩增添一份乐趣，谁知道，这个玩具熊竟然变成了轩轩的“依赖”。轩轩给这个熊起了个名字叫“小贝”，每天放学后，轩轩第一件事就是抱来小贝，或者跟它一起看电视，或者和它一起玩儿其他的玩具。轩轩还常常跟小贝对话，似乎它是自己的一个知心小伙伴儿。每天晚上，轩轩也必须抱着小贝才能睡着。

刚开始，谷雨觉得既然轩轩喜欢，就由他多跟小贝在一起也没什么。谁知后来，谷雨发现轩轩对小贝已经不是简单的喜欢，而是形成了严重的依赖。只要回到家里，轩轩就必须要和小贝在一起，就连吃饭的时候也要抱着小贝；而若是谷雨要带着轩轩出去，轩轩则会吵着要让小贝一起去，如果谷雨不肯，他竟然会说“小贝一个人在家会害怕的”。有一次，谷雨带着轩轩去看姥姥，轩轩照例吵着要带上小贝，谷雨好言相劝，说当天晚上就会带轩轩回家，就不要带小贝去了。轩轩嘟着嘴，十分不乐意地跟妈妈走了。谁知，当天晚上下起了大雨，姥姥不让谷雨和轩轩冒雨回家，让她们住一晚再走。轩轩却大闹起来，哭着喊着一定要回家找小贝，不然就不吃饭也不睡觉。谷雨觉得轩轩有些不可理喻，气得冲他喊道：“小贝有什么好？我回去就给你扔掉！”轩轩一听哭得更厉害了，竟然不停地捶打谷雨，嘴里喊着：“不许扔！不许你扔！我要我的熊熊！我要我的小贝！”谷雨无奈地瘫坐在沙发上，不明白自己到底是给孩子买了个玩具，还是给家里招了个大麻烦。

第二天，谷雨到图书馆翻阅了一些相关书籍，才明白这是孩子的“恋物行为”。看到很多孩子都会经历这样的阶段，谷雨才稍稍松了一口气。谷雨认真研读了一番，发现孩子之所以“恋物”，大多是缺乏安全感的表现。要想减轻孩子的“恋物”程度，只要多关心、爱护孩子，让他感觉到温暖与关爱就可以。

回到家之后，谷雨并没有扔掉小贝，也没有再强迫轩轩与小贝分开。相反，谷雨十分支持轩轩和小贝在一起。有时，谷雨要给轩轩讲故事时，也会说：“把小贝抱过来，让它一起听好吗？”谷雨陪轩轩玩游戏时，也总是提议：“让小贝来和我们一起玩儿吧！”就这样，轩轩渐渐放松了戒备心理，对小贝看管得也不是那么严了。而谷雨呢，则尽可能多抽出时间陪轩轩。渐渐地，轩轩和妈妈的感情更加亲密，而不是一回家就找小贝了。

修炼妈妈的“火眼金睛”

妈妈们会发现，很多孩子在成长过程中都会表现出不同程度的“恋物”倾向。主要表现为，当他们怀抱着自己最喜欢的玩具时，会显得格外快乐与放松；当他们情绪不佳时，往往也喜欢抱着最喜欢的玩具度过。孩子们贪恋、依赖的对象，大多是使他们感觉柔软、舒适的毛绒玩具或者毯子等。这些物品让孩子有完全操控的能力，能给孩子很大的安全感。为什么孩子要通过贪恋某件物品来寻找安全感呢？妈妈们通过仔细分析和观察不难发现，大多由以下原因所致：

◆ “恋物行为”大多发生在2~4岁的孩子身上。这个年龄段的孩子开始有了我意识，他们的行为更加自由，独立性和认知能力也越来越强。因此，绝大多数孩子能在这个阶段清楚地体会到与父母分离所带来的孤独感和焦虑情绪，从而产生强烈的不安全感。这时，孩子就需要一个可以由自己完全掌控“行踪”的玩具，来时刻陪伴自己，消除内心的孤独和不安全感。

◆ 孩子在越来越多地接触外界时，会因为复杂多变的事物而感到恐惧和不安。这种情况下，他们就会不自觉地寻找一个“不变”的事物来抵触心中的惶恐，这也是孩子产生恋物行为的一个重要原因。

◆ 如果孩子从家人身上得到的关注和爱过少，孩子也会下意识地寻找一个物品，来做自己亲密无间的朋友，或者保护自己的“使者”，并对其产生强烈的依赖，时刻要求与之形影不离。

因此，妈妈大可不必对孩子的恋物行为过于担心，这是一种正常的表现，并不代表孩子有“恋物癖”。但如果孩子对某种事物表现出不同寻常的依赖，妈妈就要挖掘其中的原因，采取相应措施来加以改善了。否则，长此以往，很有可能导致孩子形成孤僻、偏执、自卑的性格。

需要注意的是，妈妈千万不可采取强硬的手段改变孩子的习惯，最好以一种宽容的心态表示接受，然后给孩子更多的爱，来逐渐代替他心中对该物品的依赖。毕竟，比起没有生命的玩具来说，孩子一定更加相信有智慧、有力量的父母。

读懂孩子之后这样做

孩子在做错事情时，最容易产生不安全的感觉。这时如果妈妈能给孩子一个拥抱，告诉他：“没关系，妈妈在你的身边。”那么孩子就会感到放心、轻松，多半不会再从玩具身上寻求安慰。因此，妈妈要记住，拥抱和抚摸应该作为日常功课，以便多给孩子宽容和爱的暗示。

亲子故事屋

紫色小毯子

小鼹鼠心心有一条紫色的小毯子，不管她走到哪里，都必须带着这个毯子才可以。即使是上幼儿园，也必须让妈妈把毯子装在书包里，它才肯去。别的小动物问心心为什么要带着毯子来幼儿园，心心总是说："它是我的好朋友。"并且，心心总喜欢和毯子聊天，而不喜欢和其他的小朋友玩儿。

一次，心心抱着小毯子荡秋千，不小心被毯子缠住了，从秋千上摔了下来。心心觉得十分疼，抱怨毯子："你为什么要绊倒我？你快点儿扶我起来啊。"可是毯子却一动不动。这时，其他小动物们看见了，连忙过来扶起心心，关心地问它"疼不疼"，还帮它拍掉身上的土。心心这才明白，原来毯子不能用来做朋友，关心自己的小伙伴才是自己真正的好朋友。

从那之后，心心再也不迷恋自己的小毯子了，它更喜欢和小伙伴儿们在一起玩儿了。

我又尿床了
——孩子大小便要有好习惯

4岁半的轩轩已经学会了很多东西，比如，他已经能自己用勺子吃饭，也能独自穿好一些简单的衣物……这些进步让谷雨很高兴。但是，轩轩也有让大家着急的地方，那就是轩轩仍然常常尿床，不管谷雨怎么向他说明：晚上有尿要上厕所，轩轩还是记不住，常常在被窝里"画地图"。

白天的时候，轩轩都能按照妈妈说的，到厕所里去小便。但晚上就不好说了，假如谷雨半夜没有叫醒他小便，第二天准保要洗床单。可是，每天晚上都要大人去叫他小便，也不是长久之计，更何况，轩轩越来越大了，还无法控制自己的排泄，不能不叫人心急。

谷雨决定让轩轩形成独立的排泄习惯。这天临睡前，她又对轩轩进行了一番讲解和教育，还半警告地说："很多比你小的小朋友都不尿床了，你作为大哥哥尿床是不是太丢人了？如果再尿在被窝里，妈妈就要告诉幼儿园的小朋友了，让小朋友都嘲笑你。"说完，谷雨捏了捏轩轩的小鼻子，就走出了他的房间。

本来，谷雨这番话只是无心所说，但轩轩却听到了心里，尤其是最后一句，让轩轩十分害怕。妈妈走后，他躺在床上很久才睡着，有尿的时候，他正睡得沉，不用说，这天晚上轩轩又尿床了。

第二天一早，轩轩醒得很早，他怯怯地走到厨房，对着正在做饭的谷雨说："妈妈，我又尿床了。我以后再也不尿床了，你能不能不告诉小朋友？"谷雨一听，有些生气又有些心疼，她觉得轩轩这次尿床跟自己昨晚上说的话也有一定关系。既然不能吓，光说理又不管用，那该怎么办呢？

为此，谷雨上网搜索了很多资料。她发现，自己在这件事情上有点心急了。虽然很多比轩轩小的孩子都已经不再尿床，但轩轩的年龄依然在正常的"尿床范围"之内。孩子尿床多半是因为他的大脑还未发育完全，感官不够敏锐，无法在睡眠时间清晰地感觉到尿意，所以不能及时醒来。另外，谷雨还确认自己的确犯了教导上的错误：对于尿床的孩子，千万不可进行责骂、恐吓或侮辱，否则会在一定程度上给孩子造成恐慌心理，更加不利于良好排泄习惯的形成。

看了这些资料之后，谷雨对轩轩晚上尿尿的相关事宜"三闭其口"，既不要求，也不警告，更不会恐吓，就是轩轩连续几晚都尿床，谷雨也没有责怪孩子，反而轻声安慰他，告诉他不用紧张，还说："如果能感觉到，就上厕所去尿尿；如果感觉不到尿了床，妈妈也不会怪你，轩轩不要害怕。"

果然，几周之后，轩轩对于尿床的恐惧感完全消失了，甚至有两次，谷雨半夜听到动静，到厕所一看，轩轩正迷迷糊糊对着马桶尿尿呢。

修炼妈妈的"火眼金睛"

孩子尿床对妈妈来说是一件麻烦事，对于成长中的孩子来说是一件需要戒掉的事，因此，当孩子迟迟戒不掉尿床的毛病时，很多妈妈都会表现得十分心急。但不管妈妈怎样急，都不能对孩子进行斥责和侮辱，否则更会加大孩子的心理压力，让他们无法形成良好的排泄习惯。

如果孩子尿床，妈妈要细心观察一下，孩子属于下面哪几种情况，进而再决定如何应对。

◆ 如果孩子年龄尚小，那么尿床多半是由于大脑皮层发育不完善，没有形成控制排尿的意识。一般来说，5岁以下的幼儿在白天或者夜晚发生不自主的排尿现象是一种正常且普遍的现象。这种情况妈妈不用做任何处理，只要静等孩子随着年龄增长，膀胱感觉神经成熟，即能形成反射性排尿的习惯了。

◆ 如果孩子白天玩得太累，或者临睡前喝了过多的水，也有可能导致孩子在夜间不自主地排尿。这就需要妈妈合理安排好孩子的饮食和娱乐，从源头上减少孩子尿床的可能。

◆ 另外，如果孩子在陌生的环境过夜，也有可能因对周边环境敏感而导致在夜间遗尿。出现这种情况时，妈妈尤其不能责怪孩子，否则孩子很可能对陌生环境产生抵触，导致以后每到一个新的地方都会出现尿床的情况。发现孩子尿床之后，妈妈只要当做没事，像平常一样处理就好。

总之，妈妈要正确看待孩子的尿床问题，持宽容的态度对待。如果动辄斥责孩子，不仅于事无补，还有可能伤害孩子的自信心，加重其心理负担，反过来又会加重孩子的尿床行为。

读懂孩子之后这样做

家长往往想让孩子尽快习惯晚上自己起床排泄，因此常常将孩子唤醒后让其坐在便盆上。这时，如果孩子没有尿意，就不容易让孩子将排尿与坐便联系起来。因此，妈妈要注意培养孩子有尿意，再坐到便盆上的意识，以形成排尿和便盆之间的条件反射。

亲子故事屋

尿床的小花狗

幼儿园开始午睡了，小花狗很快就进入了梦乡。梦里它看见小溪上漂来一只小纸船，“多好玩的小纸船，快把它捞上来。”小花狗急忙跳下河，哎哟，一屁股坐到了水里。不好了，不好了，裤子湿啦。小花狗一下子就醒了。

“没羞，没羞，小花狗尿床啦！”午睡起床时，睡在旁边的小猴喊起来。小花狗不好意思地说：“我想把纸船捞上来，没想到就坐在水里了。”

袋鼠老师走过来，说：“大家别笑小花狗，告诉你们吧，老师小时候也尿过床呢。"

“啊，老师也尿过床？”小朋友们都瞪大了眼睛。

“是呀，老师小的时候，也梦见过小河，河里漂着一个大红苹果，老师高兴地下河去捞苹果，弄得浑身湿淋淋，醒来一看，原来是尿床了。”

“我也尿过床。我梦见大灰狼追我，我一着急，就尿床了。”小白兔说。“我也尿过，我梦见拿着水龙头去救火，结果……”小狐狸说。“我梦见想小便，到处找厕所，后来就尿床了。”嘲笑小花狗的小猴也承认自己尿过床。

袋鼠老师微笑着拍拍小花狗说：“好啦！下次再遇见要下水的时候，就揪揪耳朵，要是做梦，一揪耳朵就醒啦。”

小花狗这回可记住了，从那之后，它再也没尿过床。

今天老师表扬我了

——宝宝真真假假的谎言

一天，谷雨去幼儿园接轩轩时，老师说美术课上学画苹果，轩轩画得很好，受到表扬了。谷雨听了十分高兴，回家后称赞了轩轩很久，还给他做了很多好吃的。轩轩听了妈妈的表扬也开心得不得了，整个晚上都兴奋不已，他不停地缠着谷雨问："妈妈，我是不是很棒？"谷雨每次都回答："当然了，轩轩是最棒的！"一直到睡觉前，轩轩都处在很兴奋的状态。谷雨只觉得他受了表扬有些得意忘形，并没有太在意。

第二天，由于谷雨要上班，轩轩由奶奶接回家。谷雨下班后，轩轩一下子扑到她的怀里，喊道："妈妈，老师今天又表扬我了！"谷雨高兴地问："是吗？我们轩轩又受到表扬了啊，真不错！告诉妈妈，老师今天表扬你什么了？"轩轩迟疑了一下，说："老师没说为什么，反正就是表扬我了。"谷雨觉得轩轩太小可能表达不清楚，于是就问婆婆："妈，您今天接轩轩的时候，老师表扬他了吗？表扬他什么了啊？"奶奶想了想，回答道："我今天接他跟往常没什么两样啊？老师没说什么，直接把他叫出来就走了。"谷雨又看了看轩轩，觉得事情有些蹊跷，但她没说什么，还是照样热情地亲了亲轩轩，给他做了一些平常他最喜欢吃的东西。

第二天早上，谷雨特意早起了一会儿，她把轩轩送到幼儿园后，问老师昨天是否表扬了轩轩，谁知老师却说谁都没有表扬他。

上班的路上，谷雨一直在想：轩轩为什么要撒谎呢？想来想去，她觉得多半是自己对于轩轩受到表扬这件事情太过"热情"了，不仅对轩轩的态度异常好，还给他做了很多好吃的，轩轩受到这么优厚的待遇，就觉得自己受到表扬是一件很了不起的事情，能给自己带来很多好处。于是，轩轩再想受到"优待"时，就会撒谎说"老师表扬我了"。

谷雨知道，轩轩的"撒谎"其实是一种不自知的行为，他并不知道这是一种错误，而只是希望借此达到某种愿望而已。因此，自己不能用强硬的态度责怪他。那么，该如何制止轩轩说谎的行为呢？

这天下班后，谷雨一进家门，轩轩又说老师表扬自己了。谷雨反复问了他几个问题，确定他又在撒谎之后，说道："学生受到老师的表扬是一件很平常的事情，是理所当然的。以后轩轩要更加认真，争取每天都得到老师的表扬。"这天，谷雨并没有表现出热情，也没有给轩轩准备好吃的，而是像往常一样，若无其事地对待他。这之后，轩轩又有几次撒谎说自己受到了老师的表扬，但谷雨都没怎么当回事。轩轩受到了"冷落"，发现自己即使"受到表扬"，也无法给自己带来什么好处。从那之后，他很少对谷雨撒谎了。

修炼妈妈的“火眼金睛”

很多妈妈都会发现，宝宝从两三岁开始，他们就会开始说一些不着边际的“谎话”，这时，妈妈不必惊慌，因为孩子说谎并非全是道德问题，有些是他们在认识世界的过程中产生的一种模糊认知现象。针对这样的情况，妈妈只要仔细分析宝宝说谎的心理原因，然后采取相应的教育措施就可以了。

◆ 如果宝宝常常说一些莫名其妙的谎言，比如他告诉父母，他在动物园中看到了真正的恐龙；他向小朋友吹嘘，自己在回家的路上见到一只大海龟趴在马路边。这些明显是虚构的谎言，妈妈大可不必在意。这说明孩子在成长的过程中，对于现实和虚幻的世界还不十分清楚，再加上这个年龄段的孩子本身就有丰富的联想力，因此，他们常常会想象出一个奇幻的世界，并将自己在里面“看到”的景象告诉别人。这种情况是由孩子的心智发展水平决定的，当孩子的智力达到一个水平时，就不会再说这种谎言。

◆ 有些宝宝会为了实现某种愿望而说谎。如果孩子反射性地将奖励和自己的某种突出表现联系起来，那么他就可能经常撒谎说自己有了这种“表现”，然后等待接受相应的奖励。针对这种情况，妈妈要尽量减少孩子意识中的这种“连接”，当孩子表现优秀时，在对孩子进行表扬的同时，还应让他感觉到这并不是一件大不了的事情，他们还可以做得更好。

◆ 如果父母有说谎的习惯，那么孩子也很有可能模仿大人说谎。另外，有些孩子也会从动画片情节中“学习”说谎的行为。由此可见，妈妈不仅要以身作则，严格规范自己的语言习惯，还要帮助孩子从接收到的信息中分辨正误，让他们明白说谎是一种不好的行为，从而改掉撒谎的习惯。

大多数孩子撒谎时，自身并没有意识到那是一种错误的行为。因此，妈妈发现这种情况之后，千万不可急着责怪孩子，否则孩子可能在日后为了躲避惩罚，而撒更多的谎来掩盖自己的错误。正确的做法是，要让孩子理解自己的行为是错误的，下次遇到同样的事情时，要采取相应的方法解决，不可开口说谎。

读懂孩子之后这样做

妈妈需要注意的是，即使发现自己的孩子说了谎，也千万不能随便动怒，更不能用言语刺激，让他觉得自己是个"坏孩子"。孩子就像一张白纸，这时还没有是非观念，妈妈要有耐心，让孩子慢慢树立正确的观念和行为习惯。

亲子故事屋

长鼻子跳跳

跳跳是一只可爱的梅花鹿，长得十分漂亮，小动物们都很喜欢它。但是，跳跳却对自己的相貌很不喜欢，它希望自己可以像长颈鹿一样，有一只长长的、纤细的脖子。它总是对小伙伴儿们说："看着吧，总有一天，我也会长出长长的脖子，因为我的妈妈是一只长颈鹿！"小伙伴儿们不信，纷纷跑到跳跳的家里去看，当它们看到跳跳的妈妈也是一只梅花鹿时，就把跳跳撒谎的事情告诉了它的妈妈。

这天，跳跳回家之后，妈妈对跳跳说："撒谎是不对的，你和妈妈明明都是梅花鹿，你为什么要骗大家，说自己的妈妈是长颈鹿呢？"跳跳不以为然："哼！我就是要当漂亮的长颈鹿。"妈妈警告她说："如果你再说谎，你的鼻子就会变长，那可就难看了啊！"跳跳丝毫听不进去，转身就跑了。

谁知第二天，跳跳又到森林里说：自己的妈妈是一只长颈鹿，自己将来也会长出长长的脖子，变成长颈鹿。跳跳刚说完，她鼻子就变长了，它想要的长长的脖子没有出现，竟然出现了一只长长的鼻子。跳跳走到小河边，看着河面映出的自己，别提多难看了。它伤心极了，坐在河边大哭起来。

这时，小朋友们都来劝跳跳："跳跳，只要你不再说谎，大鼻子就会消失的，不用担心。并且，你本来就十分漂亮，不需要长长的脖子啊！"梅花鹿听了，擦擦眼泪说："真的吗？那好吧，我再也不说谎了，我妈妈不是长颈鹿，我也不会变成长颈鹿，我是一只漂亮的梅花鹿。"刚说完，跳跳的长鼻子就一点儿一点儿缩了回去。跳跳重新对着水面照了照，发现自己虽然没有长脖子，但是也很漂亮。它高兴地向伙伴儿们道了谢，然后蹦蹦跳跳地回家了。

第五篇

尊重孩子的天性，保护孩子的美好心境

孩子应该是纯洁无瑕、天真烂漫的，是在玩耍中成长的。但是，现在的教育体制导致孩子会过早地用成人的眼光去看世界，这并不可取。妈妈应该尽量解放孩子，让孩子回归童真，让他们更加轻松愉快、幸福美好地生活，更加全面地发展。

妈妈，我……我……我

——结巴只是紧张或好玩

轩轩一向口齿清晰，但最近谷雨发现他说话的流畅度不但没有增长，反而下降了。比如，前几天家里来了位朋友，当他问轩轩几岁时，一向能流利回答这类问题的轩轩，竟然结结巴巴起来："嗯……我……我……"最后着急了，轩轩竟然说："我……我妈妈知道！"谷雨没办法，只好替他说出了年龄。

本来，这件事过去了，谷雨也就淡忘了，没有当回事。谁知，轩轩结巴起来还"上瘾"了。第二天晚饭时，轩轩跑到谷雨面前，说："妈妈，我……我……我……""我"了半天，轩轩也没说出来自己到底想要干什么。谷雨有些不高兴，说道："好好说话，为什么结巴？"谷雨这一吓，轩轩就更没法说清楚了，他默默地看了谷雨半天，不敢开口了。

这个晚上，轩轩一直没有开口说话。谷雨觉得事情有些不妙，她有点儿后悔晚上的言行了，万一轩轩被自己吓得再也不敢开口说话了怎么办？

第二天是周末，谷雨特意做了一大桌好吃的，然后对轩轩说："亲爱的轩轩，妈妈做了这么多好吃的，你想先吃哪个呢？"其实，谷雨将轩轩最喜欢吃的虾放在了离轩轩最远的地方，想故意让他开口要。轩轩却没有那么轻易就开口，他举起小手，指了指那盘虾。谷雨故意装着看不清，夹起虾旁边的青菜，给轩轩递了过去。轩轩一着急，喊道："妈妈，我……我……要……要虾。"轩轩还是结巴着。谷雨听了，没有责怪轩轩结巴，而是高兴地给他剥了一只虾。

吃完饭后，谷雨又问轩轩："下午你想和妈妈一起玩儿吗？"轩轩面露喜色地点点头，谷雨又问道："那你说我们去玩儿什么呢？"轩轩摆着小脑袋，想了很久，才犹豫地说："玩……玩儿篮球吧。"谷雨一听，他的结巴好多了，心中不由得很高兴。谷雨陪轩轩玩儿了一会儿篮球之后，轩轩显得放松了很多。谷雨又趁机问轩轩："轩轩，晚上想吃什么饭呢？"轩轩干脆地回答道："我还想吃虾和土豆丝！"谷雨痛快地答应："没问题！不过，你要先回答妈妈一个问题。那天张叔叔来我们家，问你几岁，你怎么吞吞吐吐呢？”轩轩想了想回答道：“妈妈，张叔叔太凶了，我害怕。”谷雨这才想到，自己的那个朋友长相的确不太容易让小孩子亲近。轩轩是因为太过紧张，才会在回答问题的时候结巴。“那为什么你跟妈妈说话的时候，也是结结巴巴的呢？”谷雨又问道。轩轩这才不好意思地笑笑：“妈妈，我跟你玩儿呢！”

谷雨这才松了一口气，轩轩第一次结巴是因为紧张，第二次是抱着玩儿的心态，而在遭到了自己的训斥之后，他则因为紧张又结巴了起来。

谷雨说道：“张叔叔不是对你凶，他只是看上去有些严肃而已，其实他很喜欢小朋友。轩轩以后面对大人问问题时，一定不要再紧张了。另外，也不能因为觉得好玩儿就结巴，不然，等你想改过来的时候就难了，到时候小伙伴儿都会笑你是‘小结巴’的。”轩轩听了认真地点点头。

修炼妈妈的“火眼金睛”

孩子在2~5岁之间，多多少少都会出现口吃的问题，表现为原本口齿流畅的孩子突然变得结结巴巴。专家称，这是一种语言障碍，是多种原因引发的。对此，妈妈一定要引起注意，查明原因、有针对性地加以治疗。

◆ 孩子口吃，很大原因是由于思维和语言不平衡导致的。孩子到了两三岁之后，接触的事物越来越多，这时他的自我意识发展得很快，表达的欲望也很强烈。但由于这时孩子对词汇、句子的掌控能力还没有发展成熟，所以会有语言跟不上思维的情况产生，自然也就会口吃了。这样的孩子大多表现得说话急躁、激动。遇到这种情况，妈妈大可不必心急，更不能加以责备或者打断他，要给孩子足够多的时间，耐心地听他把话说完，说得次数多了，孩子的语言自然就流畅了。

◆ 孩子受到惊吓时，也会影响语言能力，变得紧张、结巴起来。对于这种情况，妈妈一定要消除孩子心中的恐惧来源，排除其心理干扰。否则，一旦形成习惯，对于孩子来说也将是一种严重的心理恐惧或障碍。

◆ 另外，孩子天生的模仿能力也有可能使他们变得“口吃”。这种口吃是孩子故意而为的，他们或许从电视上看到口吃的人，或者听到自己的小伙伴儿有口吃的现象，觉得十分好玩儿，于是就模仿他们的样子，久而久之就容易养成口吃的习惯。针对这种情况，妈妈一定要孩子知道，口吃不是一种值得模仿的行为，而是我们必须戒掉的坏习惯，从而阻止孩子“学坏”。

无论孩子是由于哪种情况造成的口吃，妈妈都不可严厉地训斥孩子，因为这不但对孩子没有丝毫帮助，还有可能使他们对说话造成恐惧，或者使其正在发育的语言系统处于混乱状态，更加无法正常表达自己的想法。

帮助孩子戒掉口吃，妈妈最需要具备的就是耐心，给孩子一定的反应时间和改正时间，其效果要比吓唬、训斥好得多。

读懂孩子之后这样做

家长可以用一些不同寻常的方式来让孩子克服结巴。比如，给孩子听一些优美流畅的朗诵录音带，让孩子跟着里面的声音读；或者教孩子一个简单的故事，让他练习讲给别人听；另外每天尽可能多地跟孩子交流，锻炼他的语言能力。如果能坚持不懈，相信孩子很快就会戒掉结巴的习惯。

亲子故事屋

大舌头一一

小兔子一一本来是个说话非常流利的孩子，但最近，妈妈发现它说话总喜欢结结巴巴，常常让别人听半天也听不清楚他想表达什么。

妈妈想：是不是一一受到了惊吓，才变得结结巴巴的？可是，看一一的神情，每次结巴的时候不但不害怕，还笑眯眯的，似乎觉得很好玩儿。妈妈明白了，一一肯定是在哪里看到了结巴的人，淘气地模仿。

这天，妈妈接一一放学时，看见一一正站在小象身边，笑着结结巴巴地说：“吃……吃……吃苹果。”说完，一一笑得更大声了，还冲小象做了个鬼脸。妈妈一看，十分生气，把一一叫了过来，问他是不是嘲笑小象，一一回答：“它……它……说……说话太好玩儿了！”妈妈听一一还在学，十分生气地说道：“嘲笑别人是不对的，如果你有缺点，别人也嘲笑你，你会不会伤心？”一一想了想说：“会。”接着，它低下了头，说：“妈妈，我以后再也不嘲笑别人了，也不学结巴了。”

我先玩儿一会儿再接着画
——专注力从现在开始培养

在轩轩的成长过程中，谷雨一直有一件比较担心的事情，那就是担心轩轩养成注意力不集中的坏习惯。谷雨知道，这个习惯的影响力是十分大的，它会在轩轩将来的求学阶段影响到他的成绩。因此，谷雨一直告诫自己，千万要给轩轩作出一个好的表率，在轩轩面前无论做什么事情，都要专注、认真，从一而终。果然，轩轩也像谷雨一样，一直在专注做事这方面表现得不错。

但最近，谷雨发现轩轩变得很容易受外界影响，做事情时常常是三分钟热度，才专注了一会儿，心思就飞到别的地方去了。比如，那天谷雨教轩轩在画画，刚开始轩轩还很有激情，拿着画笔在纸上很认真地画，可没过一会儿，轩轩的眼神就开始飘向玩具箱。终于，他忍不住对谷雨说："妈妈，我先玩儿一会儿再接着画吧？"谷雨虽然感觉不佳，但由于是轩轩第一次这样要求，她也没有太过在意，只回答说："那好吧，你就先玩儿一会儿玩具吧。"轩轩很高兴，立刻跑到了玩具箱前。

不过，轩轩还算守承诺，玩儿了20分钟玩具之后，轩轩又坐到了桌子前，再次拿起了画笔。谁知，这次画了还没5分钟，轩轩的眼睛又移向了电视机，他恳求谷雨："妈妈，让我看会儿动画片吧，一会儿再接着画画。"谷雨这次没有同意，说："不行，做事情要专心、善始善终，你才画了一半，怎么一会儿要玩儿玩具、一会儿要看电视？要先把画画完，才能做下一件事情。"轩轩遭受拒绝，小嘴撅得老高，虽然人还是老老实实地坐在了桌子前，但心却一点儿都不在那里，他一会抬头看看天花板，一会望望墙上贴的画，一会又抠抠手指头，别提多"忙"了。谷雨在旁边偷偷看着，担心地想：轩轩到底是受了什么影响，才变得这么容易分心？无奈之下，谷雨只好让轩轩先去看电视。然而，她心里却在苦苦思索，一定要找个办法让轩轩克服注意力不集中的坏习惯。

谷雨观察了很久，终于发现，轩轩变得不专心，自己要承担很大一部分责任。原来，最近天气变冷之后，谷雨担心轩轩感冒，常常给他熬一些梨汤、姜汤，为了不让汤变凉，自己总是不等轩轩做完功课，就直接打断他，让他先喝掉。这样一来，不管轩轩在多么认真地写作业或画画，只要听见大人的脚步声，轩轩就会以为好吃的、好喝的又来了，于是也就从认真的状态中"飘"出来。久而久之，轩轩形成了习惯，即使没有大人走过来，他也很难坚持很久不走神，总想着碰碰这儿、摸摸那儿。

后来，谷雨将轩轩学习的地方从客厅搬到了小工作间，而且坚决不在中途打扰他。开始时，轩轩还会自己从工作间中走出来，想找点儿"乐子"，但在谷雨长期的劝导和监督下，轩轩渐渐又回到了"忘我"的状态中，每次都能认真、专心地做完手中的事情，再去看电视、玩儿玩具。

修炼妈妈的"火眼金睛"

孩子的注意力不集中的行为，困扰着很多妈妈。如何解决这一难题呢？妈妈首先要擦亮眼睛，观察是哪种原因引起的孩子注意力不集中，再有的放矢地寻找解决方案。

◆ 当孩子面对他不喜欢或者不感兴趣的事物时，往往很难集中注意力，容易走神。这跟孩子太小，自我控制能力弱有关系，随着年龄的增长，这种状况往往能有所改善。当妈妈发现自己的孩子属于这种情形时，可以试着给孩子设限：比如，如果他能坚持5分钟专心做这件事，那么就给他相应的奖励，然后可逐渐拉长这个时间范围，慢慢地让孩子坚持更长时间。

◆ 另外，家庭环境也有可能造成孩子无法集中注意力。比如，孩子在做作业时，大人毫无顾忌地在旁边聊天、大声打电话，或者在他的旁边摆放一些小玩具或者果汁、点心之类的东西，就很容易让孩子走神，总忍不住想要听大人的对话，或者吃点东西、摸摸玩具等。如果妈妈通过观察，发现孩子的确身处于这样的环境中，那么就要努力为孩子建立一个良好的家庭环境，以帮助孩子摆脱注意力无法集中的困扰。需要注意的是，孩子必须有一个独立、安静的学习环境，并且尽量少在他学习的过程中去打扰他。这样，就能从客观环境上有效地帮助孩子。

妈妈还需要注意的是，如果发现孩子有注意力不集中的现象，切忌一味唠叨和责备。因为在妈妈的训斥之下，孩子只会对相应事物产生厌烦心理，从而更加无法集中注意力。正确的做法是，给孩子一个良好的心理观念，让他知道自己是时间的主人，应当学会掌控自己的时间，在有效的时间内做有效的事情。

读懂孩子之后这样做

家长可以每天安排一个时间，来听孩子“讲故事”。事实证明，大声的朗读有助于集中孩子的注意力。如果妈妈能给孩子准备一个简单的小故事，或者教会他一个小故事，让他每天讲给自己听，那对培养孩子集中注意力会有很大帮助。当然，这种训练要持久，方能见到明显的效果。

亲子故事屋

三心二意的小猴子

小猴子是森林里最聪明的小动物，它和好多小动物一起住在森林里。

一天，小猴子去找小狮子玩儿。它看见小狮子站在一个大皮球上移来移去的，小猴子赶紧问：“小狮子，你这是在干什么呀？”小狮子说：“我在练习杂技啊，以后我要做一名出色的杂技演员。”小猴子觉得很有趣，就说：“我也要当杂技演员，快教教我吧。”小狮子耐心地教它找平衡的要领，小猴子漫不经心地听着。

这时候，一阵悦耳的歌声传过来，原来是百灵鸟在唱歌，小猴子说：“这歌声真好听，我还是去学唱歌吧，又不用这么辛苦！”于是一溜烟儿地跑到百灵鸟家学唱歌去了。

可是，没过多久，小猴子看见小鹿在路上来回奔跑着，原来小鹿在学习跑步呢！小猴子决定和小鹿一起学跑步，可是没跑多久，它觉得又苦又累，也放弃了。

后来，小狮子成了森林里最出色的杂技演员；百灵鸟成了歌声最动听的歌后；小鹿在森林运动会中取得了长跑第一名。可是最聪明的小猴子，却还是毫无特长。

我来帮助他，因为我是奥特曼

——小小热心肠

一天，谷雨下班回家，婆婆告诉她，轩轩在放学路上看到前面同学的书包拉链开了，就快速地跑过去帮同学拉上。谷雨听后十分开心，笑着表扬轩轩："轩轩这么热心，真是妈妈的乖儿子！"轩轩昂着胸脯，骄傲地回答："因为我是奥特曼，我要在别人需要的时候帮助他们！"谷雨听后笑得前仰后合："好啊好啊，小奥特曼，以后你还要继续帮助别人，知道吗？"轩轩用力点点头："嗯，当然了！"

谁知，第二天谷雨在上班的时候，幼儿园的老师给谷雨打来电话，说轩轩和小朋友打架了。谷雨听了有点儿不敢相信，昨天不是还说好要帮助别人吗，今天怎么成了欺负同学了？谷雨连忙请了假，赶到幼儿园。谷雨听老师一说，才知道原来轩轩的同学甜甜被多多欺负了，轩轩为了帮甜甜"报仇"，动手和多多打了起来。

谷雨把轩轩拉到一边，问他为什么要和同学动手打架，轩轩既委屈又气愤："他欺负甜甜，我是奥特曼，当然要帮助甜甜报仇！"谷雨有些责备地说："那也不能动手打同学啊，你知不知道这样做是不对的？"轩轩的眼睛里泛着泪光，一把甩开了谷雨的手，边跑边喊："是你说要我继续做奥特曼的，所以我才帮助同学。哼，你说话不算数！"谷雨听着轩轩"理直气壮"的喊话，一时也不知道怎么办才好，只好先把他追回来，领回了家。

回家之后，轩轩闷闷不乐地坐在沙发上，谁都不理。谷雨想让他先冷静一下，便没有理会他。毕竟孩子小，没过多久，轩轩就稍稍忘记了不愉快，开始自己摆弄玩具。这时，谷雨才走过来，蹲下对着轩轩耐心地解释道："妈妈知道，多多欺负同学是不对的，所以你才会和他打架。你是好心的，对吗？"轩轩抬起小脸，看了看谷雨，默默地点了点头。谷雨继续说道："你虽然出于好心，但是打人是不对的，否则你就跟多多一样，成了欺负同学的'坏小孩’，这你懂吗？”轩轩想了想，也点了点头。谷雨又说：“这种情况下，如果你想帮助甜甜，就应该去和他讲道理，也可以告诉老师，让老师来阻止多多。这样，你既不用和同学打架，又做了好事，你就是一个聪明的小奥特曼了，对不对？”轩轩听了，脸上有了笑意，问道：“妈妈，是打架的奥特曼比较厉害，还是聪明的奥特曼比较厉害？”谷雨说：“聪明的奥特曼会用聪明智慧来解决问题，而打架的奥特曼却会伤害人，你觉得哪个比较厉害呢？”轩轩摇着小脑袋说：“聪明的奥特曼比打架的奥特曼更厉害，对吗？”谷雨笑着点点头。轩轩高兴地蹦了起来：“我以后再也不打架了，我要用聪明去帮助别人，那样我就成了最厉害的奥特曼！耶！”

从那之后，轩轩还是经常帮助小朋友，但再也没有和别人打过架。

修炼妈妈的“火眼金睛”

很多孩子喜欢“管闲事”，尤其是年龄稍大一些的男孩子。如果你的孩子也有这种“喜好”，那么做妈妈的首先应当庆幸，孩子是一个有正义感的、热心肠的人，这对他今后的健康心理塑造和人际关系都有很好的帮助。

那些热心肠、喜欢拔刀相助的孩子，小脑袋中到底是怎么想的呢？妈妈一定想知道。一般来说，孩子喜欢帮助别人，基本是出于以下两种动机：

◆ 强烈的正义感和同情心驱使。很多乐于“打抱不平”的孩子往往是因为他有着很强烈的正义感，并且十分富有同情心。当看到不公平的事情发生时，他心中维护正义的念头便会被激发，从而站出来“主持公道”。

◆ 孩子自身的交往需求。有些孩子虽然也是出于正义感和同情心帮助别人，但更多的是为了满足自身的一些交往需求。当孩子感到无所事事时，他也有可能去插手别人的事情，来让自己获得一些与别人交往的满足感。

需要肯定的是，无论孩子为何喜欢“管闲事”，都是一种正直、热心的表现，这说明孩子思维活跃、性格外向，有表达自己观点和想法的意愿。另外，“管闲事”还能帮助孩子开动脑筋，提高分析、判断和解决问题的能力。由此来看，管闲事并不是一件坏事。

但是，由于孩子的年龄太小，认知能力有限，控制事物的能力较差，也常常导致“好心办了坏事”，或者“越帮越忙”，甚至会惹祸上身。因此，妈妈一定要加以教育和引导，让孩子正确、有效、量力而行地帮助别人。

妈妈要对孩子热心肠的行为予以肯定，鼓励他们多伸出援助之手；另外，妈妈要让孩子明白，很多事情靠他现在的能力是无法解决的，尽量不要自作主张地解决事情，而应该告知大人或老师。

读懂孩子之后这样做

当妈妈在教孩子时，千万要把握好尺度，让孩子不要因为要帮助别人而去伤害其他人，也不能让孩子变成“小小告状王”，凡事都去告诉老师或家长。妈妈既要让孩子有一些独立解决问题的能力，又要让他们知道，有些事情需要向大人求助，让孩子形成正确的“管闲事”观念。

亲子故事屋

热心的壮壮

壮壮是一只胖胖的小猪，它最喜欢做的事情就是帮助小动物。一次，壮壮看见小白兔花花的萝卜被大灰兔飞飞抢走了，它一个箭步跑上去抢了回来，还给了花花。由于壮壮经常帮助小动物，森林里的小动物们都喜欢和它一起玩儿，还称他为“猪猪侠”。

一天，热心的“猪猪侠”正在散步，看到大黄狗巴普抢走了小猫喵喵的鱼，壮壮十分生气，走上去就将巴普踢伤了，帮喵喵抢回了鱼。谁知，喵喵不但没有感谢壮壮，还吓得跑走了，边跑边喊：“壮壮踢伤了巴普！大家快闪开啊，壮壮踢小动物了！”大家一听，立刻都躲了起来，谁也不敢和壮壮玩了。

壮壮十分困惑：自己做了好事，为什么大家都要躲着自己呢？这时，山羊公公走了过来，对壮壮说：“虽然你帮助了喵喵，但是你也伤害了巴普，这是很不应该的行为。帮助喵喵并不意味着要伤害巴普，如果你换种方式展示你的‘行侠仗义’，大家还是会愿意和你一起玩儿的。”

壮壮听后低下了头，说自己再也不这样了。小动物们重新走到了壮壮身边，和它一起玩儿了。

嘘！爷爷在睡觉，我不吵

——点滴中的爱心

谷雨最近工作很累。这天是周末，谷雨本想睡个大懒觉来缓解疲劳，谁知一大早，谷雨就被电视机的声音吵醒了。原来是轩轩早早地打开电视机看动画片了。谷雨有些无奈，却也没有冲他发火，心想，轩轩也好不容易过个周末，随他看吧。

吃过中午饭之后，谷雨想午休一会儿，谁知精力旺盛的轩轩就是不肯睡觉，在客厅里念念有词地摆弄着一辆玩具车，还时不时让车“冲出轨道”，玩具车不断地撞着谷雨卧室的门。谷雨被吵得实在睡不着，躺在床上想：轩轩这种不顾及他人的毛病，怎样能帮他改掉呢？

谷雨决定不午休了，她穿好衣服，来到客厅陪轩轩一起玩儿。谷雨指着爷爷奶奶的房间说：“轩轩，你知道爷爷在里面干什么吗？”轩轩边玩儿边说：“当然知道啊，爷爷在睡觉。”谷雨又问：“假如你的小汽车冲到了爷爷房间里，会发生什么事情呢？”轩轩想了想说：“会把爷爷吵醒。”谷雨说：“对。不光会把爷爷吵醒，还会让爷爷的身体变得不好，容易生病。慢慢地，爷爷的头发就会变白，爷爷也会变老了。”轩轩听了，眼睛瞪得大大的，看了谷雨一会儿，然后说：“我不让爷爷变老！”谷雨趁机说：“那轩轩就要听话，在别人睡觉的时候，不管做什么事情都要轻一点儿，不要发出太大的动静。这样，就不会吵到别人了。”轩轩听后点了点头，然后拿着玩具到自己的房间里悄悄玩儿去了。

谷雨也回到了自己房间，准备再睡一会儿。谁知刚要睡着，又听见了轩轩玩儿玩具的吵闹声。谷雨知道，轩轩毕竟只是个4岁多的孩子，即使一时能够听懂大人的道理，也很难长时间记住大人的要求。那应该怎么办呢？

晚上吃完饭，谷雨叫来轩轩，郑重其事地对他说：“宝贝，你希望爷爷生病吗？”轩轩坚定地摇摇头说：“我不希望爷爷生病，我希望爷爷永远都不生病！”谷雨连忙说：“好孩子。我们当然都不希望爷爷生病，但是有的时候总会忘记爷爷在休息，就大吵大闹起来。你能帮妈妈想个办法，不让别人吵到爷爷吗？”轩轩一听很感兴趣，想了一会儿说：“如果爷爷在睡觉，那么就谁都不许看电视，谁也不许在客厅里玩儿玩具。”谷雨一听，心中暗笑：这个傻孩子，以为别人都像他一样，也有玩儿玩具的兴趣。谷雨接着说：“那这样吧，你就来监督我们大家，看见谁在爷爷休息时吵闹，就去阻止他。大家都要听你的，好吗？”轩轩一听很兴奋，大声叫了句“好”。最后，谷雨又说：“轩轩要记住，不光是爷爷，其他人在休息的时候，别的人都不能大声吵闹，否则不管是谁，休息不好都很容易生病，知道吗？”轩轩拍拍胸脯说：“知道了。以后不管是谁在休息的时候，我都管着别人，不让他们大声吵。”谷雨心里暗暗得意，轩轩终于上钩了。

果然，从那之后，轩轩很少大声吵闹了，而且还常常看到他将小手指放在嘴唇上，对着别人摆出一个“嘘”的姿势，让别人小声点儿。整个家里也因此安静了很多。

修炼妈妈的“火眼金睛”

由于孩子年龄尚小，很难自觉地在他人休息时保持安静，孩子往往不懂得为别人考虑，也就是我们常说的“以自我为中心”，自己想做什么就做什么，基本不会考虑别人的感受，因此常常有意无意影响到别人。对于孩子的这类行为，妈妈大可不必责怪孩子，也不要过于心急，只要找对方法，就能矫正孩子的这种行为。

◆ 最好的解决方法，是让孩子形成和大人一样的作息时间，和大人基本在同一时间睡觉、起床、午休。这样既能保证大人的睡眠不受影响，又能让孩子也有一个健康、规律的作息时间，可谓一举两得。

◆ 如果孩子精力旺盛，坚决拒绝午休的话，也可以在大人休息期间，给孩子安排一些“安静”的事情，比如画画、拼图、看书等，以防止孩子影响大人休息。

◆ 当孩子既不肯和大人一起睡觉，也不愿意玩大人安排的“安静”活动时，妈妈就要向孩子讲明道理，告诉孩子，他的行为可能会影响到别人的健康。或者就像谷雨一样，让孩子做一个小小“管理员”，将维持家中环境的任务交到孩子手中，以巧妙地杜绝孩子的“吵闹”行为。

由于孩子对于自己的行为并无意识，大多不是故意“使坏”，因此妈妈不可轻易责怪孩子，更不可让他感觉到自己是一个自私的小孩。只要家长以身作则，并且对孩子进行恰当的引导，那么假以时日，孩子自然能够形成良好的习惯，在生活中积累起一点一滴的爱心。

读懂孩子之后这样做

如果孩子经常大吵大闹，那么有可能是他受到大人的关爱过少，想以此引起大人的注意。遇到这种情况，妈妈也不要因为孩子的故意而加以责怪，而要首先检讨自己，是不是对孩子的关心太少了，让他感觉到了冷落。如果想杜绝孩子这种“有心思”的吵闹行为，就要在平时多抽时间来和孩子沟通、陪孩子玩耍。

亲子故事屋

后悔的淘淘

小猫淘淘是个非常淘气的孩子，只要它回到家，家里就充满吵闹声和电视声，一刻都不得安宁。这不，淘淘放暑假了，家里就更加“热闹”了。每天早上，淘淘醒来第一件事就是打开电视机，调到播放动画片的频道，还要将声音开到最大。到了中午别人都午休时，淘淘又会在客厅里不停地摆弄自己的玩具，嘴里还要配合着发出很大的声音，吵得大家都不得安宁。为此，妈妈不知说了他多少次，让它小声一点儿，但每次淘淘都像没有听见一样，还会继续大声吵闹。

有一天，奶奶突然生病了，每天都要吃很多很苦的药。淘淘好奇地问妈妈：“妈妈，奶奶生的什么病，为什么要吃药呢？”妈妈说：“医生说奶奶因为经常在吵闹的环境中，所以身体变得很差，不但经常头痛，晚上还睡不着觉。”接着，妈妈又说：“因为淘淘，所以奶奶生病了，你说对吗？”淘淘想了很久，低下了头。后来，淘淘每次看到奶奶吃药时，心里都十分后悔，他说自己以后会听话，再也不会吵闹了，让奶奶快点儿好起来，不要再吃药了。

果然，淘淘在妈妈的提醒下，很快就改掉了大声吵闹的毛病，而奶奶的身体也越来越好了。两个星期之后，奶奶不用吃药，也可以安安稳稳地睡觉了。淘淘很高兴，妈妈、爸爸和奶奶也都夸淘淘长大了，是个体贴大人的好孩子。

蚂蚁被踩到会疼吗
——学会换位思考

谷雨是个喜欢小动物的人，但有了轩轩之后，为了保证家里的环境，谷雨从来没有养过小动物。本来，谷雨以为轩轩会像自己一样，喜欢小猫、小狗一类的动物，但谷雨发现轩轩不但不喜欢，还经常出手“伤害”它们。有几次，谷雨带轩轩到楼下玩儿，她看到邻居的小猫、小狗后，都亲切地逗一逗，但轩轩却会走过去伸手作出打它们的姿势，往往吓得小猫、小狗都转身躲到主人身后。

最初，谷雨以为轩轩“吃醋”了，看见自己对小动物亲切，所以才讨厌它们。但后来谷雨发现即使自己不逗小动物玩儿，轩轩依然会对它们“怒目相斥”，甚至“拳脚相加”。谷雨还发现，轩轩走在路上，总喜欢折断路边的花花草草，或者对着小树踢两脚。而每次在路上看到一只小昆虫时，他也总喜欢跑着跳着去踩。这一切都表明，轩轩缺少同情心。没有同情心的小孩子是多么可怕啊，谷雨想，怎样才能让轩轩对弱小事物产生同情心呢？

这天，谷雨带着轩轩去书店买了一些书，回家的路上，轩轩一蹦三跳地走着。这时，轩轩发现马路边的树坑里，有一个蚂蚁窝，还有一堆小蚂蚁正在来来回回地搬东西。轩轩走上前去，用脚一划，就把蚂蚁的窝毁掉了。一时间，蚂蚁慌乱起来，纷纷向四处快速逃窜。只见轩轩瞄准了一群小蚂蚁，一脚踩了上去。当他把脚抬起来时，有的小蚂蚁摇摇晃晃又重新站起来了，轩轩见状又跟上去，重重地踩了一脚。

谷雨觉得轩轩有些过分，连忙阻止了他。轩轩有些不明白，问谷雨：“妈妈，为什么不让我踩蚂蚁？”谷雨严肃地反问：“你为什么要踩蚂蚁呢？”轩轩回答：“因为好玩儿啊。”谷雨哭笑不得，轩轩根本就没有善恶的意识，只是纯粹觉得欺负这些小动物“好玩儿”。

谷雨停下来，耐心地对轩轩说：“如果你是一只小蚂蚁，和伙伴们辛辛苦苦建了一个家，但突然被别人弄坏了，失去了家园，于是你只好匆匆逃命，但是却一再受到别人的欺负，连逃命都没有方向，你会有什么感觉呢？”轩轩想了一会儿，说：“别人踩我，我一定很疼。”谷雨说：“这就对了。现在你毁掉了小蚂蚁的家，还追着它踩，它当然也会疼啊。你只是为了自己好玩儿，就让小蚂蚁受欺负，这不是很不乖、很没有同情心吗？”轩轩似懂非懂地点点头。谷雨又说道：“你看，小蚂蚁爬得这么快，说明它是多么害怕啊。既然它这么害怕，你是不是就不应该欺负它了？”轩轩慢慢低下了头，说：“妈妈，我错了，我以后不会再踩小蚂蚁了。”谷雨接着说道：“除了小蚂蚁之外，小猫、小狗，还有路边的花、草、小树，都是有生命的，是我们人类的好朋友，你也应该珍惜它们，不能动手打小动物、掐断花草，否则它们都会疼的，明白吗？”“嗯。”轩轩认真地点了点头。

果真，从那之后，轩轩再也没有动手打过小猫小狗，也没有乱采摘花草了；相反，看到小动物时，轩轩还会亲切地伸出手摸摸它们，和它们玩儿一会。

修炼妈妈的“火眼金睛”

孩子伤害小动物、花草树木等行为是一种没有同情心的表现，妈妈应该帮助孩子改正。首先，妈妈要明白，孩子这种不尊重生命的行为分为有意识和无意识。如果孩子年龄比较小，他就很可能还没有意识到生命应该被尊重和爱护，不知道它们受到伤害后也会疼，而纯粹是出于好玩儿或好奇来伤害它们。对于这种情形，妈妈只要加以引导，孩子就会慢慢意识到自己行为的错误，自己就会加以改正。另外，有些孩子虽然知道伤害小动物和花草树木是不对的，但依然照做不误，这就可能跟他们所处的环境和受到的教育有关了。

◆ 如果孩子生活的家庭环境比较压抑，比如长期受到父母的冷落，或者父母经常吵架，那么孩子就有可能出于一种发泄的情绪，欺负“弱者”，来消除内心的不平衡和压抑感。因此，家庭氛围的和谐对于孩子的心理健康十分重要，妈妈要时刻注意孩子的心理变化，关注孩子的心理健康。

◆ 如果孩子有较强的自卑心理，比如常受到同学的奚落，在学校受到歧视，或者由于父母离异缺少关爱，都会使得孩子产生不良的心理情绪。当自卑到达一定程度时，孩子就会寻求特殊的方式来证明自己的“强大”，以寻求一种畸形的心理平衡。因此，对于孩子在学校的事情，妈妈也要多加关心；离异家庭的孩子，则更需要妈妈时刻了解他的内心所想和所需。

◆ 如果孩子的自我意识太强，也有可能导致孩子产生暴力行为。这多半跟家庭教育方式有关。妈妈除了要经常灌输给孩子“真、善、美”的观念之外，还应该注意避免孩子接触太过暴力、血腥的影视剧和书籍。

除了环境所致之外，孩子的残忍还往往是出于好奇心。这时的他们，并没有将自己的行为和情感联系在一起，而只是单纯地为了追求好玩儿和刺激。比如，他们有时候会不停地将甲壳虫翻过来，看它怎么翻回去；有时会故意将昆虫的翅膀扯下来，看它还能不能飞；有时甚至会把小猫从高处扔下来，看它会不会摔伤。这些行为看似残忍，其实都是孩子的“无心之过”，妈妈要注意教导的方式方法，既要让孩子懂得尊重生命，也不能抹杀了他们的好奇心。

读懂孩子之后这样做

如果想培养孩子的爱心和同情心，家长不妨试着给他买一个小动物或一盆小植物，让他亲自来照料，比如一条小金鱼、一只可爱的小狗、一盆小花等。当所养的东西渐渐长大时，孩子就会深切地体会到它们也是一种生命，从而不会再忍心破坏同类事物。

亲子故事屋

欺负小动物的大灰狼

大灰狼从森林深处走出来，它想：我要欺负小动物，我要大家都怕我，这样我就要什么有什么了。

大灰狼第一个找到小松鼠的家，看见小松鼠正在松树上吃松果。大灰狼装出很凶恶的样子，走上前对小松鼠说：“小松鼠，快把你所有的松果都给我！不然我就把松树拔掉，你就没有住的地方了。”小松鼠害怕极了，只好把松果都交给了大灰狼。大灰狼得意洋洋地走开了，松果都被它抱回了家。

第二天，大灰狼来到小公鸡的家，看见小公鸡正在对着太阳打鸣呢。大灰狼呲起大尖牙，对小公鸡说："小公鸡，快把你所有的白米都给我！不然我就要把太阳吞进肚子里，那么你就不能再打鸣了。"小公鸡害怕极了，只好把所有的白米都交给了大灰狼。大灰狼得意极了，心里想：所有的小动物都怕我，当大坏蛋的感觉真好。

第三天，大灰狼走出家门，看到了小白兔。小白兔正在吃胡萝卜。大灰狼就张牙舞爪地走上前去，对小白兔说："小白兔，快把胡萝卜都给我！我是森林里面最厉害的大灰狼！"话音刚落，只听一声低沉的声音传来："是谁这么自不量力，说自己最厉害，有我虎大王在，谁敢欺负我的朋友？"

大灰狼一转身，见老虎缓慢地走过来，不禁浑身发抖，想到上次老虎抢走自己的食物，连忙赔笑脸说："虎大哥，我是开玩笑的，我哪儿敢啊，我这就回自己家去。"大灰狼灰溜溜地走了，小兔子不屑地说："哼，你也害怕老虎，看你这回还欺负我们不？"

你把我的故事书撕坏了，你赔我
——小小的胸膛也要有片宽容的天地

周末，谷雨带着轩轩去书店买书，看了很久，轩轩选中了一套卡通故事书，谷雨给轩轩买下了这套书。轩轩高兴极了，每天抱着这几本书不停地看，并且抓住一切机会让谷雨给他念里面的故事。没几天，轩轩几乎都能把里面的故事背下来了，可是他依然对这几本漂亮的书爱不释手，一刻也离不开。

这天晚上，谷雨的邻居带着3岁的女儿朵朵来串门，轩轩展现出大哥哥的风度，兴高采烈地拉着朵朵一起玩儿。轩轩把朵朵带到自己的房间里，拿出那几本故事书，学着妈妈的样子，像模像样地给朵朵讲起了故事，小手还不时地指着书里的画面让朵朵看，活像个小大人。谷雨和邻居都笑着夸轩轩长大了。看他们玩儿得开心，谷雨和邻居就到客厅里坐着聊天去了。

谁知，不一会儿，房间里传来了轩轩的哭声，还夹杂着大声的指责，接着朵朵也"哇"的一声哭了起来。谷雨和邻居连忙跑到房间里一看，轩轩手里举着一本被撕破了的故事书，正愤怒地向朵朵"征讨"："你把我的故事书撕坏了，你赔我！你赔我！"边喊还边流着眼泪。朵朵显然也被轩轩的大声哭喊吓到了，她也张着小嘴哇哇地哭着。顿时，房间里乱成了一片。

谷雨抱起朵朵哄了一会儿，见她不哭了之后，才把她交给了邻居。然后，谷雨将轩轩拉到一边，问他到底是怎么回事，为什么那么凶地对朵朵喊。轩轩边擦着眼泪，边抽泣着说："我给她讲故事，可她非要自己拿着书，我不让她拿，她就抢，结果把书撕坏了。"说完举起书给谷雨看了看，又哭着嚷道："让她赔我！让她赔我！"谷雨拍了拍轩轩，看他哭得不那么厉害了，才说道："轩轩，你是个小男子汉啊，怎么能这么小气呢，朵朵又不是故意的。还记得你小的时候，总是故意把书撕坏吗？有一次，你还把爸爸一盒名片都撕坏了。那时，爸爸怪你了吗？让你赔了吗？"轩轩回忆了一会儿，回答："没有让我赔。"谷雨又说："对啊，因为你那时候小，还不懂事，即使是故意撕的，爸爸也没有生气。朵朵妹妹这次不是故意撕坏的，况且她还比你小，你是不是也应该像个大哥哥一样，宽容妹妹的错误呢？书撕坏了还可以粘好，可是你把妹妹吓哭了，她心里多伤心呢！"轩轩听了，想了一会儿，走到朵朵面前，说："朵朵，我不让你赔了，别哭了。"说完，还用小手帮她擦了擦眼泪。谷雨笑道："这才是个男子汉呢！以后对别人也要宽容，记住了吗？"轩轩点点头，抹干了眼泪，又拉着朵朵玩儿去了。

修炼妈妈的"火眼金睛"

00后宝宝平时受到全家人的忍让和宠爱，不知不觉中就会形成以自我为中心、不懂得包容他人的心理。一旦自己的某种利益受到损失，就得理不饶人，非要对方赔偿、弥补才可以。有时，即使是和同龄甚至比自己小的孩子发生了矛盾，他们也会强追着不放手，甚至会用"暴力"手段解决。当自己的宝宝发生这样的问题时，妈妈不要急着责怪孩子心胸太"狭窄"，先审视一下，是否是自己没有给孩子正确的引导。

◆ 首先，在日常生活中，妈妈一定要给孩子起到良好的表率作用，做到不随便挑剔和指责别人，同时要尽量在孩子面前表扬和感谢他人，让孩子也在无形中受到感染，形成容易接纳和包容他人的性格特点。另外，当孩子犯错时，妈妈绝对不能“揪住不放”。当然，孩子的错误需要指出，但只需花几分钟的时间讲明道理、纠正错误行为即可，不能没完没了地批评，更不能没事就“揭”孩子的伤疤。这样，当别人“冒犯”了孩子时，他才会采取宽容的态度去对待。

◆ 其次，妈妈要让孩子学会换位思考。在与孩子的沟通中，不能只以孩子的感受为重心，而要时刻给他“别人的感受也很重要”的意识，让他明白大家都是平等的、有自尊心的，理应受到合理、公正、宽容的待遇。这样，孩子才不会“唯我独尊”，对别人的错误斤斤计较。

◆ 另外，妈妈还要让孩子学会自己处理事情，尤其是在孩子与同学、小朋友之间发生了矛盾时，如果能指导孩子独自解决，不要事事都站出来为孩子“做主”，也可以使孩子在“处理”的过程中产生同情心，体会人际关系需要靠宽容来维持。这样，孩子不但能够更加理解别人，还能培养他独立思考和解决问题的能力。

宝宝不宽容，是因为自我意识太重，这与长期生活在家人的宠爱之中有很大的关系。妈妈们要明白，孩子需要疼爱，但疼爱要注意方式，过分的溺爱则是对孩子健全人格的一种损害。

读懂孩子之后这样做

要想让孩子拥有一颗宽容的心，除了在日常生活中以身作则之外，妈妈们还可以利用自己丰富的历史知识，给孩子讲些历史上关于宽容待人的名人故事，如宽以待人的刘备。这样，不仅能让孩子在思考中学习宽容，更能丰富孩子的历史知识，可谓一举两得。

亲子故事屋

宽容的小瓢虫

小瓢虫捡到一片漂亮的花瓣，心想：这花瓣真美啊，软软的，柔柔的，做成床单正合适。

突然，小蝴蝶飞过来，不小心把花瓣弄破了一小块，小蝴蝶急忙道歉，小瓢虫说："没关系，还能用的。于是，小瓢虫拿来剪刀，心想：做不成床单，可以做件漂亮的小上衣。

这时，小蜻蜓飞过来，一不小心又把花瓣弄破了一小块，小蜻蜓内疚地说："对不起，对不起，我再赔给你一片叶子吧。"小瓢虫说："没关系，还能用的。"于是，小瓢虫看了看想了想：做条小围巾也不错啊。

正在这时候，小蜜蜂飞过来，一不小心又弄破了一小块，小蜜蜂连忙道歉，小瓢虫说："没关系，还能用的。"于是小瓢虫左看右看，心里有主意了：可以做顶漂亮的小花帽。于是，它拿起剪刀就剪起来，不一会儿，小瓢虫就戴上了自己亲手做的小花帽，大家都夸小瓢虫不仅宽容，还心灵手巧呢。

是我弄的
——勇敢背后的责任感

轩轩放暑假了，在家里看电视的时间多了起来。谷雨担心电视辐射太大，时间长了对轩轩的身体健康造成影响，于是就从花市买了两盆大叶植物回家，分别摆放在电视机两边，以帮助吸收辐射，净化空气。

谁知第二天就出了小麻烦。谷雨下班后，发现花盆里的土都撒到了地上，但花盆却没有倒。谷雨走近花盆仔细看了看，发现轩轩的玩具小铲子躺在边儿上，上面还沾满了泥土。谷雨心中已经明白了一大半。她把轩轩叫过来，问道："轩轩，是谁把花盆里的土弄到外面来的，把客厅的地板都弄脏了？"轩轩眼睛闪烁了一下，说："妈妈，不是我弄的，好像有一只小花猫跑进来了，把花盆里的土弄出来了。"谷雨听了，心里又好气又好笑，孩子的谎言真是太笨拙了。不过，谷雨没有当面拆穿轩轩，她觉得这样并不能让轩轩懂得勇于承认错误的重要性，她想找机会跟轩轩好好谈谈。

晚上临睡前，谷雨来到了轩轩的房间，说要讲个故事给他听。轩轩一听立马来了精神，竖起耳朵认真听着。谷雨讲道："从前有个小牧童，每天的任务是到羊圈去给羊喂草。一天，他在喂草时，不小心把羊圈捅了一个大洞。回家之后，爸爸问他：‘羊圈有问题吗？’他害怕受到爸爸的责罚，就撒谎说：‘没问题，一切都很好。’后来，羊圈的洞越来越大，有两只小羊从里面跑了出去。但每次他回到家，依然告诉爸爸‘羊圈没问题’。就这样，不出几天，所有的羊都从洞里跑出去了。小牧童这才开始后悔了，但是一切都晚了，他不但丢了所有的羊，还成了爸爸眼中不诚实、不敢承认自己错误的孩子。”

轩轩认真地听着，似乎没有领会谷雨的意思。谷雨又说道：“如果轩轩也做错了事，只要勇敢地承认，妈妈就不会责怪他，还会夸他是个勇于承担责任的小男子汉。但如果轩轩不敢承认，还向妈妈撒谎，那么妈妈就会觉得轩轩是个胆小鬼，并且以后再也不会相信他了。”这时，轩轩眨了眨眼睛，似乎想起了白天的“花盆事件”。他眨巴着眼睛想了一会儿，对谷雨说：“妈妈，今天花盆里的土是我弄出来的，是我用小铲子弄出来的。我忘了弄回去。”谷雨笑笑，问道：“那你为什么要撒谎，说是小花猫跑进来弄翻了花盆呢？”轩轩回答说：“我害怕说是我弄的，妈妈会批评我。”谷雨又问：“那你现在为什么告诉妈妈了呢？你不怕受到批评吗？”轩轩看了看谷雨，说道：“因为做错事承认了就是好孩子，好孩子就不会受罚。”谷雨大笑起来，心想：这个小家伙还真会替自己说话。她亲了亲轩轩的额头，说：“只要你敢于承认，就说明你是个好孩子，妈妈当然不会批评你。”说完，谷雨给轩轩盖好被子，满意地走出了他的房间。

修炼妈妈的“火眼金睛”

每个孩子都会犯错，但并不是每个孩子都勇于承认自己的错误。如果妈妈发现自己的宝宝有“知错不认”、“知错不改”的不良习惯，就要擦亮眼睛，看看是什么原因让孩子拒不认错的。

◆ 有些孩子做错事不肯承认是性格原因所致。孩子跟大人一样，也有自尊心、好面子，也怕做错事后被别人指责、看低或者嘲笑。因此，做错事时，他们就会用谎言来搪塞。妈妈要懂得维护宝宝的小小自尊心，发现孩子的错误时，不要将重点放在训斥他错误的行为上，而要帮助他搞清楚为什么犯错、有什么不良后果，并告诉他如何改正。这样，孩子就不会觉得认错是一件难为情的事，也就不会再通过撒谎来闪躲了。

◆ 孩子的是非观念不清楚，也有可能导致他做错事后不肯承认。如果在日常生活中，父母经常在做错事之后“嘴硬”，不肯承认自己的错误，并且也没有注意给孩子灌输良好的是非观念，则极有可能导致孩子是非不分，当然更不会有认错的意识。因此，妈妈一定要以身作则，不但自己做错事要当着孩子的面承认，也要让孩子明辨是非，知道勇于认错是一种责任。

◆ 还有一部分孩子不肯认错，是为了逃避父母的责罚。如果父母经常惩罚做错事的孩子，那么就会给孩子造成一种恐惧和心理压力，让他们在做错事后习惯性地否认和逃避。这就要求妈妈要正确看待孩子的错误。孩子年龄小，对于很多事情没有正确的认识，犯错是很正常的。妈妈要做的是正确的引导，而不是一味责罚，否则只能适得其反，让孩子犯了错又撒谎，错上加错。

有时妈妈会出于无心“歪曲”事实，比如孩子走路摔倒了，妈妈不说是孩子走路不稳，而说是马路不平；有时孩子和别的小朋友发生了争执，妈妈出于偏袒，将本来是自己孩子的错误归咎到对方身上。妈妈类似的言语和行为，都会让孩子颠倒方向，不明黑白，也学着妈妈的样子对待事情。因此，妈妈一定要严格要求自己的言行，尊重事实真相。这样孩子才能做到黑白分明，坦然面对事实。

读懂孩子之后这样做

如果孩子勇于承认自己的错误，那么妈妈就要给予原谅，并且快速忘掉这件事情，千万不可反复提起，或者到别人面前去讲。这样会让孩子从心理上产生抵触，觉得很不光彩，以至于再次犯错时，就会不由自主地想逃避。

亲子故事屋

知错就改的闹闹

小猪闹闹是个爱动的孩子，经常把家里的东西弄得乱七八糟。为此，猪妈妈不知教育了闹闹多少次，但它却照样顽皮得很。

周末，闹闹和几只小猪在院子里踢球。只听“咣当”一声，闹闹一脚就把球踢到院子角落里的花盆上，花盆一下子就被砸碎了。猪妈妈听到响声跑了出来，看见花盆碎了，便问它们是谁砸碎的。大家都看了看闹闹，闹闹却说："不是我砸碎的。"妈妈问："不是你，那是谁砸碎的呢？"闹闹随口说道："我没看见是谁砸碎的，反正不是我砸碎的。"猪妈妈有些生气，于是就说："如果没有人承认，今天就不许你们玩儿球。"闹闹虽然很不情愿，但还是倔犟地站在原地，拒绝承认是自己砸碎的。

猪妈妈等了一会儿，见闹闹很执拗，只好先让其他小猪回家了，才对闹闹说："闹闹一直是最听话的孩子，从来不对妈妈撒谎。这花盆碎了，妈妈再买一个就行了，不会怪那个把花盆打碎的小孩。但是如果那个小孩撒谎，妈妈就会很生气。"闹闹想了想，喃喃地回答道："妈妈，花盆是我打碎的。我不小心把球踢到花盆上了。"猪妈妈摸了摸闹闹的头，说："乖儿子，这就对了。勇敢承认错误才是真正的男子汉。记得以后踢球要小心一点儿，万一砸到了其他小动物就严重了。"闹闹认真地点点头，说："知道了，妈妈。"

在哪里呀？我没看见
——观察力怎么培养

最近，谷雨给轩轩起了个小外号，叫"小马虎"。原因是轩轩经常看不到就在手边的东西。比如，吃饭时，谷雨叫他去厨房拿一下勺子，明明勺子的位置很明显，但他跑进去之后总要磨蹭半天，然后还喊："妈妈，我怎么看不见，勺子在哪里啊？"还有一次，谷雨给他准备好了外出要穿的裤子，让他自己拿来穿上，他也转来转去找不到，不停地问谷雨："到底在哪里啊？我找不到啊！"

起初，谷雨觉得这没什么，不但不担心，还开玩笑地叫轩轩"小马虎"。谁知道，她越这样叫，轩轩就越马虎得厉害，经常看不到显而易见的东西，即使是平时总放在同一个地方的东西，他再去找时，也要问许多遍"在哪儿，在哪儿"。谷雨觉得事情有点儿严重了，开始后悔给孩子起小外号。

这天，幼儿园老师布置了一项作业，让小朋友们回家后观察一个玩具，然后把看到的画下来，第二天交给老师。轩轩回到家后，找出了自己以前经常玩儿的一个玩具熊，要谷雨陪他一起观察，然后看着他画，谷雨欣然答应了。但谁知，轩轩充分发挥了自己“马虎”特质，匆匆看了几眼就开始画，结果画出来的熊不但没有鼻子，还少了一只耳朵。谷雨提醒他：“你的熊是不是少了什么啊？”轩轩又盯着玩具熊看了半天，和自己画的比较来比较去，最后摇头说：“没有啊，没少什么啊。”谷雨进一步提示：“可是玩具熊有一个小黑鼻子，你的画上没有啊；而且玩具熊有两只耳朵，你只画了一只。”轩轩这才意识到自己少画了。谷雨在旁边看着轩轩，不由担心：轩轩的观察能力太差，真的变成“小马虎”了。

为了培养轩轩的观察力，谷雨告诉自己，再也不能叫他“小马虎”了，并且要时刻引导轩轩要用眼睛看事物，让他多观察生活。谷雨和轩轩约定，每天都要在一起互相讲10分钟的故事，而每次故事的背景，谷雨都故意放在房间里，有时自己描述房间里的东西，有时让轩轩来描述。开始的时候，轩轩观察不到位，每次都只挑一两样说，剩下的就像没看见一样绝口不提。后来，谷雨在讲故事时，就有意将房间里的摆设描述得非常详细，几乎一件不落。并且，她也每次都提醒轩轩要说得全面。渐渐地，轩轩从只能描述一两件事物，变成了只落下一两件忘说，最后又变成了“如数家珍”般地将所有摆设都描述一遍。

谷雨非常高兴，又带着轩轩到动物园和植物园去，让轩轩观察大大小小的动物和花花绿绿的植物，并锻炼他用自己的语言描述它们。轩轩每次都很兴奋，也对这些游戏非常感兴趣。

事实证明，谷雨这些招数的确非常管用。几周之后，谷雨又和轩轩一起画画，这次画的是一只卡通兔子，轩轩先是观察了半天，最后把兔子完整地画了出来。谷雨看着轩轩的改变，别提多高兴了。

修炼妈妈的“火眼金睛”

幼儿时期的孩子开始表现出明显的观察能力，但由于年龄小，观察缺乏目的性和持续性，缺少相应的方法，孩子的观察力是比较差的，因而常常让大人觉得孩子“马虎”“眼前的东西也看不见”。具体来说，孩子的观察能力弱，主要表现在以下几个方面：

- 观察事物时，持续的时间较短。孩子很容易对某件事情产生兴趣，但通常难以持续长久。实验证明，3~4岁的幼儿对图片的平均持续观察时间为7分钟，5岁的幼儿能增加到8分钟，6岁的幼儿也只有12分钟。

◆ 观察的时间短，导致的直接结果就是观察粗糙。幼儿对事物的观察往往不仔细，同时也很难抓住事物的重点，而只对自己感兴趣的一部分进行细致观察。

◆ 另外，孩子还往往难以对观察的结果进行很好的概括。基本上孩子的观察属于浮光掠影，只在眼前一闪现便消失了，很难在脑中形成具体的概念，更是不会用言语去总结。

既然幼儿观察力具有这些特点，那么妈妈就要想出相应的办法，来提高孩子的观察力。

首先，妈妈可以训练孩子观察事物的有序性。孩子之所以无法对事物进行全面观察，多半是由于没有遵循一定的顺序。要想提高孩子的观察能力，第一件事就是让他学会有顺序地观察。常见的观察顺序有从上到下、从左到右、从前到后、从远到近、从大到小等。总之，只有让孩子学会有序观察，才能让他对观察对象有全面的认识。

其次，妈妈要教孩子注意观察细节。细节是孩子在观察过程中最容易忽略的东西，但有些细节却直接决定观察结果。长期忽略观察细节的孩子，容易形成对待事物笼统、粗略的态度。当孩子遗忘细节时，妈妈一定要加以提醒。

最后，妈妈要注意通过多种途径培养孩子的观察力。生活处处都可以观察、值得观察，妈妈要时刻保持提高孩子观察力的意识，多带孩子接触社会、接触自然，让孩子在丰富多彩的活动中提高观察能力。

孩子的观察力和思维能力、思想注意力、智力发展水平都是相关的，因此，妈妈不能急于求成，要注意全面提高孩子的智力和能力。

读懂孩子之后这样做

妈妈可以帮助孩子总结观察结果。对幼儿阶段的孩子来说，要求他们对观察的事物进行全面、准确的总结稍微有些苛刻，这时，妈妈可以帮助孩子总结，或者针对孩子的总结进行补充，让孩子在获得经验的同时，也掌握一些理性的认知。这样的观察才能达到最佳的效果。

亲子故事屋

灰灰挨饿了

灰灰是一只小灰兔，生长在一个幸福的家庭。每天灰灰放学后，妈妈都会做好一桌美味的饭菜，让灰灰吃得饱饱的。灰灰最喜欢吃妈妈做的饭了。

这天早上，灰灰上学之后，妈妈突然想起来今天要去山里采蘑菇。它怕自己回来晚了，会让灰灰挨饿，于是就做好了一些饭菜，放在厨房的桌子上。兔妈妈想，灰灰回来之后，如果看到妈妈不在家，一定会自己找吃的。做完之后，妈妈就走了。

这天晚上妈妈很晚才回来，回家的路上天已经很黑了。它边走边想：幸好给灰灰准备了饭菜，不然这么晚，他一定会饿坏的。可是当它推开家门，发现灰灰躺在沙发上，已经饿得没有力气了。妈妈很纳闷，它问灰灰："妈妈给你准备了饭菜，你怎么不吃呢？"灰灰却回答："可是我没看到饭菜啊。"妈妈连忙来到厨房，看到饭菜还原封不动地摆在桌子上。它刮着灰灰的鼻子说道："你呀，怎么不知道去厨房看看呢？"灰灰这才后悔："我只看了客厅，忘记了看厨房。"妈妈又心疼又有些责怪："以后记住了吧，不管看什么都要看全面，不能只看一个地方。"灰灰不好意思地笑了笑，点了点头。

妈妈，我是不是很笨？
——如何保护宝宝的蛋壳心理

这天谷雨在公司过得很不顺利，工作上出现了很多问题，导致她心情十分不佳。接轩轩放学的路上，谷雨想着工作上的事情，隐约听到轩轩在讲自己在幼儿园的事情，但却没有心思去细听，匆匆拉着他回家了。

回家之后，谷雨心情更加不好了，准备做饭的她竟然发现冰箱里空空的，什么菜都没有了。谷雨憋着一肚子气，又跑到楼下去买菜。眼看着时间越来越晚，谷雨回来之后便一头扎进厨房里做饭去了。她实在忙不过来，就把几瓣蒜交给了轩轩，让他帮自己剥。轩轩以前帮谷雨剥过一次蒜，虽然剥得不太干净，还算勉强帮了点儿忙。但这次都过去20分钟了，谷雨找轩轩要蒜时，他才只剥好两颗，那两颗上还沾满了蒜皮。谷雨刚要问他为什么这么慢，厨房里又飘出来了菜烧焦的味道，谷雨心里的火再也压抑不住了，大声、不悦地向轩轩喊："你怎么这么笨？连个蒜都剥不好！"说完抢过蒜就回厨房自己剥去了。

谷雨在厨房一边继续做饭，一边平息着自己的怒火。她觉得自己刚才有些过分了，毕竟这不是孩子的错，他才那么小，做不好很正常，自己不应该因为心情不好就迁怒孩子。她在心里自我劝慰了半天，终于平静了心情，端着做好的饭菜来到了客厅。

谁知，谷雨喊轩轩吃饭时，喊了几次都没有回应。谷雨回过头一看，轩轩正窝在沙发的角落里，默默地掉着眼泪。谷雨一下子心疼起来。她走过去，问道："轩轩，怎么了？是不是妈妈刚才吓到你了？是妈妈不好，妈妈以后不会再那么凶了。来，我们洗手吃饭好吗？"谷雨连哄带劝了半天，轩轩却始终哭个不停，而且看都不看谷雨一眼，也不出声，只是安静地掉眼泪，看得谷雨别提多心疼了。没办法，谷雨只好坐在轩轩身边，将他揽到怀里，耐心地哄了起来。好不容易，轩轩止住了哭，抬起蒙眬的眼睛，看着谷雨问道："妈妈，我真的很笨吗？"谷雨一听，心里一惊，这孩子的心思也太重了，自己只不过随口说了一句，他就当真了。于是谷雨连忙解释："不是的，轩轩不笨，是妈妈说错了。"轩轩又说："可是今天在幼儿园，我不会折小鸟，小朋友们也笑我笨。"谷雨这才想起来，路上轩轩跟自己说的话里，就隐约听到了"笨"之类的字眼，自己没有在意，哪知轩轩心里这么在乎。刚才自己又说他笨，他就更加确认和伤心了。谷雨后悔极了，她抚摸着轩轩的头说："怎么会呢，小朋友是跟你开玩笑的，不能当真。妈妈刚才也说错了。你怎么会笨呢？你是最聪明可爱的宝宝。告诉你个秘密，妈妈小时候也不会折小鸟，也剥不好蒜的。"谷雨这样反复强调了几次，轩轩才肯擦干眼泪，和谷雨吃饭去了。

从那之后，谷雨明白了，孩子虽然看起来没什么心思，但其实他们的心理都很脆弱，需要大人的精心呵护。后来，谷雨再也没有说过轩轩笨，而是经常夸奖他是个聪明的孩子。

修炼妈妈的“火眼金睛”

孩子的心理通常很脆弱，就像蛋壳一样容易被击碎，这就是所谓的“蛋壳心理”。蛋壳心理主要的表现是，孩子经受不起批评和反对意见，对父母和老师的批评带有逆反心理。这种心理对孩子的影响十分严重且深远，甚至会给孩子的一生都造成不良影响。因此，妈妈一定要注意了解孩子的内心变化，帮助他们化解心头的“忧虑”，为孩子打造一个健康、坚强的心理。

◆ 孩子的心理脆弱，和不当的家庭教育有关。作为父母，不想让孩子吃苦，这当然无可厚非，但如果长期对孩子百依百顺、有求必应，或者让孩子生活在赞美之中，舍不得给予一丝批评和管教，那么孩子一旦受到挫折，就会有极大的心理落差，从而难以承受。因此，妈妈千万不要将孩子封闭在一个所谓完美的世界中，适当让孩子碰碰壁、了解一些事情的困难是十分必要的。

◆ 有些父母对孩子的期望过高，也容易让孩子的心理变得脆弱。当父母对孩子要求过高时，孩子的内心往往会因为担心达不到父母的要求而产生恐惧。这种恐惧日积月累，就会让孩子形成越来越严重的蛋壳心理。由此可见，妈妈千万不可给孩子过高的期许，以防止给他们幼小的心灵造成压力。

◆ 另外还有一种情况会造成孩子的蛋壳心理，那就是像上文中谷雨犯的错误一样：不关心孩子在其他地方受到的挫折。有时孩子心中受挫，往往会在心中留下“疙瘩”，如果妈妈不及时了解并加以化解，则很有可能让孩子因此形成蛋壳心理。

由此可见，孩子并不像我们看到的那般没心思，他们幼小的心灵会对很多事情产生关注、甚至芥蒂。妈妈若不希望孩子形成脆弱的心理，那么就一定要时刻关注孩子的心理变化。

读懂孩子之后这样做

孩子之所以心理脆弱，多半是因为接触的事物太少，承受能力太差。因此，家长应该鼓励孩子自由探索、勇于尝试新事物。并且，在孩子遭遇困难的时候，妈妈应该更多给予协助而不是代替孩子完成。这样，孩子在摸索事物的过程当中，自然就会渐渐形成强大的内心。

亲子故事屋

奇奇的忧虑

奇奇是个活泼的男孩子。但是有一天，奇奇从幼儿园回来之后很不开心。妈妈问奇奇遇到了什么事情，奇奇怎么都不肯说。后来的几天，奇奇也一直闷闷不乐，并且每当别人亲切地叫他“小不点儿”的时候，他都会很敏感，不许别人叫。奇奇的妈妈觉得很不对劲。一天晚上，她问了奇奇许久，奇奇才终于委屈地说：“有一天小朋友们比谁的个子高，我是最矮的一个，他们都笑话我。”说着，眼睛就湿润了。

妈妈听后，找来了一本名人传记，从上面找了几幅图片让奇奇看，并告诉他说：“个子矮并不是缺点啊，很多个子矮的人都很聪明。你看，这几个名人虽然个子都很矮，但是他们却作出了很多伟大的事情，受到很多人的喜欢呢。况且，奇奇才这么小，个子当然矮了，以后多吃一些妈妈给你做的饭，一定可以长高的！”

奇奇听了，终于破涕为笑了。

我为什么是男孩
——性别意识不明确

邓辉的单位要组织舞会，谷雨特意早点回家化妆，因为这是她第一次参加丈夫单位的活动，非常重视，还买了一套高档晚装。谷雨坐在梳妆台前面打扮着自己，早早放学回家的轩轩也凑过来，他拿着谷雨的口红说：“妈妈，这是什么东西呀，我能不能用用呀？"谷雨指着自己的嘴唇说："这叫口红，抹上去会让妈妈的嘴唇更有光泽，看上去很精神，不过你不能用，因为这是女孩子用的东西，男孩子是不能用的，听话，乖，跟着奶奶去玩儿，妈妈今晚还有重要的事情呢！"轩轩愣了一会儿就出去了，他心里有了自己的小算盘。

等到谷雨他们出去之后，轩轩跟奶奶说："奶奶，我去妈妈的房间玩会儿，你好好儿看电视吧！"然后他就溜进谷雨的房间，拿出妈妈的口红在自己的嘴上抹来抹去，他还找出指甲油，在脚上和手上涂了起来。轩轩注意看过妈妈化妆，他还记住了大概的步骤，看来今天晚上他要大干一场。轩轩把能用上的东西都用上了，等到他画完的时候都成了一个大花猫了。后来，轩轩一个人玩儿累了，就躺在妈妈的床上睡着了，奶奶看到孩子睡着了，就悄悄地给他盖上被子出去了，根本没看到孩子的"真面目"。

将近11点的时候，谷雨夫妻二人才从外面回来，看着谷雨兴奋的样子，就知道今晚他们玩儿得很好。当谷雨回房间换衣服的时候，她突然看到躺在床上的孩子，吓了一跳，再看看桌子上摆的东西，她明白是怎么回事了。"天呀，我都告诉轩轩他是一个男孩子不能用这些东西了，怎么还用呢！"谷雨边收拾边纳闷地说。

"这算什么呀，难道你忘记上次，他穿婷婷裙子的事情了，那时候你不就跟他说这是不对的，现在孩子不穿裙子了，改化妆了。谷雨，你别说，咱们儿子要是一个小女孩，还是很漂亮的！"邓辉看到气急败坏的妻子还开起了玩笑。

正在二人谈话的时候，轩轩醒了，而且不肯回自己的房间睡觉，谷雨就想跟孩子说明这些事情："轩轩，你是一个男孩子，穿裙子和化妆都是女孩子应该做的事情，以后你一定不能这样做了！"轩轩有些不明白："我为什么是男孩子，我为什么不能化妆和穿裙子呢？"听到孩子这样问，谷雨也不知道该说什么，她这才意识到，平时对孩子的性别教育实在是太少了，其实这都是不应该忽略的问题。

"婷婷是女孩子，她可以穿裙子，也可以化妆，玩儿一些洋娃娃，你是男孩子，你们是不同的，男孩子就应该坚强、勇敢，能保护和帮助女孩子。你们的身体也是不一样的，长大以后你自然就会明白了。不过，虽然男孩子和女孩子是不一样的，但是你们仍然可以成为好朋友，可以愉快地在一块玩耍，你明白妈妈的意思了吗？"

“嗯，我好好想想吧！”轩轩有些迷糊了。谷雨想，一定要在这个问题上下点儿功夫了。

修炼妈妈的“火眼金睛”

随着孩子的成长，他们需要理解性别的概念，或者是说理解性别到底是怎么回事。孩子可能不会区分男孩子与女孩子，他们不知道哪些事情是自己应该做的。如果孩子的性别认知发生错位，那对孩子将来的伤害是非常大的。因此教孩子认识性别以及了解性别角色是家庭教育中不可忽视的内容。

◆ 孩子可能会说“我怎么是男孩子呀”，明确告诉他女性与男性之间的区别，然后告诉符合性别的一些事情，让孩子对“我是谁”有一个初步的概念。

◆ 孩子可能会对自己的身体产生好奇，也可能会对自己的性别产生抵触情绪，也就是心理和性格错乱，这时家长就要高度注意了，避免性别倒错和混淆。

一定要让孩子知道自己的性别，让孩子尽早建立性别意识。现在市面上很多孩子的用品都是分开的，因此可以专为孩子挑选符合他性别的用品。除此之外，还要增强孩子对性别的认识，比如多给男孩子讲一些英雄勇士的故事，使男性高大威猛的形象矗立在孩子的脑海中；而家中如果是女孩子，可以多带孩子逛逛街，挑选一些漂亮的衣服，让孩子明白女性之美。

我们在给孩子添置衣物的时候一定要遵照孩子的性别进行打扮，是女孩子就要穿女孩子的衣服，不能把她打扮成假小子。如果将男孩打扮成女孩的样子，那就会妨碍孩子性别意识的形成，也不利于孩子良好个性的形成与发展。

孩子小的时候不可避免会出现性别混淆的情况，这时候一定不要大惊小怪，更不能训斥孩子，可以问孩子为什么喜欢跟他性别不相符的事物。孩子有时其实对性别没有明确的概念，他们也不会觉得自己做错了。如果太过夸奖和重视，那孩子反而会认为性别是一件很重要的事情，他也会因为父母的训斥而伤到自尊。

如果家中的性别比较单一，那就带孩子多去一些异性共存的环境中，避免孩子出现性别混淆的情况。举个例子来说，如果家中女性占绝对优势，那男孩子很可能就会优柔寡断，缺乏男子汉气概等，这时候不妨带孩子多接触一些男性，弥补性格上的缺憾。

读懂孩子之后这样做

当孩子出现性别混淆的时候，先委婉纠正孩子的做法，比如男孩子穿女孩子衣服不好看，引导孩子将衣服换下来，然后将男女的区别告诉孩子。当然，不能因此杜绝孩子和异性接触，让孩子接近异性也是一种学习方法，以免孩子形成非常刻板的性别角色印象。

亲子故事屋

小公鸡哭了

几只小鸡每天都在一起玩儿，其中只有一只小公鸡，其他全都是漂亮的小母鸡，不过它们每天都很开心。后来，小公鸡的妈妈看见它们在一起玩儿，它就跟小公鸡说：“你是公鸡，它们都是母鸡，虽然妈妈不反对你们在一起玩儿，不过现在你们都长大了，该学习打鸣了，但是如果总和小母鸡在一起的话，你总也学不会。”小公鸡马上就哭了，然后说：“可是我和它们玩儿得很开心呀，我愿意和它们一起玩儿。”

后来，小母鸡的妈妈听说了这件事，就找到小公鸡的妈妈说：“孩子们在一起玩儿没有什么的，只要开心就行，再说不能因为性别不同就不让它们在一起玩儿，让我来跟小公鸡聊聊吧！”

“小公鸡呀，你是不是很喜欢那几个母鸡妹妹呀，它们也喜欢你，你们可以经常到我家去玩儿。不过你是一只小公鸡，就要学会保护它们，你时刻都要勇敢、坚强，你明白了吗？”小公鸡一听这话，马上就“咯咯”地笑起来，它又重新回到了朋友当中。

妈妈，我肚子疼
——装病是渴望被关爱

谷雨最近工作很忙，刚出差一周回到家，又接到了新的任务，每天晚归不说，周末也被单位“征用”了。这天是周六，谷雨很早就起床，准备去公司加班。正在卫生间刷牙时，谷雨突然看见一个小脑袋从门口冒了进来。只见轩轩撅着小嘴，问道：“妈妈，你又要去公司啊？”谷雨看着他的小脸，有些愧疚地说：“是啊，妈妈今天要加班。轩轩在家里要听话啊。”轩轩听了，默默地点了点头，走开了。谷雨并没有太在意，简单吃了点早餐，就准备出门了。

谁知，正在谷雨换鞋要出门的时候，听见轩轩在屋里带着哭腔喊“妈妈”。谷雨过去一看，只见轩轩捂着肚子，一副痛苦的表情。谷雨忙问轩轩怎么回事，轩轩仰着小脸、皱着眉头，说：“妈妈，我肚子疼，你可不可以不要上班啊？”谷雨慌了神，连忙说：“可以可以，妈妈不去上班，妈妈带你去看医生。”说着，谷雨就要抱轩轩出门。谁知一听要去医院，轩轩立刻摇摇头，往床的里面缩了缩说：“妈妈，我不用去看医生，你帮我揉一揉就好了。”谷雨更着急了：“你生病了，不去看医生怎么行呢？万一严重了怎么办？”轩轩回答：“妈妈，不会严重的。反正我不去看医生，我要和你在家里玩儿。”谷雨一听，便开始怀疑这是轩轩在故意装病。于是她假装同意地说：“那好吧。轩轩想玩儿什么呢？”轩轩眼睛一亮，说：“我们玩儿积木怎么样？上次你摆的大房子可真漂亮，再教我摆一次吧。”谷雨转转眼睛说：“可以啊！但是妈妈忘记积木放在哪里了，你去找找好吗？”轩轩说了声“好”，就跳下床去找，全然忘记了自己还在“肚子疼”。谷雨这时更确定轩轩是在装病了，她想揭穿小家伙的“诡计”：“轩轩，你的肚子不疼了吗？告诉妈妈，你是不是在装病？你怎么这么不懂事，妈妈上班要迟到了，你还故意拖着不让妈妈走。”谷雨一喊，轩轩的眼泪委屈地掉了下来，他喃喃地说：“妈妈，我每天都数着日子，你已经15天没有跟我一起玩儿了。我就是想跟妈妈一起玩儿。”谷雨一听，不由愣住了，原来轩轩费尽心思，就是因为"太想妈妈了，想让妈妈陪着他"。

谷雨回想一下，自己的确很多天没有好好陪轩轩玩儿了，甚至连话都没有跟他多说几句。难怪轩轩最近闷闷不乐，没事就钻在自己的房间里不出来。谷雨因为忙着工作，也没顾上看他在房间里干什么。现在想想，那时估计也是在屋里"装病"呢，只不过不如今天的计划"大"而已。想到这里，谷雨也很是愧疚，觉得自己不应该为了工作忽视孩子。谷雨想了想，决定给公司打电话请假，又对轩轩说："妈妈今天不去上班了，在家陪你玩儿一整天。但是你要答应妈妈，以后再也不能装病了，好吗？好孩子是不能撒谎骗人的。"轩轩破涕为笑，认真地点了点头。

修炼妈妈的"火眼金睛"

孩子生病是十分令人担心的事情，但偏偏就很多孩子喜欢用装病这种方法来达到某种目的。80后妈妈，如何独具慧眼，让自己看破孩子的这些"小把戏"，搞清楚孩子到底是真病还装病呢？

◆ 最保险的方法就是用相应的医学手法确认孩子是不是真的生病了。比如，孩子如果说自己发烧了，妈妈就可以马上量一下他的体温以确认是否发烧。孩子的正常体温在36.1°~37°之间的。孩子嚷嚷自己感冒了，那么他就应该表现出感冒的症状，如无力、疲倦、流鼻涕等。

◆ 如果孩子的症状总是转移，一会儿说自己头疼，一会儿又说自己胃疼，那么多半也是在装病。

◆ 孩子装病很难坚持长久，不一会儿就会露出马脚。比如，他刚才还在痛苦地咳嗽个不停，一会又去兴致勃勃地看电视去了，那就基本上可以判定他是在装病。

确认孩子确实是在装病之后，妈妈千万不能急着去怪罪孩子，孩子装病肯定是有原因的。如果是因为妈妈和孩子缺少交流，让孩子觉得受到冷落，他想通过装病来引起你的注意，那么妈妈就要更多地应该从自身思考一下，多抽时间陪陪孩子。如果孩子是因为想要达到其他的目的而装病，比如想要某种玩具、想吃很多东西，那妈妈也先别急着教训孩子，因为孩子会这么做，多半都是家长在不知不觉中曾经"犯了这样的错"。妈妈可以回想一下，是不是曾经发生过这样的情景：孩子在生病时想要某种东西，即使不那么合理，妈妈也会尽量同意。这就给了孩子一种暗示：只要我生病，就能得到平时得不到的东西。于是，紧跟着装病的“鬼主意”就冒出来了。

因此，要矫正孩子装病的坏习惯，就需要妈妈严格控制自己的“爱心”，如果孩子的要求不合理，即使是他生病了，也不能随便同意。否则，孩子就会将生病当做一个“满足愿望”的工具，从而助长他的“生病”欲望。另外，妈妈要多和孩子交流，让孩子经常感受到你的关注，这样孩子就不会以装病的形式去获得爱的慰藉了。

读懂孩子之后这样做

妈妈要把自己的孩子尽量培养得坚强一些，当他生病时，千万不要小题大做，对他有求必应。正确的做法是，在正常治疗和呵护的前提下，放松紧张的情绪，让孩子也觉得生病不是一件大不了的事情。这样，不但孩子以后不会拿装病做文章，还会逐渐变得坚强、乐观。

亲子故事屋

装病的丫丫

丫丫很讨厌上幼儿园，但是不管丫丫怎样哭闹，妈妈都会强行把她送去上学。这天，丫丫生病了，妈妈心疼地摸了摸丫丫发烫的额头，然后告诉丫丫，可以不去幼儿园在家休息一天，而且妈妈还可以在家里陪她。丫丫虽然身体很不舒服，但心里还是很高兴。

第二天，丫丫病好了，妈妈准备送她去幼儿园。丫丫一听，立刻又瘫倒在床上，说：“妈妈，我还是很难受，我的病还没有好呢。”妈妈摸了摸丫丫的头，已经不烧了；看看丫丫的脸色，也没有生病的样子。妈妈明白了，丫丫为了逃避上幼儿园，假装自己的病还没好。妈妈想了想说：“那丫丫今天就在家里休息吧，不用上幼儿园了。”妈妈顿了顿又接着说：“真可惜啊，本来我想等你放学后，带你去吃你最喜欢的比萨，既然你身体不舒服，也不适合吃比萨，那就算了吧。"

丫丫一听，因为自己装病，本来可以吃到的比萨没有了，心里别提多后悔了。过了一会儿，丫丫小声对妈妈说："妈妈，对不起，我的病已经好了。我以后再也不装病了，你带我去上幼儿园吧。"妈妈很高兴，不但没有怪丫丫，晚上还带她去吃了比萨。

从那之后，丫丫再也不装病了。